本书受内江师范学院硕士学位培育点——数字经济SSZX0258经费支持

数字经济图景下数据安全的刑法规制与边界识别

Criminal Law Regulation and Boundary Identification of Data Security in the Digital Economy Landscape

黄森林◎著

法律出版社
LAW PRESS·CHINA
北京

图书在版编目（CIP）数据

数字经济图景下数据安全的刑法规制与边界识别 / 黄森林著. -- 北京 : 法律出版社, 2025. -- ISBN 978-7-5244-0688-4

Ⅰ. D922.174

中国国家版本馆 CIP 数据核字第 20251SG461 号

数字经济图景下数据安全的刑法规制与边界识别
SHUZI JINGJI TUJING XIA SHUJU ANQUAN DE XINGFA GUIZHI YU BIANJIE SHIBIE

黄森林 著

策划编辑 李 军
责任编辑 李 军
装帧设计 李 瞻

出版发行 法律出版社
编辑统筹 法律应用出版分社
责任校对 杨锦华
责任印制 刘晓伟
经　　销 新华书店

开本 710 毫米 × 1000 毫米 1/16
印张 14 **字数** 230 千
版本 2025 年 9 月第 1 版
印次 2025 年 9 月第 1 次印刷
印刷 北京建宏印刷有限公司

地址:北京市丰台区莲花池西里 7 号(100073)
网址:www.lawpress.com.cn
投稿邮箱:info@lawpress.com.cn
举报盗版邮箱:jbwq@lawpress.com.cn

销售电话:010 - 83938349
客服电话:010 - 83938350
咨询电话:010 - 63939796

书号:ISBN 978 - 7 - 5244 - 0688 - 4
定价:68.00 元

凡购买本社图书,如有印装错误,我社负责退换。电话:010 - 83938349

目录

第一章　数字经济图景下法律治理及其新挑战

数字经济内涵丰富,集合了人工智能、大数据等基本要素,属于新质生产力的重要抓手。在数字经济的背景下,数据作为新质生产力的新生产要素,有利于促进新质生产力发展,因此数据安全也必然成为数字经济发展的根本依托。在信息化、网络化、智能化的现代社会,作为数据安全规制和保护重要阵地的法律,也面临着新的要求和调整。法律的保护应当是广泛的、全面的、周密的,包括民事、行政以及刑事领域的规制和边界识别。法律能够更加完整、彻底地保护数据安全,促进数字经济的发展。

第一节　数字经济与法律治理

随着经济社会的进步和科技的发展,数字经济继农业经济、工业经济逐渐发展成为一种新型的经济形态。本节内容主要涉及数字经济和法律治理的基本含义、特征,二者相互契合的点及逻辑关系。

一、数字经济概述

习近平总书记提出:新质生产力"由技术革命性突破、生产要素创新性配置、产业深度转型升级而催生,以劳动者、劳动资料、劳动对象及其优化组合的跃升为基本内涵,以全要素生产率大幅提升为核心标志,特点是创新,关键在质优,本质是先进生产力"①。数字经济有助于推进新质生产力的高质量发展。在这样的推进模式中,法律治理和调整将进一步为数字经济的发展保驾护航,为新质生产力的有效提升奠定法治保障。

(一)数字经济的概念

数字经济是随着数字技术的发展,以信息网络为载体,最终实现经济社会的数字化、网络化和智能化的经济形态。② 如前所述,数字经济是依托数字技术的发展而嬗变的,因此,其在不同的技术发展时期有着不同的概念。数字经济的诞生依托互联网技术。从20世纪70年代开始,随着互联网技术的崛起,信息交换越发简单便捷,互联网开始被大量引入商业活动。基于技术的内核和信息网络的载体,数字经济也开始萌芽,并迎来了

---

① 新质生产力最早出自2023年9月习近平总书记在黑龙江考察期间的相关论述。2023年9月7日,习近平总书记在新时代推动东北全面振兴座谈会上首次提出新质生产力,强调"积极培育新能源、新材料、先进制造、电子信息等战略性新兴产业,积极培育未来产业,加快形成新质生产力,增强发展新动能"。9月8日,在听取黑龙江省委和省政府工作汇报时,习近平总书记再次强调,"整合科技创新资源,引领发展战略性新兴产业和未来产业,加快形成新质生产力"。参见《习近平总书记强调的"新质生产力"》,载中国共产党新闻网2024年3月18日,http://theory.people.com.cn/GB/n1/2024/0318/c40531-40197632.html。中共中央党校(国家行政学院):《第二集:为什么说发展生产力是推动高质量发展的内在要求和重要着力点》,载中共中央党校(国家行政学院)网2024年10月11日,https://www.ccps.gov.cn/xxwd/202410/t20241011_164788.shtml。

② 参见中国信息通信研究院:《中国数字经济发展研究报告(2024)》,第1页。

第一个“高光时刻”。[①] 互联网技术从固定发展到移动发展，从电脑提升到智能手机终端，使商业活动更加便利快捷，并掀起了一场新的消费革命。许多国家都将数字经济提升到国家战略的高度，通过技术带动数字经济，通过数字经济的发展反哺经济高质量发展。

数字经济的概念在 G20 数字经济杭州峰会得到了进一步确认，即从生产要素的层面确认了数据和信息的角色，并以信息网络为依托，以互联网技术为内核，促使经济结构优化、效率提升。[②] 通过对该概念的解构，可以明确其包含三个因素：一是数字经济中的关键元素是数据和信息本身；二是信息网络是数字经济得以运行的介质；三是互联网技术是数字经济发展的强大动能和内核。随后，我国 2017 年的《政府工作报告》第一次将数字经济纳入其中，这表明数字经济正在成为我国经济高质量发展的新动力。

（二）数字经济的特征

作为一种经济领域的新形态、新类型，对比之前阶段的农业经济、工业经济，数字经济有着自己的特殊性和新颖性。其主要有以下几个特点。

1. 新理念：可持续发展

数字经济与传统经济的一个重要区别即表达方式的不同，数字经济通过数字化、网络化和智能化的方式，不仅提高了效率，更大大降低了对资源和能源的浪费。在生态环境保护方面，其不像传统经济需要耗费大量资源且产生一定污染，同时通过数据的分析研判，可以有效调控资源的配置，避免浪费。因此，数字经济属于可持续的发展理念。

---

① 数字经济的概念最早启蒙于美国，继美国经济学界学者出版和销售的《数字经济》、《信息时代：经济、社会、文化》和《数字化生存》之后，数字经济迎来快速发展的“第一个高潮”，以互联网广泛应用于商业活动成为突出特征。

② 参见中共中央网络安全和信息化领导小组办公室：《二十国集团数字经济发展与合作倡议》，载中央网络安全和信息化委员会办公室和中华人民共和国国家互联网信息办公室网 2016 年 9 月 29 日，http://www.cac.gov.2016-09/29/c 1119648520.html。

2. 新资产：数据及其安全

数字经济的内在元素即数据和信息，[①]数据作为一种关键的生产要素，支撑着数字经济的发展和完善。在不同的经济时代，生产要素有所不同。在农业经济时代，土地和劳动力是根本的生产要素。在工业经济时代，技术与资本是核心的生产要素。而在数字经济时代，随着信息技术的飞速发展，万物皆可互联，人工智能逐渐崭露头角，这些技术成果都少不了数据这一战略要素。无论对于国家还是企业，数据都是这个时代的新资产，而数据安全则是能否发挥数据优势的重要保障。

3. 新载体：信息网络技术

从技术层面来看，在农业经济与工业经济时代，技术往往是锦上添花的手段，是一种辅助工具，并不能起到决定性的作用。但在数字经济时代，信息网络技术则成为数字经济发挥作用的舞台和依托，不仅包括实体的基础设施，还包括软件、网络等非物理形态的载体。对于传统产业而言，在此背景下，也需要借助信息网络技术进行产业数字化的转型。

4. 新能力：数字素养

相较于传统经济时代，数字经济需要相关主体和参与人具备更加复杂的能力，即在数字时代，对数据的操控、运用甚至创新的数字素养。不管是劳动者还是消费者，如果缺乏相应的数字素养，在这个时代都可能寸步难行。在劳动者方面，数字经济人才将是这个时代具有核心竞争力的人力资源。在消费者方面，如果缺乏基本的数字素养，将难以理解和操作相关数字产品，不仅无法感受数字时代的方便快捷，甚至连基本生活也会受到影响。

---

① 数据和信息有不同的内涵和外延，但为行文方便，本书在没有特别说明的情况下一般表述为“数据”，但囊括了数据和信息两方面的含义。

5.新模式:参与主体多元化

数字经济因其内在的数据特性,依托的信息技术载体,以及数字素养的基础要求,需要多重主体参与。在数字经济背景下,经济的发展和社会的治理与传统社会差异较大,作为一种新的经济形态,与其对接的运行方式也更加特殊。仅仅依靠政府的监管已经无法适应其发展需求,需要多方主体,分别从监管、自治和参与等多角度各司其职、协同治理,共同推进数字经济的发展和创新。

二、法律治理概述

法律是社会治理的一种规范方式而治理主要指的是以事务的本质规律为出发点,由有相应治理权限的主体通过恰当的方式管理事务并调节治理对象的利益关系。[①] 治理是一种权力运行方式,目的在于将权力辐射至相关各项事务,并实施规范、监管等带有一定强制力的行为。西方产生的治理理论,[②]分支和派别众多,各有千秋,不过其核心要义具有一定共通性。

在上述治理的框架之下,又衍生法律治理和法治两个不同维度的概念。亚里士多德认为,法治包含两个层面,一个是法律规范本身是公平正义的"良法",另一个是这样的"良法"得到了治理对象的遵守和信仰。[③] 可以说,亚里士多德关于法治的两层解析充分揭示了法治的依据或源头即"良法",以及法治的理想状态即普遍服从。而后,洛克从权力限制的角度提出,法治的实现需要对权力加以限制,对权力进行分立,避

① 参见刘金国、蒋立山主编:《中国社会转型与法律治理》,中国法制出版社2007年版,第389页。

② See Green Wood, John & David Wilsson, *Public Administration in Britain Today*, Unwin Hyman, 1993, p. 68.

③ 参见[古希腊]亚里士多德:《政治学》,吴寿彭译,商务印书馆2009年版,第148页。

免权力过度集中，同时分立之后的各项权力还应当相互制衡，尤其是立法权和执法权的相互关系。[①] 洛克的法治观逐渐成为现代法治的基础性理论。[②] 法律治理是一种方式，法治则是其效果，是一种应然状态。由此，在数字经济的新形态下，产业数字化、网络化、智能化渗透到了经济社会的多个领域，而通过法律治理的规范方式，将有助于凸显数字经济时代的法治状态。

（一）数字经济法律治理的概念

如前所述，数字经济的诞生与发展与互联网技术紧密相伴，是互联网技术的突飞猛进催生了数字经济。与之相匹配，对数字经济的治理也与传统治理产生了较大的龃龉，需要治理手段、模式、制度等层面的革新。数字经济的发展也对传统治理方式提出了新的要求，而适应数字经济发展的新的法律治理体系和模式也就应运而生。数字经济的一个重要特征就是多元主体的参与，包括政府、企业、行业、自然人等，它们分别从监管、自治和参与等角度各司其职、协同治理。治理更多的是从方式手段的层面更加具体地追求治理效果，与政治和行政较为关注意识形态有所不同。[③] 在数字经济的治理中，加入法律治理的动态调整方式，有助于缓解利益主体的争议和矛盾，有效解决纠纷。法律治理不仅需要构建制度体系，从公权力的角度规范引导数字经济，也需要保障经济社会秩序，让数字经济形态中的主体得以充分、自由地表达意思自治，自主发挥市场在资源配置中的决定性作用。

由此可知，数字经济法律治理，指的是以法律为调整手段，构建良好

---

① 参见[英]约翰·洛克：《政府论》(下篇)，叶启芳、瞿菊农译，商务印书馆2009年版，第35页。

② See John R. Green Wood, Robert Pyper & David Jack Wilson, *New Public, Adiministration in Britian*, Routledge, 2002, p. 57.

③ 参见刘军宁等编：《市场逻辑与国家观念》，三联书店1996年版，第55页。

的经济社会运行框架，保护数字经济规范、有序、平稳发展，同时对多元化的主体协同治理，充分引导和保障各方主体的权利，课以适当义务，规范权力运行，最终达到应然层面的良好状态。

（二）数字经济法律治理的特征

数字经济始终需要投入产业当中，包括对传统产业的改造治理转型，以及将数字产业化，形成数字化、网络化、智能化的高集群产业，提升经济社会发展质量。数字技术的突破带动数字经济的发展，也对数字治理的水平和能力有新的要求和考验，从而逐渐形成相应的治理模式和治理规则。而法律治理的模式将有效推进数字经济这一新经济形态的科学发展、规范运行和法治保障。

1. 法律治理方式的革新

法律治理能够适应数字经济下的新型治理要求，也是因为法律治理方式的不断更新。自古以来，社会治理的重要依托之一就是法律治理。如果仅仅从治理模式层面来看，法律治理并不是创新之举，但它可运用自身特定优势，结合数字经济的特点创新治理方式，进而有效保障数字经济的规范发展。数字经济基于信息网络技术的承载，借助相应基础设施协同运行。作为一种新型的经济形态，数字经济有别于传统经济中对数字技术的依赖程度较低，需要信息网络技术的强力助推，包括数据和信息等数字资源的整合。面对数字经济下各类资源的跨界整合、社交网络平台的强势发展的新形势，法律治理方式需要恰当调适，将网络场域与传统的实际场景相结合，甚至适时修法。

2. 法律治理主体的协同

数字经济发展需要多元化的主体参与，包括政府、企业、行业、其他组织以及自然人等，各相关主体分阶段、分层级、分职责协同配合、各司其职，通过法律治理为数字经济的规则构建、秩序维护等方面保驾护航。

按照阶段和职责来划分，从立法层面来看，法律治理的前提和基础是立法机关制定并完善有关数字经济的规范(此处泛指国务院的行政法规、国务院部门规章、省级地方性法规和部门规章、市级地方性法规和部门规章等规范性文件),提前布局、紧跟发展,提升数字经济立法理论和实践的成效,对这一新形态真正做到有法可依。从司法层面来看,一方面,裁判者需要提升数字素养,构建新经济形态下的裁判思维与规则。另一方面,应强化智能司法建模。2024 年 11 月 15 日,最高人民法院发布"法信法律基座大模型",推进科技赋能公正司法。① 这一成果恰好呼应了数字时代司法创新的宏伟篇章,有利于提高司法效率,充分挖掘数据资源,满足人民群众现代化的司法需求。在执法层面,通过司法模型建立专门针对数字经济的相应裁判规则和案例指导库之后,应通过相关执法主体的共同联动,维护数字经济的发展成果,并巩固与其他主体的连结点,为企业、行业、其他组织及相关经营主体打造良好的新型营商环境。

3. 法律治理机理的重塑

法律治理作为数字经济这一新经济形态的重要治理手段,其机理也与传统治理的内部逻辑存在龃龉。由于信息网络技术的突破和跨越,原来的法律治理的自洽逻辑已经不再符合数字经济中对数据和信息的调整方式,整体架构也出现了重大变化甚至是颠覆性的区别。因此,法律治理有必要重塑其治理内核与嫁接方式,以顺应数字经济的深度变革。

数字经济的特征之一是主体广泛多元,因此,在数字经济的法律治理框架之下,其内化机制则是多主体之间的协同治理,需要调动多重主体的治理积极性,如政府主导监管、行业协同自治、企业配合治理、公众积极监督等综合立体治理机制。针对治理的对象,与传统治理对象不同的是,数字经济下数据和信息资源包括其安全性是需要法律保障的极具

① 参见孙满桃:《国家级法律 AI 基座大模型正式发布 推进科技赋能公正司法》,载光明网 2024 年 11 月 15 日,https://baijiahao.baidu.com/s?id=1815777750864784409&wfr=spider&for=pc.html。

价值的资产。这些资产的价值属性、法律属性、交易与安全保障、法律规制的边界也是法律治理所面临的重大问题。

三、数字经济与法律治理的契合

数字经济与法律治理各有特点，但二者也存在许多契合点，即数字经济需要法律治理来保驾护航，法律治理通过自身逻辑的运行对数字经济进行全面、整体、完整和细致的规则设置、制度架构和实践反哺。

（一）数字经济法律治理的必要性

谈及必要性，必然融入时代背景的呼唤和历史意义。在当今数字化、网络化、智能化的社会中，数字经济植根于数据与信息，其运行方式远胜于传统经济形态，凸显为对数据的把控与管理，尤其是对大数据的充分挖掘与利用。由此产生了数据及其权利和权利运行等相关保护问题。

1. 保护数据信息的必要性

数字经济依托于信息网络技术的发展，数据与信息则是其表征与载体。作为核心关键要素，数据是数字经济的提炼和产物。数据与信息并不是孤立的，而是被归集到互联网平台，在“万物皆可联”的基础上，平台上的数据与信息往往可能存在风险。在朱某诉百度 cookie 侵权一案中，一、二审法院对数据与特定主体的关系和隐私属性的认定存在分歧。[①] 这也反映出司法实务中对数据保护、数据权利等要素认定模糊，

---

① 参见朱某诉百度 cookie 侵权一案［江苏省南京市中级人民法院民事判决书，(2014)宁民终字第 5028 号］，一、二审法院对事实认定都没有争议，但最终一、二审裁判结果存在差别。一审法院认为，朱某使用三个特定词语的网络搜索行为，便会在网络上留下其个人活动的痕迹，显示个人爱好、现实需要等私人信息，并在一定程度上识别个人基本信息和私人生活，属于隐私的范畴。二审法院认为，尽管反映网络用户的网络活动痕迹具有一定的隐私属性，但百度收集和使用的数据不能与网络用户的特定个人身份信息相对应。数据的匿名性不符合“个人信息”可识别性的特定要求。若是将信息与网络用户身份予以分离，那么将无法确定这些信息属于该主体，而信息仅能识别特定的浏览器。

尚未形成较为统一的认定规则和裁判思路。基于前述分析,数字经济时代的数据具有重要价值,如在该案中,朱某作为消费者或网络用户,在互联网上留下了大量数据和信息,这可能给企业带来潜在的数据挖掘价值,有利于企业进行数字化推广。但这些数据不仅具有财产属性,还关切到用户的隐私,均有必要从财产保护、产权认定、隐私保护等方面提升法律治理能力。由此也衍生个人信息保护与数据权利属性的竞合,这将是法律治理中新的考量点。

2. 认定数据权利的必要性

现在是数字经济的时代,同样也是数据的时代。普通民众也许对数字经济没有那么敏感,而对数据更加在意。因为就消费者或用户而言,其直接面对的客户端就是由数据组成的。数据越发繁多,生成更加容易,交易日趋活跃,价值明显提升。由此,数据演变成了资产并能够进入交易。但随之而来的是数据权利的缺漏或混乱,甚至在一定程度上阻碍了数据的自由交换和价值生成。部分企业包括行业巨头之间展开了规模庞大的“数据之战”。因为此时,数据并不仅仅是单纯的信息记录,而是能够通过大数据的梳理、分类、整合转换为更有价值的信息。从数据权利的保护来看,其涵盖的范围也相当宽广,包括知识产权法、竞争法、反垄断法、民法、刑法、行政法等多维度、立体化、全方位的领域。因此,对数据权利的法律治理也更加复杂,所要平衡和兼顾的因素也会更加丰富。

3. 强化数据监管的必要性

认定数据权利后,数字经济对数据运行中的监管提出更高的要求,这也是法律治理发挥作用的领域。资源在数字经济的市场配置中起决定性的作用,数据作为一种基础性的资源,也作为关键的生产要素,不仅需要市场主体自发性、自治性地使用,还需要国家通过法律治理这一“有形的手”来恰当引导、规制、调控,进而维护数字经济下数据运行的正常秩序,促进数据的交易与共享,以及数据权利的保护和开发。

4. 回应时代背景的必要性

(1)我国数字经济创新的必要性

我国数字经济虽然起步较晚,但发展迅速。依托庞大的人口基数和消费市场,我国数字经济的部分行业和企业的发展位居世界前列,但在发展迅猛的过程中,法律治理的跟进存在缺漏,如数据权利的全面认定、个人信息的深层保护、数据安全的风险防范等。因此,需要针对数字经济的特征,调适法律治理的新模式,从而推动我国数字经济的创新性发展。

(2)我国法律体系更新的必要性

数字经济是脱胎于传统经济的新形态,法律治理也应当相应地摆脱传统桎梏,更新针对数字经济的法律体系。同时,结合信息网络技术,法律治理也需要修正甚至颠覆性地调整内部体系,以贴合数字时代的新要求。

(3)国际国内规则协同的必要性

数字经济作为新经济形态,伴随数字技术的突破,所以其治理注定不仅是一国的内部规则,而且需要全球化的制度协同。当今世界许多国家在开展关于数字经济的立法、规则重塑和制度改革。英美等发达国家专门制定相关法律促进数字产业化,重点将数字化打造成产业集群,进一步鼓励技术创新、制度创新。同时,为防止数字化肆意生长,对该领域内诸如数据权利、个人信息、网络安全等方面实施强监管。[①] 因此,虽然当今各国历史传统、政治体制、文化背景、国情社情均存在巨大差异,但在数字经济法律治理中的理念相对统一,既要促进发展,也要多方考虑加强监管。[②]

基于前述所言,数据集合于互联网平台,葆有开放与共享的特质,必须融入世界,与国际化相适应。从法律治理的角度来说,不仅数字经济

---

① 较为典型的如美国的《网络安全法》和英国的《数字经济法案》,其共同点在于都以数字基础作为制度推进的重点。

② 参见何亮亮:《论我国数字经济立法的必要性》,载《中国集体经济》2018 年第 30 期。

需要国际化接轨，法律治理也需要国际化接轨，从而形成具有本土化，又有国际视野和对接的楔子的法律体系。

5. 探索局部与整体的必要性

数字经济这一概念近年来才开始逐渐在我国提起，由于我国幅员辽阔，发达地区与落后地区差距较大，数字经济本身的发展就存在差距，在数字经济法律治理水平和成效上也出现了鸿沟。因此，短时间内寻求全国统一的数字经济法律规范恐有难度，地方性的规范可为全国统一立法形成有益的参考样本和经验。2016 年 3 月 1 日，贵州省人民代表大会施行的《贵州省大数据发展应用促进条例》是我国地方上关涉数字经济的首部规范性文件，为促进当地数字经济的深化提供了依据和举措，活跃了数字经济的发展程度与法律治理的保障厚度。更重要的是，该条例填补了该领域的空白，让数字经济法律治理在我国生根发芽，为今后形成全国统一的数字经济法律体系奠定基础。

（二）数字经济法律治理的自洽逻辑

法律治理并不是一个新词汇，在传统经济中也一直存在。但在数字经济时代，法律治理需要重构体系和匹配转型，形成规范的自洽逻辑。

1. 数字经济与法律治理的规范衔接

数字经济对传统经济形态下作为塔基构建的所有权等相关制度构成了巨大的冲击，导致传统法制在对数字经济领域进行规范和调整时出现无法可依的尴尬境地。为此，应当转变法律治理的衔接范式，组建新型运行机制。

（1）法律治理应当响应数字经济的新概念。比如，数据权利、数据权属，不仅需要从制度建设上增补和完善，更需要逐步形成相应的权利观念、法治思维等。基于数据共享和开放的要求，数据所有权制度存在动摇的可能，但数据又属于具有一定价值的资产，如果所有权制度无法定义，则需要考虑其他权属制度的认定。需要将数据上的“产权”与所有权制度上的“产权”区分开，本着有利于数据创作、交换、整合与共享，搭建新型法律治理架构。

（2）法律治理应当适应数字经济的新挑战。数据的共享和开放属性必然引发对传统权力层级划分的碰撞，我国传统法律治理中，明晰了相对固定的权力层级分工结构，司法体制的设置也随之固化下来，然而，数据的跨界性导致传统法律治理无从对应，需要从多重角度来回应和调适。

（3）法律治理应当回应数字经济的新“权力”。与传统的“权利—权力”经典二元结构论相比，数字经济下诞生了新“权力”，即“数字权力”或“算法权力”。该“权力”发端于信息网络技术，并集中于网络平台，对数据进行管理和把控。因此，法律治理不应漠视新权力，而是要恰当限制权力、引导权力，让权力的运行稳妥有序，拓展法律治理在数字经济中的调控范畴。

2. 数字经济与法律治理的价值契合

法律治理作为一种典型的治理手段，应当对应数字经济的内在要求，还需要在多元主体之间、多项权能之中，进行衡平和取舍，维护数字经济法律治理状态下的稳定秩序。

（1）多元主体之间权利的平衡。前述已经阐明数字经济主体的多元化，多元化的主体即对应多元化的权利体系，该权利体系彰显的是若干相关权利的集合体，如财产权利、人格权利、隐私权利以及国家的主权等。数字经济与法律治理价值理念的契合则是法律治理的出发点和落脚点。数字经济虽然是新型经济形态，但其法治理念与传统经济也有一定共通性，即最终目的是实现在该领域的公平正义。

（2）个人信息和隐私与数据公共利益的平衡。数据涉及大量的个人信息甚至隐私信息，这类信息在一定程度上能够依托信息网络技术为数字经济注入大量活力，其数据的挖掘与利用将是数字经济的重点发展方向。但是在利用这类数据时，不可避免地会对个人信息或隐私造成一定侵害，如何认定隐私权利、保护个人隐私、与数据利用相协同，是数字经济法律治理需要面对的严峻问题。

(3)监管与市场化的平衡。数字经济以信息网络技术为支持,其自身发展具有强劲动力。但也正是因为其迅猛的发展,容易在权利安全、隐私保护、平台垄断等方面出现问题。因此,数字经济法律治理一方面需要强化监管、科学引导,另一方面需要适当放手、依法促进,协调好监管与市场化的平衡关系。

(4)数据安全边界的平衡。信息网络技术的发展带动了数字经济的飞跃,数据安全的问题也随之而来。法律治理当然应当强监管、硬规制,充分保障数据安全,但同时也应当遵循一定要求,精准识别治理边界,尤其是刑法规制的底线,避免干扰和阻碍数字经济产业正常发展。

(5)数据主权与国际化开放的平衡。数据权利的内涵和外延非常广阔,甚至包含了国家的数据主权,依法应当重点保护。但同时,基于数字经济国际化开放性的特质,数据不可能只在一国国内运行,跨境流通、综合运用是数据的自带属性。在法律治理过程中,一方面需要强化本土化的数据管控,另一方面要努力推动建立国际化的数字经济规则体系。

(三)数字经济法律治理的域外概览

他山之石,可以攻玉。我国数字经济的法律治理起步较晚,有必要参考国外先行发展且有一定基础的经验和发展轨迹。虽然这些国家有不同的立法、司法体制,但其通过恰当的法律治理基本能够有力推动数字经济的高质量发展。

1. 英国数字经济法律治理概述

英国早在2010年就出台了《数字经济法案》,成为全世界第一个制定数字经济成文法的国家。该法案紧密结合当时信息网络技术的发展状况,规定了网络著作权、通信办公室职能、广播电视和视频管理等内容,尤其是著作权的网络保护,并加大对侵犯著作权行为的打击力度。[①]嗣后,英国于 2017 年对 2010 年的原法案进行了修订,拓展了保护范围,将其延伸到数字基础设施、数字政府等,贯穿了数字经济更多的层面,尤其是针对公民获取数字化服务进行综合化的引导与保护。[②] 短短 7 年时间,英国从全球第一个对数字经济专门立法的国家,发展到进一步拓展化、保护性地修法。可见,英国面对信息网络技术的飞速发展极度重视数字经济的法律治理,率先从立法的高度建立据点,对我国数字经济的法律治理具有参考价值。

2. 美国数字经济法律治理概述

美国对信息技术的调整也有许多法律规范。1958 年至 2002 年,美国在信息化方面总共出台了 30 多部法律规范,主要对信息产业进行调整和规范。[③] 2015 年美国制定了《网络安全法案》,着重从信息网络层面,对数据信息的共享和开放、对数据安全的监管和保护精准调试,具有一定的参考价值。

3. 法国数字经济法律治理概述

法国也出台了数字经济的制定法。稍晚于英国,2016 年法国出台了《数字共和国法案》。该法案较为细致和全面,内容包括数据的可恢复性、网络的中立性、数据的便携性,以及平台的忠诚性和个人数据的保护等。同时结合《邮政和电子通信法典》的修法,将上述部分内容串联起来,明确了相应原则。网络平台作为主要的数据集合点,被要求提供的数据信息应当真实、准确和透明,且用户或个人对其数据的利用有着决定权。[④]

---

① 参见张亚菲:《英国〈数字经济法案〉综述》,载《网络法律评论》2013 年第 1 期。

② 参见刘阳:《英国〈数字经济法(2017)〉的核心内容及启示》,载陈云良主编:《经济法论丛》2019 年第 1 期(总第 33 期),社会科学文献出版社 2019 年版。

③ 美国的信息产业相关的法律和法规,内容主要集中在信息产业组织法,如《信息自由法》《版权法规》《计算机软件保护法》等。参见秦婧楠:《信息产业政策法初探》,中央民族大学 2007 年硕士学位论文,第 50 页。

④ 参见李爱君、苏桂梅主编:《国际数据保护规则要览》,法律出版社 2018 年版,第 95 ~ 108 页。

除此之外,还专门对数字基础设施的建设规定了财政支持措施,通过基础设施等硬件的完善有效推动数字经济的发展。法国还立法征收数字税,表明对数字产业的进一步认可,并将其纳入有效的政府管理。

4. 白俄罗斯数字经济法律治理概述

白俄罗斯从产业数字化的角度于 2017 年制定了《关于发展数字经济》第 8 号法令,也为数字产业化注入了强大的推动力,由此成为全球第一个将区块链行业纳入法治轨道运行的国家。[①] 尤其在数字货币的法律属性、合法使用等问题上,白俄罗斯更是先行一步对其进行明确规定,在全球范围内提升了数字货币的法律认可度。另外,在人工智能领域,白俄罗斯确认了智能化合约的合法性。[②]

5. 欧盟数字经济法律治理概述

随着信息网络技术的飞速发展,近年来许多国家开始制定数字经济的规范,尤其是涉及数据权利、数据安全和个人隐私等方面。欧盟早在 1992 年就制定了《信息安全框架协议》,后又陆续出台《电子通信数据保护指令》《私有数据保密法》《信息数据监管指引规则》《通用数据保护条例》等覆盖多方面的专门性法律。尤其在《通用数据保护条例》中,对数据安全、个人信息保护等制定了尤为严格的保护措施,对数据权利进行了类型化的分类,如数据访问权、修整器、删除权等。[③] 该条例对欧盟个人信息保护具有标志性的意义,也为其他国家提供了参考路径。[④] 2020 年欧盟着手制定《数字服务法案》和《数字市场法案》,对网络平台进行强监管,避免形成网络平台对数据的垄断,维护数据安全。

---

① 参见张竹一:《基于区块链技术的数字货币交易法律规制研究——以白俄罗斯数字经济立法为视角》,上海外国语大学 2019 年硕士学位论文,第 27 页。

② 参见蒋洁:《全球推进数字经济立法的趋势》,载《中国社会科学报》2018 年 8 月 24 日,第 005 版。

③ 参见李爱君、苏桂梅主编:《国际数据保护规则要览》,法律出版社 2018 年版,第 350 ~ 357 页。

④ 参见刘玉琢:《欧盟个人信息保护对我国的启示》,载《网络空间安全》2018 年第 7 期。

6. 国外数字经济法律治理的参考

域外部分国家在数字经济方面的法律治理情况，对于我国在该领域刚起步的治理理念、规则有着一定的参考价值，有利于厘清我国数字经济法律治理的思路。

(1)政府重视是数字经济法律治理的基础。数字经济虽然依托信息网络技术，但政府的引导、监管和调控方向是数字经济发展的根本路径。前述相关国家的数字经济法律治理有一定成效，甚至走在世界前列，与该国政府充分重视、提前谋划、落实到位密不可分。因此，在我国顺应数字经济尤其是全球化、国际化的发展中，政府对法律治理的挑战应对、科学引导和全力支持将是根本的出发点。①

(2)产业政策是数字经济法律治理的动力。一国的产业政策对产业的发展具有重要的推动作用，尤其是将临时性、区域性的产业政策升级为法律规范，将有利于形成制度化、规范化的刚性规则，让产业发展进入平稳期。如前所述，相关国家数字经济的法律治理，很大一部分即源于产业政策的初探，有一定成效后固化下来升为法律，这也是数字经济法律治理的一种常规模式和一大趋势。我国可根据地域、省情的不同，统筹各地的情况逐步将产业政策过渡到法律规范。

(3)强化监管是数字经济法律治理的保障。许多国家出台利好政策促进数字经济的发展，但数字化可能是一把"双刃剑"，其高速发展给经济社会带来巨大便利的同时，也衍生数据安全和个人隐私方面的重大隐患。因此，综观各国数字经济法律治理的探索，许多国家虽然促进鼓励数字经济，但仍然充分强化监管。比如，英国通过法案的方式严格预防和惩治网络犯罪；美国对网络安全尤为重视，不断加强监管②；韩国是最早实行网络实名制的国家；澳大利亚禁止 16 岁以下未成年人使用社

① 参见杨丽艳、张颖：《比较分析视角下的数字经济立法》，载张庆麟、殷敏主编：《国际贸易法论丛》第 9 卷，中国政法大学出版社 2020 年版。

② 参见刘然：《中美网络安全立法比较研究》，长春理工大学 2019 年硕士学位论文，第 17 页。

交媒体[①]等。我国在数字经济法律治理中，有必要通过科学引导合法合理地加强监管，维护安全。

第二节　数字经济法律治理的理论基础

数字经济之所以能够与法律治理相契合，是因为二者的牵连存在坚实的理论基础，通过理论基础的嬗变与梳理，有助于数字经济与法律治理的协同发展，并为后续探讨数字经济中数据安全的法律规制做好铺垫。

一、凯恩斯的国家干预理论

（一）理论溯源

国家干预理论发轫于20世纪30年代，按照凯恩斯的逻辑，可以分为广义与狭义两种。从广义的角度来看，只要国家干涉民众的社会经济生活，就可以运用国家干预理论，即国家通过具有一定强制性的手段安排、指挥、协调及采取相应措施的综合体现。而狭义的概念则是指在特定状态下对社会经济生活所进行的干预，该“特定状态”往往基于社会公共利益的受损，具有这一权力和能量的一般就是该国政府。

（二）国家干预的必要性

数字经济作为一种新型的经济形态，必然需要法律治理的规范和引导。法律治理也为该经济形态中的主体打造公平合法与秩序井然的竞

---

① 澳大利亚联邦议会参议院2024年11月28日通过《2024网络安全（社交媒体最低年龄）修正案》，禁止16岁以下未成年人使用多数社交媒体平台。参见章建华、齐紫剑：《澳大利亚通过法案禁止16岁以下未成年人使用社交媒体》，载新华社2024年11月29日，https://baijiahao.baidu.com/s?id=1817012397294649033&wfr=spider&for=pc.html。

争环境。市场作为一个巨大的调节器,能够为资源的配置提供优化的参数,但可能会存在市场失灵的情况。如果从经营者与消费者的角度来看,二者本身就是不平等的,市场竞争也会加剧两极不平等的分化。因此,需要通过国家干预这只“看得见的手”来弥补市场这只“看不见的手”的错漏。无论是硬性的规制还是软性的引导,国家干预均扮演着不可或缺的角色。当然,国家干预有许多不同的方式,如立法就是一种嵌入式的国家干预。[①] 党的二十届三中全会通过的《中共中央关于进一步全面深化改革　推进中国式现代化的决定》提出“健全促进实体经济和数字经济深度融合制度”的重大举措,有利于促进数字经济的机制建构,对数字产业化、产业数字化及数字治理等作出了宏观谋划。[②] 通过建立国家政策体系的方式实施国家干预,促进数字经济良性发展。

(三)国家干预与法律治理

从法律体系的建构来讲,中国特色社会主义法治体系和社会主义法治国家已经日臻完善。比如,顺应经济社会发展的《民法典》出台,刑法修正案的调试,其他部门法的探索,相关司法解释的施行等,都在为顺应信息网络技术和数字经济的发展,从法律治理的维度协调和匹配,并兼顾各方权益,维护数字经济公平有序的法治环境。但在营造这种法治环境的过程中,往往会发生权力及权利的冲突,需要国家通过法律治理的方式来干预。但国家干预的程度、方式、范围和价值评判等内容,需要法律治理逐一明确和探索,确保国家干预对数字经济的良性保障。

二、风险防范理论中的数字经济风险

数字经济的飞跃式发展,很大程度上仰仗信息网络技术的提升,技

① 参见张乃根:《论市场经济的立法取向》,载《法学》1993 年第 5 期。

② 参见刘东浩、雷洲:《创新引领 协同推进数字经济高质量发展》,载光明网 2024 年 12 月 1 日,https://baijiahao.baidu.com/s?id=1817202117199829381&wfr=spider&for=pc.html。

术已经成为数字经济的核心动能。但正是因为信息网络技术的突飞猛进,其在带来便利的同时也不可避免地伴生新的风险和挑战。

由此,风险防范水平将决定数字经济的成长程度。作为新的经济形态,与农业经济、工业经济相比,数字经济具有新的优势,但也呈现更加复杂的态势,包括技术、伦理、法律和政策等多方面的内容。因此,数字经济风险是一个多重的系统性风险,困难程度明显提升。同时,数字经济中的一个典型产物就是平台,平台有能力集合有关数据,但这些数据存在数据安全的隐患,导致平台数据被侵害。除此之外,平台或其他主体也可能非法利用数据造成数据权利人的损害。因此,风险的防范与治理是数字经济发展中的重要环节,甚至关乎数字经济的健康有序发展。

综上所述,数字经济的一个重要特性即多元主体的参与,在风险防范中,更需要对多元主体提要求,以适应数字经济下的各类风险防范。比如,对经营者即企业而言,数字素养是一个保障性的要求,除了自身业务能力之外还需要掌握一定的数字技术,包括在意识上也应当有一定前瞻性,对数字化的发展和风险要有基本认识,以带领企业在数字经济的浪潮中激流勇进。另外,尤其要树立数字经济中的安全观和风险意识,通过数字经济中相关参与主体的协同契合,构建数字经济安全新生态和风险防范体系。

三、经济法治与软法治理的契合

根据前述国家干预理论,经济法治的目标即实现国家的合法有效干预,但需要在特定框架内,并通过法定程序在一定范围和合理限度内完成。虽然国家可以依法干预,但必须依照相应规范进行。由于数字经济依托信息网络技术发展迅猛,其经济法治必须与传统经济形态的治理模式相区别,需要提前布局、充分前瞻、智能应对,以有效引导和规范国家对数字经济的干预。

软法治理与经济法治的目标相一致,但手段方式存在很大不同。虽然在规范刚性的问题上,软法看似不具有足够的强制力,但在对国家干预的规范和干预效果方面体现了自己的优势。治理的最终目的往往是实现社会公众的公共利益,软法治理则是引导公众参与共同来规范治理,因此在理念上具有普适性的特点。同时,在相关导向上,软法治理体现了价值的统一性,如自由与秩序、公平与效率,从治理的角度软法对这些价值取向进行了稳妥有效的平衡。另外,软法治理追求的是多主体联动,不同角色的主体分别从不同的职责、立场和需求等方面参与治理,而不是被治理的对象。最后,软法治理的模式与其他强制性的模式也有所差异,软法治理更加突出效果导向,方式灵活自主,并以层层递进的方式,尽量或者不首先使用强制力等。这样做既保证了最终的效果,又充分调动了社会参与治理的积极性。

第三节　数字经济法律治理的法律依据

从法律渊源来讲,数字经济法律治理的依据来源数量繁多、领域全面和位阶多重。法律治理仅仅是数字经济治理的方式之一,但其中囊括的各部门法的丰富内容是法律治理得以发挥有效作用的重要依托。

一、数字经济法律治理的宪法渊源

(一)宪法的地位

一般而言,宪法是一个国家效力最强、位阶最高的法律规范,往往规定的都是公民的基本权利和义务,包括国家的基本任务。尤其是"权利—义务""权力—自由"这两对具有辩证关系的内容在宪法中得到了充分的体现。宪法的总纲部分,对数字经济法律治理进行了总体的规定,这成为数字经济法律治理的宪法渊源。一方面,从国家权力层面对数字经济进行适当干预;另一方面,从公民权利层面赋予了数字经济参与主体相应的权利和自由。

(二)宪法对数字经济法律治理的规定

《宪法》第十四条第一款从推广先进科学技术和完善制度等方面来促进发展社会生产力。[①]《宪法》第十五条第一款[②]明确了我国实行社会主义市场经济,在社会主义市场经济中,通过宪法价值的融入,引导和规范相关主体的经济行为。[③] 基于信息网络技术的突破,数字经济成为一种新型的经济形态,拉动了社会主义市场经济发展的新引擎。第十五条第二款则从立法方式的角度来健全国家权力实施方式,让宏观调控得以法治化,同时也是对第一款发展社会主义市场经济的充分保障。目前,我国尚没有专门关于宏观调控的统一的法律规范,宏观调控作为解决市场失灵的重要手段,在维护市场经济秩序中扮演着重要角色,但没有完全被纳入法治化的轨道,影响了宏观调控的力度和效果。因此,需要通过经济立法,来完善宏观调控,为数字经济的发展保驾护航。宪法的保护作用,在于避免社会经济秩序受到妨害,正是因为妨害社会经济秩序的可能性客观存在,对相关主体的规制便成为宪法保护的重要内容。如前所述,数字经济中主体多元,因此宪法对各类主体需要有差别地进行调控和引导。

《宪法》第十六条和第十七条规定的是国有企业与集体经济组织的

---

① 《宪法》第十四条第一款:"国家通过提高劳动者的积极性和技术水平,推广先进的科学技术,完善经济管理体制和企业经营管理制度,实行各种形式的社会主义责任制,改进劳动组织,以不断提高劳动生产率和经济效益,发展社会生产力。"

② 《宪法》第十五条:"国家实行社会主义市场经济。国家加强经济立法,完善宏观调控。国家依法禁止任何组织或者个人扰乱社会经济秩序。"

③ 参见王锴、刘犇昊:《宪法总纲条款的性质与效力》,载《法学论坛》2018 年第 3 期。

自主权利。[①] 虽然此处针对的是国企和集体经济组织,但实际上可以推定为是对所有市场主体的要求,因为后续关于公民基本权利与义务的章节也没有再行规定。因此在数字经济下,自主经营权或经济活动的自主权,对每一个市场主体来讲都是宪法赋予的权利。

二、数字经济法律治理的经济法规定

数字经济法律治理包括多部门法的协同,其中经济法也是重要的调控依据。针对经济新形态,经济法领域的法律治理既需要顺应数字经济的新发展、新要求和新挑战,也需要秉持法律治理的内核按照经济法的治理逻辑来对市场主体、市场运行、宏观调控、社会保障与分配等领域进行特定干预。

(一)市场主体方面

我国经济法体系中,对市场主体的规制主要体现在《公司法》《合伙企业法》《个人独资企业法》中。比如,公司治理如何应对信息网络技术的突破,企业数据资产的有效运用与管控,这些都需要相关法律从市场主体的角度深切回应数字经济带来的变革。

(二)市场运行方面

国家为建立和维护社会主义市场经济秩序,通过市场规制法来规范市场运行中的交易行为,比如,《反垄断法》对经济行为包括数字经济下的竞争和垄断行为进行规制。另外,《消费者权益保护法》尤其对经营

① 《宪法》第十六条:"国有企业在法律规定的范围内有权自主经营。国有企业依照法律规定,通过职工代表大会和其他形式,实行民主管理。"第十七条:"集体经济组织在遵守有关法律的前提下,有独立进行经济活动的自主权。集体经济组织实行民主管理,依照法律规定选举和罢免管理人员,决定经营管理的重大问题。"

者的义务和责任进行了倾向性的要求，在数字经济下也对保护消费者诸如数据安全、数据财产权利等方面的权利，以及对经营者课以相应义务等，作出了恰当指引。

（三）宏观调控方面

前述已经阐明，我国目前没有专门统一的宏观调控法律规范，但是在财政、金融和计划等领域，我国有专门的法律从宏观调控的高度来进行调整。从关系经济社会公共利益和国计民生的重点领域出发，宏观调控对重大经济因素实行全局性的管控，即使在数字经济这种新形态之下，宏观调控仍将发挥重大作用。

（四）社会分配与保障方面

从前述宪法层面来看，国家建立健全与经济社会发展相适应的社会保障体制。比如，我国《劳动合同法》《社会保险法》等，就从社会分配和社会保障方面进行调整。数字经济可能催生新型就业形态，比如平台型劳动关系等，同时在社会保障、社会救助等方面也可能会产生“变异”，经济法的治理将有助于数字经济平稳发展。

三、数字经济法律治理的《民法典》规定

《民法典》作为社会生活的“百科全书”，一方面是我国民事法律规范的集大成者，另一方面对数字经济下的相关民事法律问题进行了顺应和回应。比如，在个人信息保护方面，因为信息网络技术的发展，个人信息包括隐私保护的内涵和外延也有所变化，这也是法律治理的应对场域。[1]

---

① 参见[美]马斯洛:《马斯洛人本哲学》，成明编译，九州出版社2003年版，第56页。

个人信息与隐私当然是两个概念，但往往个人信息隐含着个人隐私。《民法典》的保护分为个人信息与隐私权的分类保护，并专章进行了规定。① 在数字经济下，除了传统的个人信息与隐私的耦合，数字技术衍生新型的个人信息及隐私。比如，个人生物识别信息与深度伪造、人工智能等的勾连，就是数字经济催生的需要《民法典》专门应对的问题。个人信息及隐私的保护与数字经济下数据（信息）的开放共享，也存在一个需要衡平的考量。

另外，《民法典》在数字经济中的数据权利方面尚存模糊之地，数据权利的证成及数据财产化、数据产权化等问题，目前还没有明确的规范和定性，需要结合数字经济的发展妥善认定和依法保护。

四、数字经济法律治理的行政法规定

在行政法领域，我国出台了《数据安全法》《个人信息保护法》《网络安全法》等法律法规以及行业规范，专门应对数字经济下法律治理的行政规范体系。② 虽然这些法律是从不同角度进行调控，但总体均体现国家对数字经济图景下的数据、信息和网络安全隐患或行为活动所进行的有效规制。一方面有效保护相关主体的合法权益，另一方面能够优化监

---

① 《民法典》第四编第六章“隐私权和个人信息保护”第一千零三十二条：“自然人享有隐私权。任何组织或者个人不得以刺探、侵扰、泄露、公开等方式侵害他人的隐私权。隐私是自然人的私人生活安宁和不愿为他人知晓的私密空间、私密活动、私密信息。”第一千零三十四条：“自然人的个人信息受法律保护。个人信息是以电子或者其他方式记录的能够单独或者与其他信息结合识别特定自然人的各种信息，包括自然人的姓名、出生日期、身份证件号码、生物识别信息、住址、电话号码、电子邮箱、健康信息、行踪信息等。个人信息中的私密信息，适用有关隐私权的规定；没有规定的，适用有关个人信息保护的规定。”

② 《数据安全法》自 2021 年 9 月 1 日起施行，该法律专门从数据安全的角度，从监管的层面进行规范。《个人信息保护法》自 2021 年 11 月 1 日起施行，该法律通过对个人信息处理活动的规范来保护个人信息权益，促进个人信息合理利用。《网络安全法》自 2017 年 6 月 1 日起施行，该法律从网络安全、网络空间的角度来对国家安全、社会公共利益及其他主体的合法权益进行保护，促进我国网络空间法治化进程。

管,促进开放共享,促进新经济形态的法治化。

五、数字经济法律治理的刑法规定

本节主要研究的是数字经济下刑法对数据安全的规制,后续会有专门章节对数字经济的刑法治理进行细化论述,故本节主要列举刑法在数字经济方面的法律法规,并为下面的重点分析做好铺垫。

前文已经说明在本书的立场下,数据与信息具有一致性,为行文便宜,如果没有特别注明,则均由数据一并指代。在刑法及相关司法解释中,关于数据的条款并不少见,主要集中于将数据作为客体或者作为工具来实施犯罪。一是针对数据本身实施的犯罪,比如侵犯公民个人信息罪;二是扩张至数据系统的犯罪,比如非法侵入计算机信息系统罪;三是通过数据这一介质实施的犯罪,比如非法利用信息网络数据罪和侵犯知识产权类犯罪;四是帮助数据犯罪的行为,比如帮助信息网络犯罪活动罪。[①]

直接以“信息”列入刑法规制的条文则较为分散,散见于国家安全、社会管理秩序、涉军事犯罪和侵犯商业秘密等领域。但在与数字经济的融合方面,则呈现一定的龃龉,刑法规范更加侧重于保护传统的“信息”。

---

① 《刑法》第二百五十三条之一第一款:“违反国家有关规定,向他人出售或者提供公民个人信息,情节严重的,处三年以下有期徒刑或者拘役,并处或者单处罚金;情节特别严重的,处三年以上七年以下有期徒刑,并处罚金。”第二百八十五条第一款:“违反国家规定,侵入国家事务、国防建设、尖端科学技术领域的计算机信息系统的,处三年以下有期徒刑或者拘役。”第二百八十七条之一第一款:“利用信息网络实施下列行为之一,情节严重的,处三年以下有期徒刑或者拘役,并处或者单处罚金:(一)设立用于实施诈骗、传授犯罪方法、制作或者销售违禁物品、管制物品等违法犯罪活动的网站、通讯群组的;(二)发布有关制作或者销售毒品、枪支、淫秽物品等违禁物品、管制物品或者其他违法犯罪信息的;(三)为实施诈骗等违法犯罪活动发布信息的。”第二百八十七条之二第一款:“明知他人利用信息网络实施犯罪,为其犯罪提供互联网接入、服务器托管、网络存储、通讯传输等技术支持,或者提供广告推广、支付结算等帮助,情节严重的,处三年以下有期徒刑或者拘役,并处或者单处罚金。”

因此,上述无论是关于“数据”还是“信息”的刑法规范,针对的多是“前数字经济时代”[①],目前既有的刑法规范不能完全覆盖和规制数字经济发展的新趋势,需要进一步调整以应对新挑战。

第四节　数字经济下刑法的新挑战

在数字经济时代,数据是关键的生产要素,刑法围绕数据保护面临着新的要求和挑战。这些挑战包括立法上的“空白”与混乱,司法上的“扩张”与续造,对数据安全犯罪的界定,刑法功能转型的方向等。刑法对数据的有效保护,必须深入融合数字经济的精髓,孵化出匹配数字经济的规范模式,以充分适应并妥善处理法律治理的刑法新挑战。

一、数据安全犯罪的刑事立法挑战

对于数据安全犯罪的规制,最初是随着信息网络技术的发展,刑法对计算机信息系统加以保护,目的是打击非法侵入和破坏计算机信息系统的行为。[②] 但发展到现在的数字经济时代,数据的形式已经远远超越了计算机信息系统,导致刑法的规制稍显吃力,具体表现包括过失性数据安全犯罪的规制缺漏,未能建立恰当的罪名体系,数据犯罪边界模糊,等等。

---

① 夏伟:《论数据犯罪的立法重塑》,载《法制与社会发展》2023 年第 4 期。

② 1997 年《刑法》设立了非法侵入计算机信息系统罪和破坏计算机信息系统罪,但当时的对象仅限于“国家事务、国防建设、尖端科学技术领域的计算机信息系统”,无法满足社会治理需求,2009 年《刑法修正案(七)》增设非法获取计算机信息系统数据、非法控制计算机信息系统罪,将普通计算机纳入刑法保护范围。2015 年《刑法修正案(九)》又对第 285 条和第 286 条增设单位犯罪。

(一)对过失性数据安全犯罪的弥补

在数字经济下,大数据是经常提及的要素,许多地方成立了大数据局等政府机构。就数字经济中的市场主体而言,其对数据的采集、利用、共享和保护等都负有一定的安全保障义务。由于过失、渎职等非主观故意的因素,数据安全被侵害的情形时有发生。但这样的过失行为,更多的是基于行为人作为特定主体所应遵守的如《国家安全法》《网络安全法》等行政法领域的义务和责任,即具有相应义务的主体没有履行好保护数据安全的"基准行为"①。因此,除了探讨主流的具有故意性质的数据安全犯罪之外,过失性的犯罪也有必要考量。

我国目前刑法关于数据安全犯罪的体系设置,其中的一个特点即"于公于私"的差异性。如果涉及国家安全等领域,则属于行为犯,只要有相应行为即可构成犯罪;如果涉及其他领域,则需要"情节严重"或"后果严重",才有可能认定为犯罪。② 从主观要件来看,刑法对数据安全犯罪主要从故意方面来认定,尚未扩张至过失。因此,从罪刑法定的角度来说,过失性的数据安全犯罪缺少主观方面的构成要件,刑法认定可能存在缺失性风险。在数字经济下,数据安全风险应运而生,这就是

---

① 参见[日]西田典之:《日本刑法总论》,王昭武、刘明祥译,元照出版有限公司2012年版,第206~210页。

② 《刑法》第二百八十五条:"违反国家规定,侵入国家事务、国防建设、尖端科学技术领域的计算机信息系统的,处三年以下有期徒刑或者拘役。违反国家规定,侵入前款规定以外的计算机信息系统或者采用其他技术手段,获取该计算机信息系统中存储、处理或者传输的数据,或者对该计算机信息系统实施非法控制,情节严重的,处三年以下有期徒刑或者拘役,并处或者单处罚金;情节特别严重的,处三年以上七年以下有期徒刑,并处罚金。提供专门用于侵入、非法控制计算机信息系统的程序、工具,或者明知他人实施侵入、非法控制计算机信息系统的违法犯罪行为而为其提供程序、工具,情节严重的,依照前款的规定处罚……"第二百八十六条:"违反国家规定,对计算机信息系统功能进行删除、修改、增加、干扰,造成计算机信息系统不能正常运行,后果严重的,处五年以下有期徒刑或者拘役;后果特别严重的,处五年以上有期徒刑。违反国家规定,对计算机信息系统中存储、处理或者传输的数据和应用程序进行删除、修改、增加的操作,后果严重的,依照前款的规定处罚。故意制作、传播计算机病毒等破坏性程序,影响计算机系统正常运行,后果严重的,依照第一款的规定处罚……"

数字技术发展所带来的新的风险，且与法律治理存在罅隙。[①] 如果从全面保护数据安全的角度来看，以及从数字经济中多元化的主体来看，过失的罪过形式是否设置也面临着新的挑战。

(二)数据安全犯罪的罪名体系混乱

1. 数据与信息的立法之争

本节在最初已经就数据和信息进行了简要的探讨，在刑法规定上，数据和信息这样的字眼均被表达过。因此容易造成二者范围的模糊和内涵与外延的混乱，数据和信息之间密切关联、相互融合缠绕。[②] 在某些领域和某种程度上，数据和信息是可以相互替代的，故而在刑法中的表述，二者之间的并行或互相包含都是存在的。[③] 所以，数据范围的不确定以及数据与信息的模糊导致法律治理上的混乱，就像一张“普罗透斯似的脸”[④]。目前我国刑法在和数据犯罪有关的不同罪名中，“数据”或“信息”均有所表述，[⑤]但没有较好地界定各自的范围。同时相关司法解释的出台进一步加剧了二者定性的混乱。[⑥] 从解释论来说，数据和信息可以通过立法或司法解释来扩张或限缩，以便让数据和信息的定义服务于

---

① 参见［英］安东尼·吉登斯：《超越左与右：激进政治的未来》，李惠斌、杨雪冬译，社会科学文献出版社2003年版，第30页。

② 参见［英］伯特兰·罗素：《我们关于外间世界的知识》，陈启伟译，上海译文出版社2006年版，第52页。

③ 参见韩旭至：《信息权利范畴的模糊性使用及其后果——基于对信息、数据混用的分析》，载《华东政法大学学报》2020年第1期。

④ ［美］E. 博登海默：《法理学——法律哲学与法律方法》，邓正来译，中国政法大学出版社1999年版，第261页。

⑤ 我国《刑法》第253条之一规定了侵犯公民个人信息罪，在《刑法》第285条、第286条规定了非法获取计算机信息系统数据、破坏计算机信息系统等罪名，在《网络安全法》第76条对网络数据与个人信息进行了基本的划分，《民法典》第111条、第127条也对个人信息、数据进行了规定。

⑥ 我国《刑法》第253条之一规定了侵犯公民个人信息罪，最高人民法院、最高人民检察院出台的《关于办理危害计算机信息系统安全刑事案件应用法律若干问题的解释》第11条把账号、口令、密码、数字证书等应属于公民个人信息的数据认定为《刑法》第285条、第286条所保护的“数据”的范围，从而对两罪的适用存在模糊与冲突。

"整体性价值",从而反推数据的范围、二者的边界来形成"唯一正解"①。从精细化的角度来讲,数据和信息在立法上有必要统一或者分类明确,并进一步细化数据的范围,因此,刑法和司法解释在该领域将任重道远。

2. 罪名设计边界不清

我国数据安全类犯罪与其他罪名之间存在边界不清的情形,同时数据安全类犯罪的罪名之间也存在模糊地带,容易混淆。我国刑法最初对数据进行保护是从计算机信息系统入手,就当时而言,数据大多依附、存储于计算机系统内。但在数字经济下,数据不再完全受制于计算机系统,甚至不再依赖有形的物理设备。从两类罪名来讲,数据安全类犯罪与其他财产类犯罪如盗窃罪、诈骗罪有可能会形成竞合与争议。比如,行为人通过信息网络技术非法获取公民个人信息,非法获取虚拟财产等,到底是侵犯公民个人信息罪还是非法获取计算机信息系统数据罪,或者盗窃罪等,实务中均存在一定争议。②

另外,在数据安全类犯罪之间,非法获取计算机信息系统数据罪与破坏计算机信息系统罪容易混淆,主要是从客观方面来看,行为人的手段可能高度相似,比如都采用破坏性的手段。虽然都破坏了计算机信息系统,但二者侵犯的客体是完全不同的。③

---

① [美]布莱恩·比克斯:《法律、语言与法律的确定性》,邱昭继译,法律出版社2007年版,第86~87页。

② 例如"朱某某盗窃案"中,检察院以非法获取计算机信息系统数据罪起诉,而法院认为非法获取计算机信息系统数据行为是盗取游戏金币的手段,二者存在牵连关系,最终以盗窃罪论处,见朱某某非法获取计算机信息系统数据、非法控制计算机系统案,参见上海市徐汇区人民法院刑事判决书,(2020)沪0104刑初687号。又如"赵某某盗窃案",公安机关、检察机关、一审法院分别将罪名认定为诈骗罪、盗窃罪、侵犯公民个人信息罪、非法获取计算机信息系统数据罪,数罪并罚。抗诉机关则认为应当以盗窃罪和侵犯公民个人信息罪并罚,二审法院最终将罪名修改为盗窃罪和侵犯公民个人信息罪数罪并罚,参见阳泉市中级人民法院刑事判决书,(2019)晋03刑终95号。

③ 参见刘某某非法获取计算机信息系统数据、非法控制计算机信息系统罪刑事一审刑事案,华容县人民法院刑事判决书,(2021)湘0623刑初119号;沈某某涉职务侵占罪刑事二审案件刑事案,上海市第一中级人民法院刑事判决书,(2020)沪01刑终519号。

二、数据安全犯罪的刑事司法挑战

(一)司法上对数据犯罪的扩张或限缩

基于前文所述,数据和信息在刑法和司法解释中并未作出明确解释和区分。因数据与信息界定模糊,司法实践对数据犯罪的认定范围存在争议,这直接影响法益保护的精准性。因此,在司法实务中,部分法官将以电子方式[①]为载体的数据或信息均判定为数据,可能扩张了数据应有的范围。同时部分法官还可能对数据附加条件,不当地限缩数据的范围。上述行为最终导致法律适用错误、罪名认定模糊和类案判决相左等现象。

1. 数据安全犯罪与传统犯罪的争议

一般认为,数据安全犯罪所针对的客体必然是数据,但由于未对数据进行定性,如果仅从表现形式或载体层面来看,数据还可以包括虚拟财产、个人生物识别信息等形式。由此将出现数据安全犯罪与传统犯罪在客体上的部分重合,比如,从客观方面来看行为人实施了非法获取数据的行为,但其目的不在于数据本身,而是以数据为切入点,最终实施的是一种传统犯罪如诈骗或盗窃等。但司法实践中可能就容易将上述行为评价为数据安全犯罪,摒弃了传统犯罪的适用可能性。

2. 扩张或限缩的具体表现

比如,在破坏计算机信息系统罪的认定中,有的法院将系统外的行为认定为该罪,一定程度上扩大了认定范围,同时并未将落脚点集中到数据上,而是聚焦到了获取数据的方式上。[②] 另外,在数据关怀上,该罪

---

① 我国《数据安全法》将数据定义为“任何以电子或者其他方式对信息的记录”,仅从法条分析,数据犯罪的客体似乎涵盖了任何形式的电子信息记录。

② 参见2018年12月最高人民法院发布的指导案例第104号“李某、何某某等人破坏计算机信息系统案”,被告人用棉纱等物品堵塞环境质量检测采样设备,干扰采样,致使检测数据失真,法院认定该行为属于破坏计算机信息系统。

所破坏的数据应当是有价值的数据，而不仅仅是构成增加、删除、修改等行为，其实质应当对计算机信息系统造成破坏。①

（二）数据安全犯罪与传统犯罪的司法澄清

针对犯罪行为对数据本身的侵害还是通过数据来实施侵害，司法实务中对数据安全犯罪与传统犯罪进行了一定的澄清。比如，在虚拟财产问题上，作为有价值的虚拟财产，其载体和表现方式均与数据密不可分，但从本质来说，虚拟财产等数据所体现的是一种财产性权益，应当以传统侵财性犯罪来调整。

在公民个人信息保护方面，需要明确公民信息或数据产生竞合时行为人所侵犯的客体。该罪的公民个人信息可以认定为数据，数据的可识别性则可以推导出公民信息。如果以此为出发点，这些信息能够识别特定自然人，则应当以侵犯公民个人信息罪来认定；反之，则将这些信息作为数据，通过数据安全犯罪的治理来进行保护。②

三、数字经济时代的刑法观

数字经济的出现也导致了新型犯罪的产生，包括犯罪的新领域和新技术。数字经济时代的刑法观与传统经济时代不同，并且与数字技术密

---

① 参见2020年12月最高人民法院发布的指导案例第145号“张某某等非法控制计算机信息系统案”，被告人对目标服务器数据虽然实施了修改、增加的行为，但未对计算机信息系统造成实质性破坏，也未对该信息系统内有价值的数据进行增加、删改，因此，法院认定该行为不属于对计算机信息系统中存储、处理或者传输的数据进行删除、修改、增加的行为，不构成破坏计算机信息系统罪。

② 参见韩某等非法获取计算机信息系统数据、非法控制计算机信息系统罪一审刑事判决书（2018）陕0116刑初40号。行为人利用黑客技术入侵数百家网站，窃取并倒卖公民个人信息数据，法院在肯定了行为人非法获取的数据属于个人信息后，并未解释行为人为何不构成侵犯公民个人信息罪或二者竞合时如何处理竞合关系。如果根据数据具象化后的内容能够识别出特定自然人，将其归入侵犯公民个人信息罪的规制范围便有了理论上的可行性。

不可分。若刑法消极顺应,数据安全犯罪可能会层出不穷;若积极应对,刑法将变成信息网络犯罪法,主要打击依靠信息网络的数据犯罪。因此,重塑刑法在数字经济的定位对于法律治理尤其是刑法治理来讲,将是必须解决的问题。

(一)积极刑法观的缺漏

积极刑法观的目的在于充分打击数字经济下的信息网络犯罪。现在的数据安全犯罪,与传统犯罪相比,具有较大区别,主要的一点即对受害人人身权利的侵害降低。无论是把数据作为犯罪客体,还是把数据侵犯作为客观方面的行为,这些犯罪对人身的侵害几乎没有。虽然数字经济的发展引发了新型犯罪,但降低了人身安全隐患。比如,因为工业革命,欧洲城市聚集了来自不同地方的人员,各自的背景、习惯皆不相同,是否会引发暴力与犯罪?结果却相反,技术的革新导致城市进入城市化、商业化和工业化,欧洲社会反而越来越安全。[①] 类似地,工业经济进入数字经济,虽然技术的突破导致新类型犯罪更难防范,但人身更加安全。

这一点是由数据安全犯罪的特性所决定的,一般而言,数据安全犯罪行为往往都是非物理接触。而传统犯罪中如"两抢一盗"等虽然是侵财类犯罪,但容易给受害人人身造成巨大损害,所以我国刑法也规定了转化型的抢劫罪。[②] 因此,刑法不需要将几乎没有人身安全风险的数据安全犯罪,作为打击的首要目标。

就危害后果而言,数据安全犯罪对人身的危害性较小,但对财产的

---

① 参见[美]斯蒂芬·平克:《人性中的善良天使——暴力为什么会减少》,安雯译,中信出版集团股份有限公司2015年版,第83页。

② 我国《刑法》第二百六十七条第二款:"携带凶器抢夺的,依照本法第二百六十三条的规定定罪处罚。"第二百六十九条:"犯盗窃、诈骗、抢夺罪,为窝藏赃物、抗拒抓捕或者毁灭罪证而当场使用暴力或者以暴力相威胁的,依照本法第二百六十三条的规定定罪处罚。"

危害性在扩大。比如,在电信诈骗案中,犯罪嫌疑人通过隔空的方式可能把受害人骗得家破人亡,不亚于直接对受害人人身的损害。但更重的危害后果就需要更严厉的惩罚手段吗?罪责主义讲究客观上的危害结果和行为人主观上的恶性,犯罪成本的高低、追诉难度的大小并不与刑罚的轻重关联。如前所述的电信诈骗,成本很低,追诉难度也较大,但能因此课以重典吗?答案是否定的。所以从刑法的功能转向来看,数据安全犯罪,不同于传统暴力犯罪,应避免积极的刑法观,避免刑罚的错位。

(二)消极刑法观的弱化

前述所言积极刑法观过分倚重打击数据安全犯罪,但消极刑法观则把刑法放到民法和行政法之后,仅是一种补充手段,或者称为"一般保证责任",即待民法或行政法无法有效调整时,刑法才能放弃谦抑性并介入。如此一来,刑法打击犯罪、保障人权的独立性将大大削弱,其成为附庸。此时,需要民法或行政法先行对刑法所要保护的权利进行确认,刑法才有保护的必要和依据。在数字经济时代,数据的权利属性虽然在逐步确认和完善中,但仍然存在许多争议。现实中虚拟财产的价值认定、数据的价值认定及相应权益的交易,在火热地进行中。此时,民法可能还未明确上述权利,行政法可能并未监管这些交易,但刑法不能缺位,否则将可能影响市场秩序的安全。

另外,如果要给刑法、民法及行政法在产生先后的问题上排个序,至少刑法不是最后产生的,因此也不宜将刑法放到民法和行政法之后。比如,我国古代的法律体系属于刑民不分,刑法和民法同时产生。刑法与刑罚是为了匹配社会生活而产生的,自带原始形态。① 民法和行政法虽然能够对社会分工及交易秩序进行更加精准的指引,但均需要一个大前

① 参见[德]弗兰茨·冯·李斯特:《德国刑法教科书》,徐久生译,法律出版社2000年版,第29页。

提即社会秩序得到了强力保障,否则一切都是悬空的。刑法在各国的立法中是最先诞生的,必须首先强化对过度自由的惩罚,才能保证秩序。[①]因此,尤其在新的社会和经济形态下,刑法需要首先站出来,保障民法与行政法的后续发挥。

(三)数字经济下的刑法功能转型

积极和消极的刑法观都不利于刑法在数字经济时代的定位和作用的发挥。刑法应当突破传统机能,如规范、保护等。刑法在数字经济下还有调控功能,即调控民法和行政法的有效发挥。刑法此时不仅对社会秩序发生作用,还对其他法律规范进行调整。从某种程度上说,积极和消极的刑法观是相辅相成、辩证统一的。一方面,刑法应当积极地调控民法或行政法参与到数字经济的法律治理,但并非直接进行管控。另一方面,对数字经济中如侵犯数据安全的不法行为也应协同治理,尤其是在民法或行政法无法调整的情形下。总体来说,刑法与民法或行政法需要有一个协同配合,刑法可以在其他法律未建立健全时暂时积极先行,避免数字经济领域的真空,但在其他法律逐渐丰满起来之后,应适当后撤,从保障和调控的角度来避免刑罚的滥用,并弥补缺失。

① 参见[法]基佐:《法国文明史》(第1卷),沅芷、伊信译,商务印书馆2017年版,第230页。

第二章　数字经济图景下数据权利及其确权保护

数据、数据权利、数据权利的保护，是数字经济时代关于数据这一关键生产要素的核心概念。本章重点对数据及其属性、数据权利的证成、数据权利的确权、数据权利的保护等方面进行阐述，表明数据的人格及其财产属性，凸显数据权利的独立性，说明数据确权的必要性，并期待加强数据权利保护，建立相应体系。

第一节　数据及其性质价值

数据具有丰富的内涵，其定义也较为广泛，并且在不同的人类历史阶段其表达方式也存在不同，同时基于不同的标准也存在不同的分类。数据分类对于明确数据范围、保护不同数据主体权益具有重要意义。另外，数据的性质决定了其在数字经济时代的稀缺性，也决定着数据价值的呈现。

一、数据的概念

数据，既是新质生产力指引下关键的生产要素，又是数字经济时代的核心资源，对其含义的正确理解有助于在数字经济下妥善利用数据。

1. 数据的基本词源

数据在现代汉语中的意思为所依据的数值，[①]但不能机械地认为仅仅是数字或者数值，其他形式诸如文字、图形、图像、视频、音频等都属于这里所指的数据。数据与 data 相对应，指的是事实和统计数字，[②]从拉丁语的角度来讲意为“给定的事物”（things given）。[③]

2. 数据与相关概念的厘清

综上所述，本书认为数据与信息在常规语境中可以互换，但具体而言二者仍然存在一定的区别。从形式与实质来看，数据和信息是内外部的关系，数据是信息的外化，信息是数据的提炼。信息本身可以泛指人类社会传递的一切内容，核心在于有效性，并促使人类根据获取的信息形成对社会生活的认知。但二者又具有很强的牵连关系，[④]因此在数字经济时代，有必要对二者进行界分，以便通过法律有区别地保障不同的权益。

数据、信息和隐私，这三者具有关联性，但也有显著区别。隐私是我国民法典重点保护的自然人的权利，但数据和信息不完全具有隐私性，

---

① 参见《现代汉语词典》（第 7 版）对数据的定义为：进行各种统计、计算、科学研究或技术涉及等所依据的数值。

② 参见《牛津英语词典》（*Oxford English Dictionary*,2018）对 data 的定义：为参考或分析而收集的事实和统计数字。

③ 参见王铼等：《数据权的刑法保护》，经济管理出版社 2024 年版，第 3 页。

④ 参见梅夏英：《信息和数据概念区分的法律意义》，载《比较法研究》2020 年第 6 期。

因为数据和信息在信息网络的发展下，同时还具有另一个属性即开放和共享。只有特定的某些数据和信息，才需要基于国家安全、社会公共利益以及个人隐私，受到更完整的保护。

3. 本章对数据的含义的界定

数据不仅仅是数字经济下的定义，在其他领域也有丰富的内涵。在信息网络领域，数据是计算机的一种表达方式，包括数值型和非数值型，并最终落脚到二进制，在该领域，数据和信息可互相替换。[①] 在经济学领域，数据是通过特定的符号来表达客观事物的性质、内涵等，目的在于对信息进行保存、传递和处理。[②] 在法学领域，数据从计算机领域引入法学范畴，并以二进制的外在组成相应的符号来反映客观事物的性状及相互之间的关系。[③]

我国相关法律规范也对数据进行了规定，主要是从载体、形式、内容、目的等方面来进行明确，[④]虽然目前没有一个各界都具有共识性的准确定义，但在本章的范畴内，基于数字经济及刑法规制的框架，本章对数据的含义界定如下：数据指的是，以电子或其他方式为载体，目的是反映客观事物的属性、相互关系等内容，并能够为人类所存储、传输和处理的信息。

---

① 参见郑逢斌主编：《计算机科学导论》，河南大学出版社2016年版，第18页。

② 参见徐晋：《大数据经济学》，上海交通大学出版社2014年版。

③ 参见梅夏英：《数据的法律属性及其民法定位》，载《中国社会科学》2016年第9期。

④ 在我国的法律规范文件中，也对该文件所调整范围内的数据给出了不同的定义。例如，《数据安全法》第三条规定，数据是指任何以电子或者其他方式对信息的记录。该法是从数据的载体依附性（以电子或者其他方式）和与信息的关系（对信息的记录）来界定数据概念的。《网络安全法》第七十六条第四项规定，网络数据是指通过网络收集、存储、传输、处理和产生的各种电子数据。行业部门的法律规范文件，对其行业数据的定义方法也不相同。我国《科学数据管理办法》第二条规定，科学数据主要包括在自然科学、工程技术科学等领域，通过基础研究、应用研究、试验开发等产生的数据，以及通过观测监测、考察调查、检验检测等方式取得并用于科学研究活动的原始数据及其衍生数据。《中国人民银行业务领域数据安全管理办法》第二条第三款规定，本办法所称中国人民银行业务领域数据，指中国人民银行业务领域内产生和收集的不涉及国家秘密的网络数据。

4. 数字经济时代的数据

数据的诞生远远早于其定义的出现，从农业经济开始，数据就已经成为信息的载体。后来工业经济时代，数据的形式更加多元，尤其是计算机和信息网络技术的突破，更是强力推动了数据的跃层式发展。而现今的数字经济时代，数据更是从信息演进成了资源，并进一步升华为匹配新质生产力的关键生产要素。这里面第一个动力就是数字技术本身的革新，如物联网、云计算、大数据和人工智能等。[①] 另一个重要引擎则是政策法律的引导，[②]尤其是应当对数据及数据权利进一步明确并依法保护。

① 物联网是一种"物物相连的互联网"，利用射频识别、传感器、全球定位系统、激光扫描器等信息传感设备，通过协议，可以把任何物体与互联网相连，进行信息交换和通信，以实现智能化识别、定位、跟踪、监控和管理的网络技术。云计算，是与信息计算、软件、互联网相关的一种服务，把许多计算资源集合起来，通过软件实现自动化管理，只需要极少人力的参与，就能让资源被快速提供。大数据是以容量大、类型多、存取速度快、应用价值高为主要特征的数据集合，正快速发展为对数量巨大、来源分散、格式多样的数据进行采集、存储和关联分析，从中发现新知识、创造新价值、提升新能力的新一代信息技术和服务业态。人工智能，1950 年艾伦·图灵(Alan Turing)在其论文《计算机器与智能》(*Computing Machinery and Intelligence*)中提出了著名的"图灵测试"，给出了判定是否具有"智能"的试验方法，即机器是否能够模仿人类的思维方式来生成内容继而与人交往。人工智能在各个行业的应用将使人类社会迈入数据驱动的社会，开启数据驱动的经济(date-based economy)，简称数据经济或数字经济，用于描述数据作为社会基本资源和企业竞争力时代的经济形态。参见王铢等：《数据权的刑法保护》，经济管理出版社 2024 年版，第 9～10 页。

② 2014 年"大数据"首次进入政府工作报告。2015 年，国务院印发《关于积极推进"互联网+"行动的指导意见》《促进大数据发展行动纲要》等文件，提出要全面推进我国大数据发展和应用。2017 年以来，我国开始逐步确立数据作为生成要素的战略地位。2019 年，党的十九届四中全会首次将数据与其他传统生产要素并列提出，按照市场化机制进行资源配置，意味着数据与其他生产要素一样可以参与价值分配。2020 年 3 月《中共中央、国务院关于构建更加完善的要素市场化配置体制机制的意见》明确将数据作为一种新型生产要素，与土地、劳动力、资本、技术等并列，提出价款培育数据要素市场，"探索建立统一规范的数据管理制度""研究根据数据性质完善产权性质"等内容。参见王铢等：《数据权的刑法保护》，经济管理出版社 2024 年版，第 9～10 页。另外，党的二十届三中全会审议通过的《中共中央关于进一步全面深化改革 推进中国式现代化的决定》提道："健全促进实体经济和数字经济深度融合制度……建设和运营国家数据基础设施，促进数据共享。加快建立数据产权归属认定、市场交易、权益分配、利益保护制度，提升数据安全治理监管能力，建立高效便利安全的数据跨境流动机制。"对于培育新质生产力，促进数字经济发展，具有重大指导意义。

二、数据的分类

基于不同的分类标准，可以将数据划分为不同的类型。比如，按照生产要素的机制划分，可以分为原始数据与衍生数据。根据数据的重要程度，可以分为一般数据、重要数据和核心数据，法律也对不同重要性的数据给予不一样的保护。按照数据的应用领域，可以分为金融数据、科技数据、商贸数据等不同领域的数据，相应地，不同的机构也应当对该领域数据建立保护机制。除此之外，还有其他许多分类，但这些分类并非完全互斥，在一定程度上存在某些重合。数字经济时代的主体多元，就数据分类而言，也可以按照主体来进行划分，这里的主体指的是数据的来源主体、使用主体、存储主体、传输主体等。这种方式的分类能够有效衔接数字经济，同时与后续数据权利及其保护的讨论、数据安全的法益，以及刑法对数据安全的规制等内容更加贴合。

（一）个人数据

个人数据，可以说是来源非常广泛的一种。小到普通自然人的简单信息及平台上发布的文字、图片、视频，大到公民身份信息、财产信息、债务信息等各方面的集合，这些都属于个人信息的范畴。相应地，后续对个人数据权利的确认和保护也需要对个人数据进行深度厘清。

（二）企业数据

企业数据可大致分为两类，一是普通企业，其形成的数据和上述个人数据类似。二是专门的信息网络技术企业，尤其是互联网大厂，除了其本身的企业数据之外，这些主体也是数据的生产者、加工者、采集者、存储者、传输者和处理者。这些数据统统可以成为数字经济时代的资源，具有巨大的可挖掘空间。需要说明的是，企业数据和商业秘密或商业数据具有紧密联系，商业数据更多的是从价值属性的角度来描述。但总体而言，商业数据可以内化为企业数据的一种特殊数据。

（三）政府数据

如果从主体上来讲，政府数据主要指政府部门或经法律法规授权的具有一定公共管理服务职能的单位依托其履职范围、履职程序所形成的政务服务类数据，包括通过生成、采集、管理、传输和处理等方式形成的数据。[①] 如果从性质上来讲，政府数据与公共数据具有关联性，即上述政府主体所形成的数据统称为公共数据。[②] 政府数据中，一方面，依托政策法律的支持和特定的公共管理服务领域，该数据相较于其他主体的数据具有优势；另一方面，如何规范合法合理地使用、挖掘这些数据将是数据权利确认和保护的重要课题，避免损害其他主体和公共利益。

三、数据的性质与价值

（一）数据的性质

数据的含义较为丰富，学术界和实务界尚未有各方都能够接受的统一定义，本章只是基于行文和论述的方便确定了一个大致定义。但从数据性质来讲，仍然难以定性。不过，作为新型生产要素，为适配新质生产力，自然具有性质上的特殊性。有学者认为，作为生产要素的数据具有可复制性、非竞争性以及排他性与非排他性共存。[③]

---

① 参见李海敏：《我国政府数据的法律属性与开放之道》，载《行政法学研究》2020 年第 6 期。

② 参见黄先海、虞柳明、戴岭：《政府数据开放与创新驱动：内涵、机制及实践路径》，载《东南学术》2023 年第 2 期。

③ 参见张平文、邱泽奇编著：《数据要素五论：信息、权属、价值、安全、交易》，北京大学出版社 2022 年版。

具体而言,数据的可复制性是其基本性质,数字技术使数据复制迅速且低成本,这是区别于传统生产要素的重要一点。

数据的非竞争性,指的是数据在复制后对原数据的损耗或妨碍问题,通常情况下,数据不会因为多次复制或多方使用而产生贬损,因此数据的这两个性质能够有力支撑数据的开放与共享,从而促进数字经济的联动发展。

数据的排他性与非排他性共存,从非排他性来讲,即基于上述可复制性与非竞争性,多次或多方对数据的使用是互不干扰、允许同时进行的,此即非排他性。但同样地,数据还具有排他性的性质,如前所述,数据是数字经济中具有一定价值的资源和重要生产要素,使数据的相关链条上的主体形成对数据价值的期盼,并从技术上设置障碍阻碍数据的开放与共享,由此导致了数据的排他性。

因此,基于数据的上述特性,数据演变成数字经济时代有价值的资源,引发了各方的争夺。针对数据或者通过数据所产生的违法甚至是犯罪行为,尤其刑法应当对数据安全提供较为全面的保护。

(二)数据的价值

数据的价值有着不同的反映或者实现方式,作为数字经济的一种重要资源,作为新型生产要素,数据具有价值已经有目共睹。数据因其资产属性可以成为权利客体,进而形成数据资产。① 数据的价值有很多体现的方面,其中一种即金融价值,指的是数据作为商品参与金融领域,并进一步促进数据对数字经济的乘数效应。② 另外,数据作为资产,已经

① 参见朱扬勇、叶雅珍:《从数据的属性看数据资产》,载《大数据》2018 年第 4 期。

② 参见金骋路、陈荣达:《数据要素价值化及其衍生的金融属性:形成逻辑与未来挑战》,载《数量经济技术经济研究》2022 年第 7 期。

得到了国家政策的认可。[①] 通过对数据的确认和赋权，有助于深化数据资产的属性并体现数据财产的价值。

但数据的价值不仅仅局限于资产属性，还在于对社会公共利益的价值。结合前文所言的非排他性，数据可供复制并呈现开放与共享的姿态，并对国家安全、经济发展及社会生活具有很强的渗透作用。由此形成的数据将成为对社会公共利益有重大影响的根基，并对社会公众产生极大影响，对数字经济是否能够良性发展至关重要。

第二节　数据权利的证成

本书主要探讨数据及数据安全的刑法保护，那么刑法对数据安全进行保护的前提即数据被明确为一种权利，之后能够被确权或界权，最后才能明晰刑法对数据安全的保护框架。因此数据权利的证成是上述的基础。本节通过对作为一种权益的数据升格为数据权利的探讨，进一步考量数据权利的确权及制度构建，最终落脚到数据权利的法律属性并推导到数据权利体系。

一、数据权利与数据权益

（一）数据权益

前文我们探讨了数据的定义、性质及价值等内容，作为有价值的数

① 为规范企业数据资源相关会计处理，强化相关会计信息披露，根据《会计法》和相关企业会计准则，2023 年 8 月 1 日，财政部制定了《企业数据资源相关会计处理暂行规定》，该暂行规定回应了数据资源是否可以作为资产确认、作为哪类资产确认和计量以及如何进行相关信息披露等各界关注的会计问题。参见《财政部关于印发〈企业数据资源相关会计处理暂行规定〉的通知》，载中华人民共和国中央人民政府网 2023 年 8 月 1 日，https://www.gov.cn/gongbao/2023/issue_10746/202310/content_6907744.html。

据,必然会产生权益或者称为利益,这种利益又存在多种不同性质的主张。[①]

1. 人格权益说

该种学说主要从数据所涉主体及内容出发,认为涉及个人的数据包括了个人许多信息,比如姓名、性别等身份信息,血型、指纹等个人生物信息,财产、征信等个人敏感信息,这些信息都可以浓缩为人格权益,并且都可能属于隐私信息。

2. 财产权益说

该说与前文对数据性质和价值的分析相关,认为数据具有财产属性及价值,不过此时数据的财产权益不仅是"赤裸"的数据,还包括经过分析、加工、处理之后的"结果型数据"。当然"赤裸"的数据也具有一定价值,如公民身份信息等。无论是原始数据还是加工后的数据,都具有交易的价值,那么数据所产生的价值应当由相应主体享有。[②] 比如,数据直接主体就对其所生产的原始数据享有天然的所有权,这是人权理论的彰显。之后数据的加工者对该数据也享有一定的财产权益,因为加工者对基础材料烙下了个人劳动成果的印记。[③]

3. 知识产权说

该说将数据与知识产权相结合,按照知识产权的保护框架与路径对数据及其权益进行保护。从数据与知识产权的形式、载体、加工成果等方面看,可以用著作权来贴合数据权益,对数据存储、传输、处理等方面的内容或程序,可以用专利权或商标权来引导和规制数据权益的保护。从这些层面来看,知识产权与数据及其权益具有相似性,知识产权法对

---

① 参见何波:《数据权属界定面临的问题困境与破解思路》,载《大数据》2021 年第 4 期。

② 有学者认为,应从数据所有权和用益权出发,以"自物权—他物权"的二元权利分割模式,根据不同主体对数据形成的贡献程度,实现数据原拥有者(所有权)和数据处理者(用益权)财产权益分配的均衡。参见申卫星:《论数据用益权》,载《中国社会科学》2020 年第 11 期。

③ 美国相关判例提道,当一个人通过自身的努力和花费收集材料,并将其转化为对公众有意义的信息时,此人就向全世界公开的材料施加了个人印记。参见[美]斯图尔特·班纳:《财产故事》,陈贤凯、许可译,中国政法大学出版社 2017 年版,第 125 页。

数据权益能够起到良好的托举作用。

4. 复合权益说

类似于整合上述各种权益的综合学说，数据及其权益具有某些单一的权益特征，可以通过相应的规范来调整，但在这些单一的权益集合起来后，部分规范再来调整则有些力不从心。尤其是数据的多重主体，所体现的不仅仅是个人、企业，还包括国家、政府等相关公权力部门，对应了个人利益、集体利益、国家利益和社会公共利益等。① 也就是说，从不同的主体和不同领域来建构数据权益的复合性，数据主体享有生产数据的最直接的所有权，采集、加工、处理者（企业）享有用益权（财产权益），国家及政府机构通过公权力管理服务经济社会秩序而对数据享有公共权益等。如此一来，数据及其权益就会更加宏大。

前述是支持数据存在利益并能够进一步升格为权利的观点，但同样也有学者不认为数据具有权利。② 本书认为，数据权利的确认有利于促进数字经济的规范发展，虽然数据的涌现和不当处理如对信息和隐私的泄露、大数据杀熟等问题亟待规范，但正是因为这样的数据乱象，更有必要将数据作为一种权益和权利来规制和保护。数字技术本身是没有倾向性的，但也不应当成为"原罪"，而应当考量利用它的主体的倾向性。所以数据所涉及的主体对数据权利的划定尤为重要。数据伴随多个主

---

① 参见闫立东：《以"权利束"视角探究数据权利》，载《东方法学》2019 年第 2 期。

② 德国马普创新与竞争研究所的研究院认为，无论是从经济学还是从法律的角度看，当前都没有创设数据专有权利的必要。相反，如果创设数据专有权利，势必会阻碍数据的流通、流转和利用，限制那些依赖数据的市场参与者进行经营活动，降低市场活力，带来干扰自由竞争的风险。如有学者认为，数据没有独立性和特定性，也不属于无形物。就财产权益而言，数据排他性具有现实的困难，所有权所具有的排他性要求同一财产权的设立不得有两个或两个以上不相容的财产权，而数据权利广泛存在多个权属的现象。例如，在不同企业均获得个体许可采集相同的数据的情形下，这些企业都将享有数据所有权，那么个体事实上就等于丧失了所有权。而基于数据的易破解、易采集、易流动特性，数据本身缺乏智力成果内容。这就决定了在数据之上像知识产权体系那样的流通垄断权很难建立起来，因缺乏专属特性，数据注定难以纳入知识产权的框架体系。参见解永照、莫治斌：《刑法视域下数据权利的确立与保护》，载《四川警察学院学报》2024 年第 3 期。

体衍生,如个人、互联网企业,以及国家或政府机构,如果不对数据权益和数据权利进行界定,则可能导致数据在数字经济发展中的异化,弱势群体被掌握先进技术的主体断代式的碾压。[①] 因此,数据权益、权利的界定和规范需要考量各类主体的协同,并落脚到数字经济下对政治、经济、社会秩序和相关主体权利的维护层面。

(二)数据权益保护的合理性

数据作为一种权益,具有被保护的合理性,并且具有正当性。这是法律保护的基础,如果是非法权益则应返还或没收。所以,就数据权益而言,其应当是合法正当的,否则就不能称为权益。另外,从必要性来讲,数据具有价值,那么数据的权益也就能通过价值体现其财产属性。对于财产,我国相关法律规范有较为具体明确的规定,但是针对数据这种“财产”,法律暂未明确界定。但基于多重主体对数据的采集、生成、存储、传输和处理等全过程所形成的复杂网络,为明确权益、解决纠纷,有必要建立并加强对数据权益的保护。

(三)数据权益保护的可行性

从数据权益到数据权利,需要将其纳入法律评价体系。这样的法律评价包括两方面,一是在立法上将数据权益升格为数据权利,二是在司法上通过相关判例的法律适用融入数据权利。目前,我国没有法律法规明确规定赋予数据权利,但数据权益已在法律法规的保障范围。[②] 这对

---

① 参见劳东燕:《个人数据的刑法保护模式》,载《比较法研究》2020 年第 5 期。

② 我国《民法典》第一百二十七条:“法律对数据、网络虚拟财产的保护有规定的,依照其规定。”《个人信息保护法》第二条:“自然人的个人信息受法律保护,任何组织、个人不得侵害自然人的个人信息权益。”《刑法》第二百五十三条之一:“违反国家有关规定,向他人出售或者提供公民个人信息,情节严重的,处三年以下有期徒刑或者拘役,并处或者单处罚金;情节特别严重的,处三年以上七年以下有期徒刑,并处罚金。违反国家有关规定,将在履行职责或者提供服务过程中获得的公民个人信息,出售或者提供给他人的,依照前款的规定从重处罚。窃取或者以其他方法非法获取公民个人信息的,依照第一款的规定处罚。单位犯前三款罪的,对单位判处罚金,并对其直接负责的主管人员和其他直接责任人员,依照各该款的规定处罚。”

于我国数字经济下数据权利的界定,以及进一步对数据权利所衍生的安全保护,发挥着积极重要的作用。虽然目前相关法律保护的是数据权益,但其保护的必要性也表明了从权益成为权利的可能性。

在司法实务中,无论是民事还是刑事裁判,对数据权益甚至数据权利都进行了较为明确的认定,甚至部分裁判文书还将这种新型权利在说理部分解读出来,形成了“造法”的“衍生权利”。例如,北京微播视界科技有限公司与上海六界信息技术有限公司、厦门市扒块腹肌网络科技有限公司、浙江淘宝网络有限公司不正当竞争纠纷诉中行为保全案,①该案通过诉中禁令的方式对法律尚未赋权的数据权利进行了一次有意义的探索,目的在于保护平台经营者数据竞争利益及用户个人信息,防止损害进一步扩大。北京微梦创科网络技术有限公司与北京字节跳动科技有限公司不正当竞争纠纷案,②数据权利所涉的开放和保护的平衡,在于明确各方主体的界限,确保相关利益主体在数字经济中的良性竞争。广东省深圳市腾讯计算机系统有限公司等与浙江搜道网络技术有限公司等不正当竞争纠纷案,③赋予了网络企业必要的数据权利,一方面是为了调动互联网企业的积极性,另一方面是预防其滥用权利,避免侵犯用户权益以及垄断数据资源限制竞争。张某、陈某、李某某非法获取计算机信息系统数据案,④从刑法的角度对数据权利进行了定性,指出行为人若通过非经授权的侵入方式获取相关数据不仅构成侵权,还可能构成犯罪,应当承担刑事责任。由此可见,部分法院不仅分类别明确了数据权利/权益,还进一步就各方利益主体的平衡以及数据开放与保护的协同进行了一定的探索,为后续司法导向甚至反哺立法提供了有益的借鉴。

---

① 参见杭州市余杭区人民法院民事判决书,(2021)浙0110民初2914号。
② 参见北京市高级人民法院民事判决书,(2021)京民终281号。
③ 参见杭州市中级人民法院民事裁定书,(2020)浙01民终5889号。
④ 参见浙江省湖州市中级人民法院刑事判决书,(2021)浙05刑终87号。

(四)数据权益升格为数据权利

2022年《中共中央、国务院关于构建数据基础制度更好发挥数据要素作用的意见》(以下简称《数据二十条》)出台,明确了探索建立数据产权制度,并通过数据分级分类确权和授权为数据要素价值创造和实现提供基础性制度保障。数据产权折射出数据所有权或财产权,似乎更加对应绝对权。数据权益在词语构造上可以分为"权利+利益",德国侵权法认为权益分为"归属效能"、"排除效能"和"社会典型公开性"三个标准,必须全部符合才能被认定为权利。① 就此,似乎可以从侵权法上的权利推导到数据的权利,因为数据可以归属相应主体,且具有排他性,同时还具有开放共享的属性,符合权利的构造要求。但是,数据还具有非排他性,不属于前述权利的绝对权,所以数据权利与其他固化权利相比仍然存在软性的相对权利的特征。

二、数据权利的法律属性

数字经济时代,数据权利的主体多元,基于主体的性质不同,数据权利的法律属性也是多面的。主流观点认为数据权利的法律属性具有财产、人身/人格,以及公权/主权上的法律属性,②本书认为,数据权利的法律属性横跨私法与公法双重领域,上述法律属性在不同法域扮演着不同的重要角色。

(一)数据权利在私法领域的法律属性

1. 财产属性

数据作为一种新型生产要素,体现了与常规财产所不同的全新形

---

① 参见姚佳:《数据权益的构造及其动态比较》,载《中国应用法学》2023年第3期。

② 参见李爱君:《数据权利属性与法律特征》,载《东方法学》2018年第3期;刘蓓、桂玲丽:《论数据权的法律属性场景化认定与体系架构》,载《关东学刊》2021年第4期。

态，哪怕与看似相近的知识产权上的财产形态相比存在罅隙。数据通过加工可以形成“数据产品”，与其他商品或产品一样进入流通领域并产生交易价值。数据价值的存在让各方利益主体开始关注数据权利财产属性的保护模式。数据的价值前文已有所分析，此处不再赘述，但此处的“价值”不仅仅是经济上的价值，也包括法学上的价值。[①] 尤其是对数据权利财产所有权制度的探索，即不同的数据主体对数据的采集、生成、存储、传输和处理等行为所形成的数据价值，已经演变成财产权或至少是一种“准财产权”。

2. 人身/人格属性

此处的人身/人格属性，已经包含了隐私权，或者说隐私权属于广义的人格权。前文多次提及，数据权利的主体具有多重性，虽然主体性质不同，但主体所指向的权利体现了浓郁的主体人格属性。比如，个人主体体现公民个人信息，企业主体体现互联网企业的数据产品，国家或政府机构主体体现国家主权等。

（二）数据权利在公法领域的法律属性

数据既是数字经济时代的重要资源，也是继土地、劳动力、资本和技术之后的“第五大生产要素”。数据不仅仅具有私法领域的法律属性，更是在公法领域体现信息化、数字化、网络化和智能化的特征，极大地改变了社会治理模式。公法领域或者说公权属性，是基于国家安全和社会公共利益。对数据权利尤其是数据安全的保护，以及对数据交易秩序的维护，不应只考虑公民个人信息和企业数据，而应当让视域更加开阔和具有大局观。因为数据的开放和共享，以及数据的跨境传输是非常轻易也是非常必要的，但对数据的跨境流动需要监管部门的引导与规制，否

---

① 经济学上的财产权被认为是“个人在预期条件下直接消费商品（或资产服务）或通过交换间接消费的能力”。See Armen A. Alchian William R. Allen, *Exchange and Production*, Wadsworth Publishing Company, 1977, p. 114.

则可能影响国家主权。

不过,就数据权利在私法和公法领域的“三分论”来说,其法律属性在不同层面是有所侧重的。比如,个人数据侧重于人格/人身属性,目的在于保护公民个人信息安全和隐私权;企业或商业数据倾向于财产属性,目的在于保护企业或行业的财产权属,并避免侵犯其他主体的财产权益和加剧竞争;国家或政府数据体现公权属性,目的在于保护数字经济下的数据交易秩序和数据跨境流动的国家主权。

三、数据权利(力)①的图谱体系

数据权利作为一种暂未法定的权利,也有自身的权利谱系。因为数据权利的法律属性内涵丰富,在不同的数据主体下,具有不同属性的数据权利集合所形成的图谱体系更加丰满。正是由于其法律属性界定的泾渭分明,数据权利的图谱体系也可以明朗化和独立化,同时能够借助不同主体的参与,清晰描绘数据权利的枝干和树叶。

(一)私法领域的数据权利

1. 个人数据权利

普通公民或者自然人,在数字经济时代均可以形成或生成具有个人特征的个人信息,如生物识别信息等。个人作为数据权利的主体,渴望数据权利在个人信息方面的保护。个人数据包括全链条的整个流程,从被采集、存储、转让到处理过程中个人可以自主决定的权益,②具体包括知情权与决定权、查阅权、复制权、可携带权、更正与补充权、删除权、要

---

① 因为数据权利具有私权和公权属性,故针对私权则为“权利”,针对公权则为“权力”,为行文方便,下文若未单独说明均可以“数据权利”来分别指代二者。

② 参见程啸:《论大数据时代的个人数据权利》,载《中国社会科学》2018 年第 3 期。

求解释与说明权,等等。[①] 比如,债务人诉金融机构名誉侵权案,就是针对金融机构怠于核查更正债务人信息记录而引发的名誉权纠纷案件,根据民法典对人格权保护中的信用评价,金融机构应当如实记录、准确反映、及时更新用户信用记录,促进金融机构积极作为、加强日常征信监管,引导公民增强个人信用意识、维护信用权益。[②]

2. 企业数据权利

企业作为数据权利中最为活跃的主体,主要的逻辑过程在于采集其他主体的信息或数据,生成或加工相关数据,传输交易相应数据。个人数据体现的是人格权属性,而企业数据则与其性质更加契合,更多地体现财产权属性。在数据不同的生命周期,企业享有不同的数据权利,包括数据资源持有权、数据加工使用权、数据产品经营权。[③] 同时,该三种数据权利也对应不同的环节,比如数据采集阶段,企业可以通过授权或自主拉动的方式合法获取并处理相关数据;在数据集合加工利用阶段,企业可以行使数据加工使用权,即根据权利人的授权合法地对原生数据进行加工、分析、处理甚至变现;在数据产品经营阶段,企业可直接对成型的数据产品进行自主经营和收益。[④]

(二)公法领域的数据权利

在公共数据领域,政府机构作为主体主要享有政府数据权利,包括

---

① 参见《个人信息保护法》第四十四条至第五十条。

② 参见《民法典颁布后人格权私法保护典型民事案例之六(2022 年 4 月 11 日)》;王竹主编:《网络法治实用全书:网络安全与数字经济关联法规及权威案例指引》,中国法制出版社 2023 年版,第 1091 页。

③ 参见《数据二十条》第三条:"(三)探索数据产权结构性分置制度。建立公共数据、企业数据、个人数据的分类分级确权授权制度。根据数据来源和数据生成特征,分别界定数据生产、流通、使用过程中各参与方享有的合法权利,建立数据资源持有权、数据加工使用权、数据产品经营权等分置的产权运行机制,推进非公共数据按市场化方式'共同使用、共享收益'的新模式,为激活数据要素价值创造和价值实现提供基础性制度保障……"

④ 参见孙莹:《企业数据确权与授权机制研究》,载《比较法研究》2023 年第 3 期。

数据调控权和数据规制权。调控类似于经济法上的调控在数据权利上的体现,涵盖了数据共享权、许可使用权和数据获取权。规制则指政府从监管的角度对数据主体的限制或干预,以保护和促进数字经济发展、维护数据市场秩序。①

如果从国家层面来看,在对外交流中还存在数据主权、数据安全甚至是国家安全。数据的跨境流动是数字经济发展的趋势,也具有不可逆的必要性和必然性,因此对数据的监管则需要国家上升到主权来进行规制。国家数据主权指的是国家对其管辖范围内的数据权力,包括数据的采集、生成、传输、储存、处理以及保护等方面。② 但这部分权力尚没有理论上的充分支撑,只能借助传统国家主权理论进行对应,从国家享有的数据权力的角度来匹配和契合。③

第三节　数据权利的确权

在明确数据权利的基础上,如何对数据进行有效确权成为关键问题。数据权利的确权,是在认清数据具有独立的权利地位之后通过不同的方式对数据进行赋权。本节首先面对的是数据权利能否确权的问题,同时对数据确权的必要性与可行性进行分析,并进一步探索数据确权规则,最终对数据确权的类型化进行设计。

---

① 参见张钦昱:《数据立法范式的转型:从确权赋权到社会本位》,载《经贸法律评论》2023 年第 26 期。转引自王铼等:《数据权的刑法保护》,经济管理出版社 2024 年版,第 31 页。

② 参见大数据战略重点实验室:《数据法 2.0:数权的制度构建》,社会科学文献出版社 2020 年版,第 190 ~ 191 页。

③ 根据传统国家主权理论,国家主权包含平等权、管辖权、独立权、自卫权等,国家数据主权作为国家主权在数据空间的延伸,其主要内容也应当包括数据平等权、数据管辖权、数据独立权和数据自卫权等。参见张钦昱:《数据权利的归集:逻辑与进路》,载《上海政法学院学报(法治论丛)》2021 年第 4 期。

一、数据确权的误区澄清

数据到底能否确权，这是数据权利进行确权所要面临的一个首要问题，是否存在无法确权的数据权利及相应误区，有几种数据确权模式并如何对这些不同的数据确权模式进行评价，这些内容的探讨对后续数据确权将会形成重要的积累和铺垫。

（一）数据的两权分离与确权之争

1. 数据来源者与数据处理者的权利分离与争夺

数据的表现方式即信息的载体，同时又属于新型的生产要素。这种“新型”即要求数据脱胎于信息本身而扮演生产要素的角色。从数据全生命周期来看，可以大致分成两个阶段。一个是数据提供者或者是数据来源，多重主体如个人、企业或其他组织所产生的数据；另一个是数据处理，以前述的数据来源作为基础，对数据进行采集、加工、传输、整理、分析和处理等，从而形成数据产品。这两个阶段就形成了两种权利的分离和争夺。一种是数据来源者的数据权利，这种权利更多地和个人信息、隐私等方面相结合；另一种则是数据处理者的数据权利，往往和财产属性相结合。这两种权利的分离或争夺，以及对该种认识的澄清，将对数据权利确权产生观念式的冲击，也决定着数字经济发展的走向。

两权相争的实质就在于数据来源者提供的数据，经数据处理者生成数据产品后，个人或企业信息的保护与数据开发共享之间存在的矛盾。比如，个人信息的隐私保护是从人格权的角度来开展的，同时数据的有效利用又是从财产属性的方面调整的。二者其实是可以分离的，矛盾也是有限的。[①]

---

① 《个人信息保护法》第四条第一款：“个人信息是以电子或者其他方式记录的与已识别或者可识别的自然人有关的各种信息，不包括匿名化处理后的信息。”由此，个人信息不包括匿名化处理的信息，作为匿名化处理后继续承载信息的数据，是与个人信息相分离的。

民法典将公民个人信息与数据以及网络虚拟财产进行界分,此处不能认为信息与数据完全相等。易言之,公民个人信息应当通过人格权来保护,如果是数据或其他法律确认的虚拟财产,就应当按其他法律来保护。①

两权分离其实也有政策导向,②即对数据来源者和数据处理者的协同保护,这种衡平有力推进了双方利益的共同实现。既要保护数据来源者的隐私,也要为数据处理者提供分析利用的制度空间;既要保护数据处理者生产数据产品的积极性,也要为数据来源者对其数据合法享有利益提供实践路径。

2. 财产属性确权的争议

此处的财产属性主要是从数据的企业主体出发,进而对企业数据的确权。有的观点认为,企业对数据享有所有权,该观点系以劳动价值论为基础,认为企业在对数据的加工、分析和处理等过程中,付出了企业的成本,理所当然享有所有权;也有观点认为,企业数据权利应当是一种用益权,即企业通过对数据的挖掘获取一定权益;还有观点认为,企业数据权利可以遵循知识产权的认定和保护,尤其当数据产品被设定为符合知识产权表征时。③ 但不管是上述哪种观点,都彰显了企业数据的财产属性。

---

① 《民法典》第一百一十一条:"自然人的个人信息受法律保护。任何组织或者个人需要获取他人个人信息的,应当依法取得并确保信息安全,不得非法收集、使用、加工、传输他人个人信息,不得非法买卖、提供或者公开他人个人信息。"第一百二十七条:"法律对数据、网络虚拟财产的保护有规定的,依照其规定。"

② 《数据二十条》第七条:"(七)建立健全数据要素各参与方合法权益保护制度。充分保护数据来源者合法权益,推动基于知情同意或存在法定事由的数据流通使用模式,保障数据来源者享有获取或复制转移由其促成产生数据的权益。合理保护数据处理者对依法依规持有的数据进行自主管控的权益。在保护公共利益、数据安全、数据来源者合法权益的前提下,承认和保护依照法律规定或合同约定获取的数据加工使用权,尊重数据采集、加工等数据处理者的劳动和其他要素贡献,充分保障数据处理者使用数据和获得收益的权利。保护经加工、分析等形成数据或数据衍生产品的经营权,依法依规规范数据处理者许可他人使用数据或数据衍生产品的权利,促进数据要素流通复用。建立健全基于法律规定或合同约定流转数据相关财产性权益的机制。在数据处理者发生合并、分立、解散、被宣告破产时,推动相关权利和义务依法依规同步转移。"

③ 参见李森:《数字经济时代企业数据财产权确权研究》,载《江西财经大学学报》2024年第5期。

这种财产属性对应我国法律体系，形成了是否确权的两种财产保护观点。

（1）非确权的数据财产

持该观点的学者认为，数字经济的发展并非源于对数据权利的确认，而在于数字市场及相关基础设施建设的完善。从确权的角度来看，是源于传统经济形态下尤其对有形物的固化方式，但与数字经济时代数据这样的无形物有所龃龉，反而容易导致权利泛化。[①] 该论断有其合理性，瞄准了市场自身运行的基本规律不以人的意志为转移，也凸显了数字基础设施建设在数字经济时代的重要性。但似乎将确权的限制作用有所放大，同时弱化了数据权利及数据价值，忽视了数据确权对数字经济繁荣的深远意义。还有观点更甚，数据确权不仅不利而且有害，会引发交易成本增加且造成混乱，无法建立标准化的数字产品，同时对权利的保护和侵权行为的监管也将付出巨大的成本。[②] 上述两种观点主要是从数据的无形性、数据价值的不确定性以及数据保护成本高昂性来阐述数据确权的非必要性。虽然数据具有不确定性，但其与数据的可特定性之间间隔较远，并不妨碍数据可特定性的独立运行。[③] 在可特定性问题上，数字技术的发展早已能够解决该障碍，比如加密、生物信息识别等方式都能够有效区分。因此，如果对数据权利不进行确权，将影响数据来源者和数据处理者开发利用数据的积极性，数据的市场化流动将会随意无序，并成为法律规制的空白区域。

从确权不利的角度来看，有观点认为确权对数据争议无从下手，应当通过行为规制的方式保障数据合法合理地开发和利用。[④] 但这种行为规制往往是事后防御，难以在事前预防避免更大的风险，因此行为规

---

① 参见胡凌：《数字经济中的两种财产权 从要素到架构》，载《中外法学》2021年第6期。

② 参见梅夏英：《数据的法律属性及其民法定位》，载《中国社会科学》2016年第9期。

③ 参见许可：《数据权属：经济学与法学的双重视角》，载《电子知识产权》2018年第11期。

④ 参见丁晓东：《数据公平利用的法理反思与制度重构》，载《法学研究》2023年第2期。

制无法构筑统一稳固的普适性规范。同时,放任司法实务各自为政,让司法充当“先行军”而没有立法上确权制度的法律支撑,容易引发司法裁判的不确定性和权利认定混乱。

(2)确权的数据财产

主张确权的拥趸认为,虽然数据确权比起传统经济形态中的有形物确权更加困难或者需要更新调整观念,但其意义远远大于暂时的困难。相关学者的理论梳理如下:数据具有财产属性,但与传统的“物”形态差距巨大,也不能通过与知识产权的衔接来完善,对所有权的权能占有造成了冲击,所以直接适用所有权制度无法成型。① 因此有学者主张与所有权相区分,如数据物权观②、数据债权观③、个人信息权④、数据所有权与用益权的二元化⑤、数据经营权与资产权。⑥ 这些提法都是学者深入研究的成果,有一定合理性,但也不尽完美。

比如,个人信息权凸显了对个人信息财产属性的保护,契合了数据权利的财产属性。个人信息权的逻辑脉络为数据来源者(个人)和数据处理者(企业)对数据产品进行共有,共享权益。但是共有关系的前提是共有物可按份或共同共有,并需要共有人在一定程度上的一致性。如果将共有关系投射到数据权利或数据财产中,则有实践操作的难度。因为个人作为数据来源者,在生活中所体现的个人信息比较分散和琐碎,本身的价值有限。而企业作为数据处理者通过对这些数据进行采集、加工、整合、处理等,才能生成一定的数据产品,并产生价值。相当于个人提供的是原材料,由企业进行加工生产产品。对个人来讲,无法控制企

---

① See Balganesh S. Quasi-property, *Like, but Not Quite Property*, University of Pennsylvania Law Review, Vol. 160:7, p. 1889 – 1926(2012).

② 参见周林彬、马恩斯:《大数据确权的法律经济学分析》,载《东北师大学报(哲学社会科学版)》2018 年第 2 期。

③ 参见梅夏英:《数据的法律属性及其民法定位》,载《中国社会科学》2016 年第 9 期。

④ 参见彭诚信:《论个人信息的双重法律属性》,载《清华法学》2021 年第 6 期。

⑤ 参见申卫星:《论数据用益权》,载《中国社会科学》2020 年第 11 期。

⑥ 参见龙卫球:《数据新型财产权构建及其体系研究》,载《政法论坛》2017 年第 4 期。

业对数据的处理也不能实际占有,更不用说获得收益。因此,这样对数据财产或权利的"共有",对个人来讲难以实现。

另外,数据所有权和用益权的二元结构,相当于把所有权的权能进一步细分,剥离出用益权,然后将二者分配给不同的数据主体,这样将可能存在一定矛盾。数据来源者的数据多较为分散、琐碎、微量,本身几乎没有价值,这些数据是数据处理者的在先"材料",个人对这些材料具有所有权,但不能体现明显的财产属性。数据处理者对个人的数据"材料"进行加工之后形成数据产品,这些产品有更高的市场价值,企业能够享有财产权。但如此一来,数据所有权和用益权实质上已经割裂,所有权不再是用益权的前提,某些情况下数据用益权人已经不需要所有权人的同意,完全脱离传统物权法理论体系。①

(二)无法确权的理解误区

1. 数据确权无法设立的误区

物权的确立与占有状态密不可分,但如果落实到数据这个"物"上,可能与传统物权理论发生抵牾。数据的可复制性使其可以同时被多个主体占有使用,不易被某个单一主体独占,将不再对应"一物一权"②。

---

① 《个人信息保护法》第四条第一款:"个人信息是以电子或者其他方式记录的与已识别或者可识别的自然人有关的各种信息,不包括匿名化处理后的信息。"第十三条:"符合下列情形之一的,个人信息处理者方可处理个人信息:(一)取得个人的同意;(二)为订立、履行个人作为一方当事人的合同所必需,或者按照依法制定的劳动规章制度和依法签订的集体合同实施人力资源管理所必需;(三)为履行法定职责或者法定义务所必需;(四)为应对突发公共卫生事件,或者紧急情况下为保护自然人的生命健康和财产安全所必需;(五)为公共利益实施新闻报道、舆论监督等行为,在合理的范围内处理个人信息;(六)依照本法规定在合理的范围内处理个人自行公开或者其他已经合法公开的个人信息;(七)法律、行政法规规定的其他情形。依照本法其他有关规定,处理个人信息应当取得个人同意,但是有前款第二项至第七项规定情形的,不需取得个人同意。"

② 参见梅夏英:《在分享和控制之间——数据保护的私法局限和公共秩序构建》,载《中外法学》2019 年第 4 期;徐慧蕴:《企业数据保护的困境与纾解:从权利保护到行为规制》,载《互联网天地》2022 年第 9 期。

财产的独占并不必然属于财产权的必要属性，比如知识产权中，对商标权或专利权等也存在权利人独占许可或一般许可。

因此，关于独占的问题，基于数据的特殊物理属性，其不似有形物一样存在现实状态下的占有，但属于一种针对数据权利本身且具有财产属性的法律效力。即使无法解决独占的物理问题，数据权利仍然可以设立，而且即使以是否独占为标准，目前数字技术也已经完全能够做到独占性地使用数据。在明确数据可被多重占有的情况下，作为动产的公示规则通过占有来认定所有，即可能存在应然和实然的不符。基于物理特性，数据明显不符合动产的要求，通过占有确认所有的规则将不甚妥当。所以，即使数据的现实状态是多人占有，数据权利仍然不必归属所有的占有人。由此可见，数据权利的确立是不存在障碍的，有这样的误区实乃受到现行物权法的思路影响。

2. 数据确权无法界定的误区

所谓界定即对权利边界和范围的明晰。诚然，数据囊括了多元主体的信息碎片，如果要进行数据确权，必然需要权利边界的固化。但正是因为这些数据包括个人信息之间的模糊性，导致面临界定难题。这样的误区形成的原因可能与前述“一物一权”有关，认为物上的权利是互斥的。但基于前文的论述，数据来源者涉及的主要是数据权利的人格权属性，数据处理者涉及的主要是财产属性。因此即使数据上包容了多个数据来源者的个人信息，但只要数据处理者通过采集、加工、传输、处理能够有效保护该信息，并且以自己的劳动行为产出了劳动成果，则数据权利中的财产权就应当由数据处理者享有。故数据来源及其人格权的多元化，与数据能否被界定为权利无关。

3. 数据确权无法分配的误区

此处的分配主要指的是对数据所对应的财产权如何在数据来源者(个人)和数据处理者(企业)之间进行分配。有学者认为，因为数据与个人信息的合一关系，企业在处理来源于个人的数据时必然造成个人信息的安全隐患，同时若数据财产权由企业享有，对个人来讲将会存在无法支配的恐惧。① 但是，若加强公民个人信息的保护，则会造成数据发展的迟滞，显著增加企业处理数据的成本。② 由此，数据确权将出现难以分配的窘境。

但是，根据前述《数据二十条》对数据处理者劳动成果的保障要求，只要企业作为数据处理者通过合法的劳动即数据的处理让数据产生了溢价，企业相应地就有权合法合理地享有数据财产权。

也有学者提出数据可以参照自然资源归属国家。③ 但从产生源头来看，自然资源是客观存在、自然产生的，归属国家具有正当性。而数据是由多元主体制造、产生的，具有人的主观能动性，如果扼杀人对数据的创造性将极大地造成数据市场的萎缩。

前文也分析过，数据来源者的数据几乎是分散、琐碎、价值不大的信息，通过数据处理者的分析加工生成数据产品，当然就具有了数据财产价值，数据处理者也就有权享有。

回过头来再看，企业享有数据财产权之后是否会对个人信息造成安全隐患，或者如何来保障数据安全。从前文所述的数据的非独占性和财产权并非对应事实支配而是财产收益来看，数据是否实际占有与财产权由谁享有并不冲突。同时，如前所述，我国现行的民法典、个人信息保护法关于隐私等方面的规定已经较为完善，能够对数据处理者侵犯数据来源者数据或信息安全的行为起到一定的限制和防范作用。

由此，上述内容针对数据无法确权的几个误区进行了澄清，证明数据可以通过不同的模式确权。

---

① See Anastasios Dosis & Wilfried Sand-Zantman, *The Ownership of Data*, The Journal of Law, Economics and Organizations, Vol. 39, p. 615 – 641 (2023).

② 参见丁晓东：《数据公平利用的法理反思与制度重构》，载《清华法学》2019 年第 3 期；何波：《数据权属界定面临的问题困境与破解思路》，载《大数据》2021 年第 7 期。

③ 参见张玉洁：《国家所有：数据资源权属的中国方案与制度展开》，载《政治与法律》2020 年第 8 期。

(三)数据确权的几种模式及其评价

数据确权依据不同的划分标准和依据存在多种模式,这些模式各有合理之处,也有不当之嫌,对模式的评价有助于进一步澄清前述误区,并为后续数据确权规则及类型化展开奠定基础。

1. 有限确权模式

该主张较为中庸,即数据作为数字经济时代的重要生产要素,不能允许某一个主体或某一类主体完全排他性地享有数据权利。比如,假设数据处理者企业对数据享有排他性的权利,基于市场的自我调节,企业为了利润可能会“榨干”式地利用数据来源者,如个人提供的信息,可能导致个人信息存在安全隐患。但如果反过来赋予数据来源者排他性的权利,数据或信息安全的问题被解决,但对企业而言,使用、加工、处理这些数据将会付出高额的成本,也会阻碍数据的自由高效流动。基于此,产生了这种有限的产权模式主张。[1]

对于该种模式,本书认为,该模式的基础在于将数据作为社会公有资源,所以才不应当归属任意单独主体,并独占地享有排他性的权利。但如果这个基础动摇,有限产权的适用将会波动。因为数据要素不能够被视为一种公共资源,虽然数据的产生非常广泛和琐碎,但是能够被赋权的数据显然是有价值的,由此数据彰显了其稀缺性。这类数据当然不可能属于公共资源,因此也就没有了对不同主体有限赋权的必要。另外,数据确权的目的是明确数据的权属为某个主体,但有限产权模式仅仅区分了有限的程度,并且对数据来源者和处理者分别进行有限保护,

---

① 该观点认为,数据确权不是确定所有权,而是确定数据之上应当赋予的权益。不同数据主体的数据诉求和数据价值贡献不同,数据产权配置应当给予不同的激励差别。数据产权配置要实现个体利益和公共利益之间的平衡。数据产权制度随着数据价值、数据利益和数据产权制度的实施成本而不断变化。权益配置的结构是对个人加强隐私保护,对数据企业强化财产权保护。参见唐要家:《数据产权的经济分析》,载《社会科学辑刊》2021 年第 1 期。

具体如何分别确权却没有明确定论。我国现行的法律制度能够在一定程度上保护数据来源者的相关权益,而数据处理者也可以通过合同模式实现财产权。

2. 二元权利结构模式

该观点主张将数据权利划分为不同权能,并分别由不同类别的主体享有。数据所有权由个人即数据来源者享有,数据用益权由企业即数据处理者享有。传统物权理论的所有权包括占有、使用、收益和处分,那么数据来源者对数据享有的所有权仅仅是源数据,相当于为企业处理数据提供的原材料。而企业对个人的源数据进行采集、加工、整理、传输和处理之后生成数据产品,个人并未作出贡献,故数据产品的所有权应属于企业而不属于个人。但数据产品来源于个人的源数据,如果完全由企业享有数据产品的所有权对个人似乎也不公平。所以,企业只能够享有数据产品的用益权,源数据所有人可以对数据产品的收益提成。[①] 由此该二元结构的模式得以确立,即数据来源者享有对源数据的所有权并对数据产品有权提取收益,数据处理者对数据产品享有用益权。

本书认为,源数据体现的主要是人格权属,为保护个人隐私,个人对该数据享有所有权有一定合理性。但从公平的角度考虑,个人对数据产品的部分收益在操作性上存在障碍,导致企业使用数据的成本显著增大,而个人获益却几乎可以忽略。同时,数据产品经过了企业的加工处理,其上的个人信息属性已经降低。根据我国现行法律规范已经能够在一定程度上保护个人信息安全,是否还有必要赋予个人收益权则值得商榷。另外,在企业数据用益权的问题上,虽然不是完整的所有权,但实践中企业往往对数据产品可以进行比较完整的处分。也就是说,如果仅赋予企业用益权,但企业实际可以进行转让等处分,那么规范与实践将存

---

① 参见闫镜华、石先梅:《数据生产要素化与数据确权的政治经济学分析》,载《内蒙古社会科学》2021 年第 5 期。

在脱节。

3. 分级分类的确权模式

该模式的正当性基础在于数据作为新型生产要素,不能由某一主体独占、排他性地占有,从而阻碍数据的流通与共享,而应当作为社会公共资源开放。同时在分配上应当公平,对于可共享开放的数据,在实现数据利益分配上通过税收等方式来调节和平衡;若是非开放数据,则需要相应对价来完成利益的分配。另外,最重要的一点是分级保护数据安全。基于前文所述,如果将数据所有权赋予数据来源者即个人,既没有太大必要也会显著提高数据处理者即企业的成本,但完全赋予企业,也会对个人数据和信息产生不可控的威胁。所以除了分成开放性或不开放性的类别以外,还可以设置数据的分级理念来明确数据的风险等级,风险等级较低的,可以被纳入开放性数据,以促进数据流通。

基于前文所述的权利(力)图谱体系,数据权利可以分为私法领域的权利,包括个人数据权利和企业数据权利;还可以分为公法领域的权力,即政府数据权力和国家数据主权。分级分类的授权制度,源自《数据二十条》,是一种结构性的产权分置制度。分级分类的目的之一即达到数据安全与数据交易的平衡,划分数据的风险等级和安全状态,并由此进行产权结构的分置安排。这对于数据安全的保护和数据交易流通的自由,都将起到良性的促进作用。

4. 类型化的确权模式

类型化是将研究对象以相应标准分类划分,并提炼出共性的一种研究范式。在数据确权方面通过类型化的划分,有助于避免单向赋权的不周延,并能够让数据主体更加明确、权利范围更加明晰。所以,从数据权利的主体来讲,有必要进行有效的类型化。

从归属来看,总体可分为个人数据与企业数据,个人享有的是人格权益,企业享有的是财产权益。这样的数据确权没有直接对应数据的客体,而是关注到了数据权利的主体。不过根据前文的分析,数据权利的主体不仅仅是由该模式所划分的个人和企业，在数据权利的图谱体系中，本书提到还存在政府数据权力和国家数据主权。因此，类型化也应当将这一类公法领域的权力纳入其中。在类型化研究中，该模式只有进一步完善和丰富，才具有完整性和分析的科学性。

二、数据确权的必要性与可行性

（一）数据确权的必要性

1. 数据确权的需求与法律制度的不足

数字经济时代，数据是重要的资源，更是核心生产要素，这对于数据主体来讲是根本依托。虽然我国有部分法律法规以及地方立法已经开始涉及数据权益及其保护，[①]但在实践中难以直接适用。《数据二十条》对数据设定了较为全面的内容，但其并非法律规范，而是政策指引，在司法裁判中不宜被援引来解决纠纷。比如，在数字经济时代数据产品保护的司法第一案中，法院主要认定的是不正当竞争行为，但并未确认相关主体对数据的权利归属。[②] 虽然已有判例形成对数据的特别保护，但并非从数据确权的角度来评价。由于没有直接关于数据确权的单行法或其他关联的法律法规，司法裁判似乎也只能援引《反不正当竞争法》等作为裁判依据。数据的保护和交易开发，需要在源头上对数据权利进行确立，否则数据的表面繁荣可能会反噬数据权利。目前，因为没有法律

---

① 比如，我国《民法典》第一百二十七条和《数据安全法》第七条均涉及数据权益的保护，但规定较笼统、不够细致，难以应对实践中繁杂的纠纷。

② 2018年8月16日，杭州互联网法院公开宣判了淘宝诉美景公司侵权案，成为大数据时代首起确认企业对其投入劳动形成的衍生数据产品理应进行保护的案例。法院认定被告的行为属于侵犯原告合法利益的“搭便车”的不正当竞争行为。但该案并没有明确在法律上是否应当承认其对形成的数据产品享有权益，数据权利归属也未确认。数据未确权，不仅企业的劳动成果得不到有力保障，而且对法院判决类似案件造成了一定的阻碍。参见赵艳娜、陈娜：《数据确权的楫定之路：论证数据确权必要性》，载《科技创业月刊》2024年第5期。

法规对数据进行确权,实践操作中数据处理者如平台或企业往往会通过合同模式来约定数据权利及其归属,并可能增加数字技术来保障各方的数据权利。但这种方式是私主体之间的合意,或者只能寄希望于私法上的自治。若发生争议,数据的确权始终无法回避,仍然需要通过司法的方式来确认,因为私主体之间的数据权利划分或归属的自治并一定存在法律规范的支持。

综上所述,法院在司法实务中往往会通过其他法律来"迂回"式地保护数据,但其他法律毕竟有其调整的范围和社会关系,不会侧重在数据上。所以依靠其他法律来规制数据纠纷存在一定程度上的"文不对题"或者过分依赖兜底条款的缺陷,对数据权利的根本性问题始终无法解决,对于数字经济下数据产业和权利保护的健康良性发展无法起到很好的司法保障效果。因此,现有法律制度包括反不正当竞争法、知识产权法和个人信息保护法等都无法全面、细致地调整数据纠纷,尤其是不能精准定位数据权利及其保护。作为数字经济和人工智能领域的"锂矿",数据资源应当由单行法和多个部门法律协同保护。① 重点是赋予数据何种主体的何种权利或权益,才能充分发挥数据资源的价值,推动数据要素的交易与保护。

2. 数据确权的意义

所谓数据确权,即从主体出发分别针对数据来源者(如个人)和数据处理者(如企业),通过一定方式进行赋权,以促进数据交易共享与数据保护的平衡。数据本身具有可复制性、排他性与不可排他性等特征,数据确权将是对不同数据主体以及不同数据客体的界定与划分,并对潜在的数据纠纷提供法律上的"定盘星"和"指南针"。

(1)数据确权有助于数据的生产

数据的原始生产或源数据来自数据来源者如个人,但这些数据主

---

① 参见孙莹:《企业数据确权与授权机制研究》,载《比较法研究》2023 年第 3 期。

要基于个人信息的保护和人格权益，较为琐碎，就市场价值而言几乎没有。比如，个人的网购或者订餐信息，都能形成数据，但对个人而言价值不大。不过以这些基础数据为原材料，通过数据处理者如企业或平台进行采集、加工、分析、传输和处理等劳动行为，辅之以资金、技术、人力、资源等，最终生成具有一定价值且能够流通的数据产品。比如，企业对前述个人的网购订餐信息进行分析，可以发现网络用户的兴趣、消费倾向、经济条件等内容，以便平台或企业能够再次精准送达相应需求。当然现在也有用户尤其年轻人通过算法反向驯化大数据杀熟，①但该行为是否有效有待进一步验证。这样的行为都是依托企业的数据生产。这种生产行为需要投入其他生产要素如资金、设备等，但如果无法对数据产品进行确权将可能打击企业的生产积极性。因此，目前出现的数据纠纷，很多是数据未能确权所导致的，权属是发展和保护的源头，如果权属不清、定位不明、保护不当，数据生产将会受到极大的冲击和阻碍。

(2)数据确权有助于数据的流通

数据可复制性、非排他性、开放性的特征，方便了数据的传输，在数字经济框架下，数据的交换与共享是一个重要标志。但共享与开发的前提应当是数据权属的明晰，因为数据主体多元，数据客体也多样，主体、客体如果没有从权属上对应，数据的流通障碍和高昂成本②将会凸显，

---

① 2024年12月13日，据北京青年报报道：近日，不少年轻人晒出自己的攻略，分享如何对抗“越用越贵”“越看越烦”的算法。“第一次搜机票，直飞最便宜的也要4309元，我就反复评论‘机票太贵了，买不起，不去了’。后来就变成了1903元。”2024年11月24日，国家相关部门联合发布《关于开展“清朗·网络平台算法典型问题治理”专项行动的通知》，重点整治频发的大数据“杀熟”乱象。严禁利用算法实施大数据“杀熟”。严禁利用用户年龄、职业、消费水平等特征，对相同商品实施差异化定价行为。提升优惠促销透明度，清晰说明优惠券的领取条件、发放数量和使用规则等内容。客观如实说明优惠券领取失败原因，严禁以“来晚了”“擦肩而过”等提示词掩盖真实原因。参见《评论区“哭穷”！年轻人开始“反向驯化大数据杀熟”？专家建议……》，载“青春浙江”微信公众号2024年12月18日。

② 该成本不仅指经济上的成本，也指现有合同模式下各方需要通过订立合同约定各方关于数据的权利义务。

也将会影响数据主体的可预见性。“有恒产者有恒心”,数据主体如果缺乏法律框架下数据权利的可预见性和可确定性,将会对数据流通带来主体上的消极影响。因此,通过数据确权将助推加速数据流通,从而促进数字经济的繁荣。

(3)数据确权有助于数据的安全

对数据的保护依赖立法的规范、政府的监管、司法的裁判等国家强制力,但保护的前提则是数据的确权。我国目前司法实务中往往依据反不正当竞争法和知识产权法等来进行裁判,但也实属无奈之举。目前我国数据安全保护存在不足,相关部门法也在逐步完善,如果数据能够首先从源头上被合法合理地确权,国家对数据的监管和保护将会达到更高层级的效果。

由此可见,数据确权对于数据的积极生产、广泛流通和充分保护有着巨大的推动作用,也将有助于数据市场的建设和良性发展。因此,数据确权具有必要性。

(二)数据确权的可行性

数据确权的可行性指数据的确权在具有正当性基础之后,还应当由恰当的操作完成数据确权。立法上的操作路径可初见于已经施行的法律,该部分法律虽然不是完全从数据权利的角度赋予主体权利,但其立法精神和技术对明确的数据确权仍然有着积极意义。我国《民法典》专门在民事权利一章中规定了数据可以作为权利客体,[①]并为之后相关法律对数据的专门规定预留了空间。同时,该条款还将数据与虚拟财产并列,表明二者具有共性,即财产属性、权属归集的需求。《消费者权益保护法》也从消费者个人信息的归属进行了信息确权,并提供了后续数据确

① 《民法典》第一百二十七条:“法律对数据、网络虚拟财产的保护有规定的,依照其规定。”

权的思路参考。[①]《网络安全法》也对网络运营者收集、使用个人信息进行了规制。[②] 上述几部法律虽然没有明确的数据权利界定,但从立法本意和条文解释来看,为后续数据确权演练了路径,表明数据确权具有可行性。

数据权利是可以被界定归属主体的。从技术上来讲,数据虽然具有可复制性和非排他性,但数字技术早已能够实现数据的排他性或独占性监管。[③] 同时,数据能够作为权利客体,其与权利主体如个人、企业或其他组织、政府甚至国家能够对应,并划分相应范围。前文已经论证了数据的财产属性,财产属性的基础就在于只有主体持有财产才能彰显价值。另外,数据作为企业生产的产品,具有实用和交易价值。所以,从数据具有财产属性的角度来看,数据是可以被确权的。

三、数据确权的规则

前文解决了数据可以被赋权的基础性问题,应当如何赋权则又成为

---

① 《消费者权益保护法》第二十九条:"经营者收集、使用消费者个人信息,应当遵循合法、正当、必要的原则,明示收集、使用信息的目的、方式和范围,并经消费者同意。经营者收集、使用消费者个人信息,应当公开其收集、使用规则,不得违反法律、法规的规定和双方的约定收集、使用信息。经营者及其工作人员对收集的消费者个人信息必须严格保密,不得泄露、出售或者非法向他人提供。经营者应当采取技术措施和其他必要措施,确保信息安全,防止消费者个人信息泄露、丢失。在发生或者可能发生信息泄露、丢失的情况时,应当立即采取补救措施。经营者未经消费者同意或者请求,或者消费者明确表示拒绝的,不得向其发送商业性信息。"

② 《网络安全法》第四十一条:"网络运营者收集、使用个人信息,应当遵循合法、正当、必要的原则,公开收集、使用规则,明示收集、使用信息的目的、方式和范围,并经被收集者同意。网络运营者不得收集与其提供的服务无关的个人信息,不得违反法律、行政法规的规定和双方的约定收集、使用个人信息,并应当依照法律、行政法规的规定和与用户的约定,处理其保存的个人信息。"

③ 个人数据账户业务模式的探索,英国和韩国也逐渐探索出了个人数据控制的相关项目。此种业务模式是指第三方机构为每个人设立一个专属于个人的数据账户,该账户有以下三项功能:数据集合、数据管理和数据交易。在真正意义上实现了"我的数据我做主"的实际控制,数据被进入二级市场后,还能通过区块链技术实现追踪。参见申卫星:《数据确权之辩》,载《比较法研究》2023 年第 3 期。转引自姬瑶瑶:《论数据确权规则》,江西理工大学 2024 年硕士学位论文,第 25 页。

一个新的需要具体考量的问题。相应的基本原则只有在数据确权之前予以明确,才能有效实现数据确权的规范化路径。

(一)数据确权的基本原则

数据的分类标准很多,[①]但是数据资源本身的价值有限,最终需要通过数据产品的方式呈现,所以如果从数据来源来看,可以分为原始数据和衍生数据。而司法实务中的淘宝诉美景案[②]则首次将数据划分为原始数据和衍生数据。结合数据的产生主体,原始数据指的是由初始主体(如数据来源者)自然直接生成的数据;而衍生数据则是数据处理者根据原始数据通过算法加工制作出来的、有一定价值并能够自由流通的数据产品。原始数据在于直接和非目的性,客观真实地体现数据来源者的真实信息,充分体现了数据来源者的人格权益,但财产属性较低。衍生数据则是以原始数据为原材料,通过数据处理者如企业或平台,以资金、设备、技术、资源等嵌入,最终制造出数据产品。就数据保护而言,企业在生产数据产品时需要对原始数据进一步脱敏,避免对原始数据主体留下信息泄露的风险。由此,结合不同的数据主体,数据确权得以清晰地划定,并平衡多元主体之间的利益状态。因此,对数据确权需要把握以下几个原则。

1. 效率最大最优原则

效率是一个多学科都可兼容的词语,如在经济学中效率就是追求资源配置的最大化,法学中则一直存在公正与效率的争议,同样包含资源配置的问题。根据"帕累托最优"理论,最优的交易是一个人的境况更

---

① 比如,按不同的交易客体,数据可以分为互联网数据、政府数据、行业数据、社交数据等;按不同的结构类型,数据可以分为结构化数据、半结构化数据和非结构化数据;按不同的数据主体,数据可以分为个人数据、企业数据和政府数据。参见姬瑶瑶:《论数据确权规则》,江西理工大学2024年硕士学位论文,第34页。

② 杭州市中级人民法院民事判决书,(2018)浙01民终7312号。

好并不会导致其他人境况更差，这样才是最优的资源配置，即最大最优效率。所以，资源需要理所当然地配置给能够最大化最优化有效利用的群体。[①] 投射在数据交易中，如前所述，原始数据较为分散、琐碎，一般只是对数据主体个人信息、行动轨迹、日常生活记录等内容的直接反映，这些数据价值有限。只有通过企业对这些原始数据有效充分处理，才能生成价值更高的数据产品。数据来源者只是提供基础数据，但没有能力生成数据产品。因此，数据产品这些衍生数据的权属应赋权给数据处理者，从而匹配效率的最大最优配置。

2. 劳动赋权导向原则

洛克的劳动赋权理论认为，劳动是自然人专属的能力，自然人对个人的身体和身体所能够指向的劳动能力或劳动行为应当享有变现的财产权，这些劳动成果理应由该自然人享有。[②] 该理论契合了数据确权的需求。原始数据并非自然人的劳动所得，只是数据来源者如个人纯粹的"生活记录"，既零散又几无价值，人格属性浓厚但财产属性匮乏。衍生数据经过企业等的加工制作所产生，产生的过程烙上了企业的智慧与资金等方面的投入，即企业提供了显著的有贡献的劳动，相应的劳动所得即数据产品理应由企业享有。但毕竟数据来源者对原始数据享有权利，该原始数据对衍生数据起到了正当性基础的作用，因此数据来源者的授权也是数据确权中的重要方面。另外，《数据二十条》也鼓励市场主体通过自己的投入和劳动获得合理回报，以促进数据的交易和发展，繁荣数字经济。[③]

---

① 参见[美]理查德·A. 波斯纳：《法律的经济分析》，蒋兆康译，中国大百科全书出版社1997年版，第13～19页。

② 参见[英]约翰·洛克：《政府论》，丰俊功译，光明日报出版社2009年版，第122～135页。

③ 《数据二十条》强调，按照"谁投入，谁贡献，谁受益"原则，对于各类市场主体在生产过程中收集加工形成的除涉及个人数据、公共利益之外的其他数据，市场主体享有持有、使用、收益的权益，以达到激励市场主体和保障其贡献得到合理回报的目的。

3. 利益均衡原则

数据确权只是一种行为手段,目的在于通过数据确权保障权利人及各方利益主体的合法权益,维护数据的正常有序流通,因此数据确权只有遵循利益均衡的原则,各方利益主体才能推动数据确权。从权利义务相一致来讲,个人作为原始数据的提供者,虽然一般不产生收益,但企业利用该数据需要获得个人同意,是否支付相应费用则根据具体情况确定。即使企业不支付相应费用也应当充分保护个人的数据信息。对企业来讲,投入了大量人力、物力和财力对原始数据进行加工整合并生产出数据产品,将衍生数据赋权给企业,有利于调动企业积极性,提供更高质量的数据产品,促进数据的流通和开发,推动数字经济的繁荣。同时,借助企业强大的数字技术,对其课以数据安全保障义务和责任,也回应了前述企业对个人数据安全和保障的责任。所以,衍生数据的赋权路径指向企业,能够平衡各方利益主体,共同推进数据确权的实施。

4. 添附理论原则

数据处理者对原始数据的整合形成了衍生数据,从而创造出较大的价值,这样的增值行为能够对应传统的民法理论,即添附理论,并推导出数据处理者对衍生数据的权属归集。

添附理论最早源于罗马法,通常指民事主体通过自己的劳动将其他主体的财产或劳动成果整合成一个新的财产,从而取得对新物的所有权。添附是主物所有权的扩张。[①] 罗马法已经开始意识到作品的独立性与其载体的关系,即产生作品的人可以主张作品及其载体的权利。[②]

---

① 按照罗马法的原则,主物所有权人取得从物的所有权,如果没有主从之分,则合成物由各方共有,添附实则是主物所有权的扩大和增加。参见周枏:《罗马法原论》(上册),商务印书馆2014年版,第384~391页。

② 参见丁丽瑛:《现代知识产权制度的罗马法基础》,载《比较法研究》2008年第5期。

虽然没有直接将这种智力成果上升到财产权,但这种创造性的劳动具有价值已经开始萌芽和觉醒。

在添附理论中,"加工"成为赋权行为的重点,指的是行为人用属于他人的物作为原材料加工制作成新物并对其所有。① 与此类似的是,数据处理者对数据的加工,也是数据处理者对原始数据这一原材料进行加工,制造成为新的数据产品,将原来具有浓郁人格属性的原始数据加工成具有更高净值财产属性的衍生数据。一般认为,加工后的数据属于难以恢复的完全加工。原始数据和衍生数据相比,原始数据是原材料,衍生数据是成品,衍生数据具有更大的经济价值,按照添附理论,所有权属于价值更大的一方。② 因此,罗马法中的添附理论为数字经济时代数据确权的原则提供了丰富的理论支撑。

(二)数据确权的具体规则

前文已经阐述了数据确权的基本原则,根据该基本原则能够有效对数据确权进行具体化的权利归属界定。

1.原始数据的权利界定

基于前述分析,原始数据一般属于数据来源者,数据来源者对原始数据有哪些具体的权利,这些权利的内涵与外延分别是什么,这些都与数据确权的具体规则紧密相连。

一是自主持有管理权。数据来源者,无论是个人还是企业、政府抑或国家,对该数据都具有持有和管理的权利。比如,政府在公共服务中

---

① 加工的要件如下:第一,加工者没有经过材料所有人的同意而为加工;第二,材料属于加工人以外的他人所有;第三,加工人将加工物据为己有的意思;第四,须制成新品,即变更了原物通常的用途。对于加工之后所有权归属,罗马法将加工分为不完全加工和完全加工,不完全加工是指加工后仍可恢复原状的加工;完全加工是指加工后的原料不能再恢复原状的加工。参见周枏:《罗马法原论》(上册),商务印书馆2014年版,第389页。转引自姬蕾蕾:《数据权的民法保护研究》,西南政法大学2019年博士学位论文,第102页。

② 参见陈本寒:《构建我国添附制度的立法思考》,载《法商研究》2018年第4期。

获取的公共公开数据，有权进行开放与共享，丰富数据资源。[①] 比如，国家对数据主权也应当享有所有权、使用权及管理权等，这是一个国家的主权在数据领域的体现，在大数据时代更是国家安全的重点领域。另外，个人作为数据来源的重要角色，其对自身的数据也应当享有自主管理支配权，并且这些权利已经有法律明确。[②]

二是自由流转权。数据来源者通过所有权转让的方式如买卖、赠与、继受等来进行权利流转，这也是数据财产属性的体现，能够通过变现体现价值。通过流转，有利于促进数据的交易与流通，推动数据开放与共享，为数据价值提升和数据赋能打造良性平台。

三是自主许可权。该权利和商标法、专利法上的权利类似，可以许可第三人使用，包括一般许可和独占许可等，各方权利主体均可通过订立合同的方式来约定许可权。同样地，与专利法类似的是，在特定的如维护公共利益的情况下，国家还可以强制性地授权给第三方使用，并进一步设置合理使用、法定许可等制度。

2. 衍生数据的权利界定

衍生数据一般属于数据处理者如企业、交易平台等。在权利界定方面，数据处理者同样也有以下权利。

一是持有权。这里的持有权指数据处理者对数据的实际控制，包括通过一定的数字技术来实现排他性、独占性的控制。企业通过自身的投入形成了数据产品等劳动成果，基于劳动赋权导向原则，企业有权占有或持有该数据。企业要想实现自己的占有或持有目的，技术手段只是其

---

① 例如，美国政府相继出台了《透明和开放的政府》和《开放政府指令》相关文件；欧盟2011年建立“开放数据门户”，欧盟投入巨资支持数据开放共享等基础设施建设，这些都是实现政府数据公开，增强政府数据透明的重要举措。参见吕欣等：《大数据与国家治理》，电子工业出版社2020年版，第37～80页。

② 我国《个人信息保护法》明确规定了访问权、修正权、删除权/被遗忘权等权利。参见盛小平、唐筠杰：《我国个人信息权利与欧盟个人数据权利的比较分析：基于〈个人信息保护法〉与GDPR》，载《图书情报工作》2022年第6期。

中一种方式，更重要的是需要上升到国家法律和制度保护的层面，以便减轻企业的技术成本，方便其他合法主体正常利用数据。因此，对数据权利的保护从技术手段上升到法律手段具有必要性。①

二是使用权。这种使用权的目的是通过对数据的使用来完善加工，当然前提是只有在合法具有持有权的情况下才能进一步进行使用加工。数据加工的目的是让企业对原始数据进行采集、分类、传输、清洗、建模、分析，并生成数据产品以及最终使用，从而获得高净值的财产权益。但数据处理者如企业在行使使用权时也应当受到一定限制，如需要在法定和约定的范围内行使，需要数据来源者的同意或授权，需要履行数据的安全保障义务等。

三是经营权。此处的经营权范围较为广泛，权能也较为多元。围绕的是针对已经生产出来的数据产品的相关权利，如进一步深度开发、使用、交易或许可等。此时已经剥离于原始数据，着力保障的是衍生数据权益，以及企业的数据产品竞争权益，从而激励企业对数据的深度研发，促进数据市场的交易和繁荣。

四是处分权。处分权是所有权中的重要权能，其对于加速数据流通交换，实现数据最优的资源配置有着巨大的促进作用。数据处理者处分权的行权方式包括对数据进行处理、交易甚至销毁。但企业在处分权的行使过程中，也需要充分保障国家、社会和第三人的数据权益及数据安全。

四、数据确权的类型化

（一）数据确权类型化的考量基础

一是权利客体边界模糊。前文已经明确数据可以作为一种权利客

① 参见云晋升：《占有理论下数据持有者权的建构》，载《暨南学报（哲学社会科学版）》2023 年第 4 期。

体,但作为一种无形客体,其权利边界较为模糊,权利体系在立法上的构建则更加困难。[①] 数据上承载了个人数据、企业数据、公共数据等不同范围的数据信息,对应的是人格权益、财产权益和社会公共利益。比如,个人信息与企业数据具有依存性,个人数据是企业数据的来源,企业数据是对个人数据的加工,对二者要做到泾渭分明却困难重重。[②] 另外,个人信息提供者的授权也各有利弊,有利的是可以更加全面地保护个人信息,不利的是可能增加企业成本。即使通过这种方式,也不能有效明确个人信息与企业数据的隔离带,忽视了数据处理者对数据的创造性劳动。

二是数据的公开与共享冲突。根据是否公开,数据可分为公开数据与不公开数据,该标准也对应了数据的可排他性与不可排他性。[③] 公开数据引发的纠纷却更加引人注意。对公开数据的利用其实就是数据流通的常规甚至是最佳方式。但是,公开与不公开的范围以及标准不易确定。[④] 所以,在数字经济时代,数据的公开性促进了流动性,并产生了一定价值。法律有必要进行保护和调整,但数据的分类方式及范围则有必

---

① 参见时诚:《企业数据权益保护的行为规制模式研究》,载《大连理工大学学报(社会科学版)》2022 年第 6 期。

② 比如,网络行为轨迹、个人偏好信息等是否属于个人信息,在“朱某诉百度隐私权纠纷”案中,一审法院和二审法院对 cookie 信息是否属于个人信息,通过不同解释路径得到两种不同的判决结果,即可反映出这一问题的棘手之处。江苏省南京市中级人民法院民事判决书,(2014)宁民终字第 5028 号。

③ “公开即可利用”是互联网领域中数据共享的默认规则,关于互联网的公共性与开放性,Orin S. Kerr 指出,人们一旦接入互联网,就默认为自愿进入公共领域,在该领域数据或信息具有公共性。如果将互联网中的接入者看作孤立的个体,就忽略了互联网的公共本质,没有认识其最重要的特征就是开放与流通。对于数据而言,并不能仅因为他人使用技术手段抓取就直接认定是对数据处理者的侵犯。See Orin S. Kerr, *Norms of Computer Trespass*, in Columbia Law Review, Vol. 116, p. 1143 – 1183(2016).

④ 比如,在“微信群控案”中,法院认为微信平台的用户账号、微信头像等数据对于朋友圈的对象而言属于已公开数据,因这类数据的本意即在朋友圈的传播,但对微信平台而言,此类用户数据属于数据隐私保护的对象。杭州铁路运输法院民事判决书,(2019)浙 8601 民初 1987 号。参见姬蕾蕾:《企业数据纠纷的裁判规则研究——以数据类型化为视角》,载《求是学刊》2023 年第 2 期。

要从类型化的方式来明晰。

三是类型化的本土需求。数据类型划分多样,不同的标准可以划分为不同的类型,但有些类型之间又有交叉重叠。[①] 数据的财产属性决定了数据是需要流通、共享与开放的,是一种动态的综合状况。如果以静态的某种标准来看,可能不利于解释数据在不同形态下的类别。类型化需要以现行状况为基础,对本国司法实务中的案例进行论证和比对,解决本国问题。[②] 从司法判例来看,无论是大型企业还是中小型企业,对数据的争夺包括权属形成的纠纷已经发生了很多,并形成了一定的裁判规则和观点。尤其部分法院对数据权利、权属归集、利益分配等内容已经进行了有意义的探索,由此形成了类型化的本土肌理及应对基础。另外,法院也在裁判规则中融入了类型化的基本标准,但如何来解释类型化,以及界定类型化的标准,仍是根本性的难点。[③]

(二)数据确权类型化的意义

类型化是一种常规性的归类方式,数据确权的类型化是为了适用数字经济时代数据权利及纠纷解决机制。数字经济时代与传统经济时代的法律问题形态迥异,为避免过度抽象化,需要法官类型化地思考,其裁判才能尽可能地与生活相符。[④] 类型化的思考和裁判具有接近生活的

---

① 有的以主体为标准将数据划分为个人信息与非个人信息。以识别性作为定义个人信息的标准已经成为学界的共识。而个人信息以外的数据自然就是非个人数据,这一术语首次为欧盟采用,欧盟委员会于 2017 年 9 月提出《非个人数据自由流动框架条例(草案)》,定义非个人数据为非个人以外的机器自动生成的数据。有的以数据的公开与否为标准,分为公开数据、半公开数据与非公开数据。参见丁晓东:《论企业数据权益的法律保护——基于数据法律性质的分析》,载《法律科学(西北政法大学学报)》2020 年第 2 期。有的以数据的内在层次为标准,分为物理层数据、符号层数据以及内容层数据。参见纪海龙:《数据的私法定位于保护》,载《法学研究》2018 年第 6 期。转引自姬蕾蕾:《企业数据纠纷的裁判规则研究——以数据类型化为视角》,载《求是学刊》2023 年第 2 期。

② 参见[德]卡尔·拉伦茨:《法学方法论》,陈爱娥译,商务印书馆 2003 年版,第 340 页。

③ 参见刘士国:《类型化与民法解释》,载《法学研究》2006 年第 6 期。

④ 参见[德]卡尔·拉伦茨:《法学方法论》,陈爱娥译,商务印书馆 2003 年版,第 15 ~ 17 页。

优势,但类型化需要何种标准才能达到这一目的?法律理念是应当考虑的首要因素,[①]厘清了法律理念才能界定数据的类型。因此,从法律理念来讲,在数字经济时代,数据作为一种具有人格权益和财产权益的重要资源和生产要素,需要平衡不同主体及不同权利的协同,比如,人格权益与数据保护,个人信息安全与社会公共利益耦合,数据流通共享与产权界定等,都是数据类型化考量的因素。

1. 人格权益与数据保护的平衡

如前所述,数据具有人格权益属性,个人信息是数据的重要来源。由此,数据处理者如企业或平台对个人信息的挖掘和开发将会更加迫切。个人数据上蕴含着许多个人信息、隐私等,涉及个人信息安全的风险,因此个人信息和数据所承载的人格权益与针对这些数据的特殊保护达到的平衡,将是类型化的应有之义。

2. 财产权益与数据流通的平衡

数据作为一种特殊形式并依托特定载体,其流通性彰显了数据的典型特性,并能够被相应主体反复利用。这样的流通利用导致数据价值提升,有助于实现其财产权益。尤其是数据处理者如企业或平台,通过自身的技术、设备、资源等对数据进行二次整合利用,并形成数据产品,从而凸显数据的财产属性。由此,通过类型化的加持,与数据流通达成平衡。

3. 公共利益与数据共享的平衡

数据基于数字技术的发展,葆有共享的需求。数据可以分为公开数据和非公开数据,尤其对于公开数据,为了社会公共利益,允许进行数据共享和交换。如果将数据故步自封、束之高阁,将不利于数据价值的充

① 德国当代法哲学家亚图·考夫曼认为法律规范的产生有两个关键要素,即法律理念和生活事实,法律规范就是使法律理念与事物本质相调适。参见刘士国:《类型化与民法解释》,载《法学研究》2006年第6期。转引自项定宜:《数据分类确权的司法探索与规则重构》,载《河北法学》2024年第12期。

分利用,浪费数据资源,甚至不排除在某些特定情形下,要求将数据强制共享,以维护社会公共利益。① 这些都需要通过类型化的组装来实现相应的平衡。

(三)数据确权类型化的设计

数据根据不同的标准可以有多重分类,不同的分类所映射的权利内容和保护方式不尽相同。② 由此可知,如果对所有类型的数据都赋予人格权益的保护,则实际上没有完全对应的数据类型,如非个人数据;如果赋予所有数据绝对权利,即未经许可不得使用,则将影响具有公共价值的数据的普适性;如果过分保护原始数据,则衍生数据的激励性将会大大降低,妨碍数据处理者的投入和产品生成。

1. 确认非个人数据的产权

个人数据具有人格权益,非个人数据一般不具有人格权益,更多对应的可能是财产权益或公共利益。因此,确认非个人数据的产权没有障碍。当然为了协同保护个人数据,可单列个人数据的特殊保护规则。以一般规则和特殊规则的方式,达到非个人数据产权的确认和个人数据信息保护的兼顾。

---

① 《关于加强数字政府建设的指导意见》要求建立健全大数据辅助科学决策机制,统筹推进决策信息资源系统建设,充分汇聚整合多源数据资源,拓展动态监测、统计分析、趋势研判、效果评估、风险防控等应用场景,全面提升政府决策科学化水平。《数据二十条》第四条规定:"推进实施公共数据确权授权机制。对各级党政机关、企事业单位依法履职或提供公共服务过程中产生的公共数据,加强汇聚共享和开放开发,强化统筹授权使用和管理,推进互联互通,打破'数据孤岛'。鼓励公共数据在保护个人隐私和确保公共安全的前提下,按照'原始数据不出域、数据可用不可见'的要求,以模型、核验等产品和服务等形式向社会提供,对不承载个人信息和不影响公共安全的公共数据,推动按用途加大供给使用范围。推动用于公共治理、公益事业的公共数据有条件无偿使用,探索用于产业发展、行业发展的公共数据有条件有偿使用……"

② 比如,按照数据能否识别个人身份分为个人数据和非个人数据,基于数据能直接访问分为公开数据和非公开数据,按照数据控制主体的属性分为公共数据和非公共数据,按照数据的价值和创新程度不同分为原始数据、数据集和数据产品。参见项定宜:《数据分类确权的司法探索与规则重构》,载《河北法学》2024 年第 12 期。

2. 确认衍生数据的产权

衍生数据相较于原始数据投入了更多的人力、财力和物力，其财产权益明显更为丰富。同时，个人信息之外的原始数据承载着实现社会公共利益的呼唤，对此类数据赋权的话将阻碍原始数据的广泛运用。但在对衍生数据确权的过程中，对数据集和数据产品的权利探讨尤为热烈。从创造性和经济性上讲，数据集或数据产品不一定能与知识产权相契合，但可以借鉴知识产权的设权思路。易言之，衍生数据具有显著的财产权益和设权路径。同时结合原始数据的公共利益属性或部分人格权益属性，不宜赋予原始数据产权，如此方能协调原始数据作为衍生数据"供给方"的数据资源。

3. 确认非公开数据的产权

从支配性的角度来看，与权利相伴相生的便是权利主体对权利客体的支配。非公开数据能够被权利主体更好地控制与支配，甚至作为商业秘密来扩张性地保护。这样的设权模式对不正当竞争而言具有普适性，有利于明晰竞争者之间的数据权利，营造良性竞争的数据供给环境。另外，在确权之后，如果侵权人通过数字技术非法窃取或破坏数据，将可能构成刑事犯罪。而对公开数据，则需要进一步评判利用者的手段和方式，[①]尤其是社会公众或公共利益的需求，将掩映在侵权可能性中的合理使用规则聚焦到阳光之下，以做到合理使用与侵权的衡平。因此，对非公开数据确权，并伴之以公开数据的合理使用规则，让数据的保护和使用得以兼顾。

综上，在数据确权类型化的设计上，针对不同类型的数据设计不同的数据确权规则。在数字经济下，以数据为主要生产要素，从非个人数据、衍生数据、非公开数据等特定类型出发，将数据保护、数据创造、数据

---

① 比如，数据爬取纠纷多发生在公开数据上，法院裁判不仅仅判断数据控制是否合法享有数据财产权益，还需要裁量数据爬取行为是否正当合理，对于手段目的正当、遵守 robots 协议、尊重个人信息的数据获取和使用行为不认定为数据侵权。

创新、数据流通、数据共享、数据权利和公共利益等融会贯通,单列个人信息保护特定规则和公开数据合理化使用规则,保留原始数据公共性的需要,为数据资源更好地发挥数字经济中生产要素的作用奠定权利基础。

第四节　数据权利的保护

本节主要对数据权利保护的立法和司法现状进行描绘,结合域外保护情况,梳理数据权利保护的法律问题,并力图通过建构数据权利保护的制度体系来完善数据权利的监管和保护。

一、数据权利保护的本土现状

我国对数据权利建立了一定的保护体系,在立法上通过法律和相关规范性文件等渊源,对数据权利及其分权利进行规定。在司法上,本节通过列举典型案例对数据权利及其分权利的保护进行分析,并且与反不正当竞争及知识产权案件相比较和区别。

(一)数据权利保护的立法现状

我国对数据权利进行保护,陆续出台了一些法律法规和地方性规范,类型涵摄越发广泛,层级覆盖更加全面,正在逐步形成具有中国特色的数据权利保护法治体系。

1. 法律层面

我国虽然没有制定专门的法律规范数据权利,但散见的部分法律对数据权利进行了特别规定。基于前述所言,数据权利可分别从人身权益和财产权益来界分,可从以下几个方面的权利来诠释法律的导向。

(1)知情同意权

民法典从个人信息及隐私的角度对公民的知情同意权进行了规定,并奠定了数据人身权益的基础,[①]要求个人信息的处理除非有法律法规的另外规定,否则均需要公民的知情同意,并对个人信息的处理原则、要求、范围、方式等内容进行了规定。我国的网络安全法也从网络产品、服务,网络运营者的角度,分别对用户和被收集信息者在被收集信息时,对用户、被收集信息者的知情同意权进行了明确。[②] 个人信息保护法也从个人信息保护中的知情和同意的层面,反向禁止他人侵犯公民个人信息。[③] 另外,我国消费者权益保护法、电子商务法等也从不同的主体和内容赋予了公民的知情同意权。[④]

---

① 《民法典》第一千零三十五条:"处理个人信息的,应当遵循合法、正当、必要原则,不得过度处理,并符合下列条件:(一)征得该自然人或者其监护人同意,但是法律、行政法规另有规定的除外;(二)公开处理信息的规则;(三)明示处理信息的目的、方式和范围;(四)不违反法律、行政法规的规定和双方的约定。个人信息的处理包括个人信息的收集、存储、使用、加工、传输、提供、公开等。"

② 《网络安全法》第二十二条第三款:"网络产品、服务具有收集用户信息功能的,其提供者应当向用户明示并取得同意;涉及用户个人信息的,还应当遵守本法和有关法律、行政法规关于个人信息保护的规定。"第四十一条:"网络运营者收集、使用个人信息,应当遵循合法、正当、必要的原则,公开收集、使用规则,明示收集、使用信息的目的、方式和范围,并经被收集者同意。网络运营者不得收集与其提供的服务无关的个人信息,不得违反法律、行政法规的规定和双方的约定收集、使用个人信息,并应当依照法律、行政法规的规定和与用户的约定,处理其保存的个人信息。"第四十二条:"网络运营者不得泄露、篡改、毁损其收集的个人信息;未经被收集者同意,不得向他人提供个人信息。但是,经过处理无法识别特定个人且不能复原的除外。网络运营者应当采取技术措施和其他必要措施,确保其收集的个人信息安全,防止信息泄露、毁损、丢失。在发生或者可能发生个人信息泄露、毁损、丢失的情况时,应当立即采取补救措施,按照规定及时告知用户并向有关主管部门报告。"

③ 《个人信息保护法》第四十四条:"个人对其个人信息的处理享有知情权、决定权,有权限制或者拒绝他人对其个人信息进行处理;法律、行政法规另有规定的除外。"

④ 《消费者权益保护法实施条例》第九条第二款:"经营者不得在消费者不知情的情况下,对同一商品或者服务在同等交易条件下设置不同的价格或者收费标准。"《电子商务法》第十七条:"电子商务经营者应当全面、真实、准确、及时地披露商品或者服务信息,保障消费者的知情权和选择权。电子商务经营者不得以虚构交易、编造用户评价等方式进行虚假或者引人误解的商业宣传,欺骗、误导消费者。"参见尚国萍:《信息处理者侵害个人信息权益的民法救济》,载《社会科学家》2022 年第 12 期。转引自李夏楠:《数据权利保护法律问题研究》,山西财经大学 2023 年硕士学位论文,第 19 页。

对个人信息类的数据的处理方式，我国上述法律均有部分涉及和说明。从这些处理方式来讲，都需要个人的知情并同意。我国法律还规定了相应的程序，如要求通过恰当的方式告知被收集人收集处理原则、收集目的、收集规则等，同时反向规制了不能违反法律法规和双方的约定。因此，可以说知情同意权是数据保护中的一项基本权利。

（2）查阅、复制及数据可携带权

对自然人而言，其可以向处理者查阅复制其个人信息，并对错误信息要求更正等。[①] 而个人信息处理者和国家机关对于个人信息一般应当履行告知义务，且个人有权向个人信息处理者要求查阅复制个人信息，以及在符合国家网信部门规定的条件下，个人信息处理者应当配合个人转移其个人信息。[②] 我国法律分别从个人信息提供者与个人信息处理者这对平等民事主体的角度和从国家对个人信息处理者监管的角度，赋予了个人对其信息的查阅复制权利，以及在特定情形下的数据转移的权利。

（3）数据删除权

数据的查阅复制权和删除权是相对并且相互依存的一对权利。从逻辑上讲，既然个人信息提供者有权利要求处理者查阅复制其个人信息，当然也就有权要求删除该个人信息。从平等民事主体的角度来看，这样的删除权有一定限制或前提，即信息处理者违反法律法规或

---

① 《民法典》第一千零三十七条第一款："自然人可以依法向信息处理者查阅或者复制其个人信息；发现信息有错误的，有权提出异议并请求及时采取更正等必要措施。"

② 《个人信息保护法》第十八条第一款："个人信息处理者处理个人信息，有法律、行政法规规定应当保密或者不需要告知的情形的，可以不向个人告知前条第一款规定的事项。"第三十五条："国家机关为履行法定职责处理个人信息，应当依照本法规定履行告知义务；有本法第十八条第一款规定的情形，或者告知将妨碍国家机关履行法定职责的除外。"第四十五条："个人有权向个人信息处理者查阅、复制其个人信息；有本法第十八条第一款、第三十五条规定情形的除外。个人请求查阅、复制其个人信息的，个人信息处理者应当及时提供。个人请求将个人信息转移至其指定的个人信息处理者，符合国家网信部门规定条件的，个人信息处理者应当提供转移的途径。"

双方约定。[①] 但从监管的层面来看,个人撤回同意时,也可以要求个人信息处理者删除信息,处理者还应当进行特殊的脱敏处理。[②]

(4)数据处理权

前文已经界定了数据提供和数据处理等概念,数据处理所对应的一般是企业或平台等主体,这些主体依法或依约对数据进行收集、清洗、传输、整合、脱敏和处理之后,可能生成数据产品。而这些具有显著财产属性的数据产品极有可能被侵权。目前司法实务中主要通过反不正当竞争法及知识产权法来对其进行规制和保护。从经营者或竞争者的角度看,反不正当竞争法可以对市场主体进行规制并达到一定的效果。不过,这样的调整是从市场主体或数据产品的方面来保护数据的财产权益,并非保护数据权利的本身。另外,在数据权利发展的初期,部分学者主张将数据的保护纳入知识产权法范畴。从外部形态和发展路径来看,二者确实有一定共性。比如,某些数据产品和知识产权成果高度相仿,[③]但本质上有着巨大区别。如果机械套用,将扼杀数据权利的自身

① 《民法典》第一千零三十七条第二款:"自然人发现信息处理者违反法律、行政法规的规定或者双方的约定处理其个人信息的,有权请求信息处理者及时删除。"《网络安全法》第四十三条:"个人发现网络运营者违反法律、行政法规的规定或者双方的约定收集、使用其个人信息的,有权要求网络运营者删除其个人信息;发现网络运营者收集、存储的其个人信息有错误的,有权要求网络运营者予以更正。网络运营者应当采取措施予以删除或者更正。"

② 《个人信息保护法》第四十七条:"有下列情形之一的,个人信息处理者应当主动删除个人信息;个人信息处理者未删除的,个人有权请求删除:(一)处理目的已实现、无法实现或者为实现处理目的不再必要;(二)个人信息处理者停止提供产品或者服务,或者保存期限已届满;(三)个人撤回同意;(四)个人信息处理者违反法律、行政法规或者违反约定处理个人信息;(五)法律、行政法规规定的其他情形。法律、行政法规规定的保存期限未届满,或者删除个人信息从技术上难以实现的,个人信息处理者应当停止除存储和采取必要的安全保护措施之外的处理。"

③ 比如,在著作权法领域,企业数据构成著作权条文中所规定的汇编作品时,就可适用保护汇编作品的规则对数据进行保护,从而排除其他企业或第三人对数据行使盗用等加害行为,获得追究侵权人责任的权利。如我国《著作权法》第十五条明确规定了汇编人享有汇编作品的著作权。对于具有独创性的数据库,中国按照《伯尔尼公约》、《与贸易有关的知识产权协定》与《世界知识产权版权公约》所规定的保护模式,对汇编著作权加以保障。而对于不具备原创性的数据库,以及事实信息的汇编则不加以保护。参见李夏楠:《数据权利保护法律问题研究》,山西财经大学2023年硕士学位论文,第20~21页。

特性,并对数字经济的独立发展产生阻碍。

2. 地方规范性文件层面

2024 年 11 月 26 日,四川省人民政府发布了《关于加快数字经济高质量发展的实施意见》,为促进数据资源有序开发,将整合组建四川数据集团,建立全省公共数据资源管理体系,建设全省一体化数据产权登记管理平台,探索建立数据知识产权登记制度。该意见从全省顶层设计的视角,对数字经济、数据资源、数据权利等相关内容进行了统领式的打包,为四川省数据资源的有效开发利用及赋能数字经济起到了纲领性概览性的指导作用。同时,《四川省数据条例》已于 2023 年 1 月 1 日起施行,主要内容包括进一步理顺数据管理体制机制、推进数据资源统一管理、促进数据要素有序流通、推动数据资源高效开发利用、加强数据安全管理和个人信息保护、协同推进区域合作等。这是四川省数据领域第一部基础性的法规,将充分发挥立法的保障、引领和推动作用,助推四川省经济社会高质量发展。

《深圳经济特区数据条例》具象了数据处理者在数据提供者知情同意权方面的具体范围和情形。《上海市数据条例》也对应了国家法律中对个人信息的异议、修改及删除权。《重庆市数据条例》着重规制了数据安全的保护责任和义务。《苏州市数据条例》从数据的财产属性出发,明确了相关主体的数据财产权益。这些地方上的综合性的规范性文件,都是为了促进数据资源有序开发,充分保护数据权利,赋能数字经济发展。

3. 其他规范性文件层面①

除了上述地方性法规之外,国家相关机构、部分地方政府也分别从不同的角度和领域相继出台了关于数据利用、数据要素整合、数据权利界定和保护等方面的规范性文件。比如,国家数据局联合多部门发布

① 本部分内容参见北京数据要素科技有限公司微信公众号“数据要素社”。

《关于促进企业数据资源开发利用的意见》,要求通过数据要素市场化配置改革,促进企业数据资源开发利用,提升产业数字化转型。财政部印发《数据资产全过程管理试点方案》,在中央部门、央企、地方财政部门开展数据资产试点,包括数据资产台账编制、登记、授权运营、收益分配、交易流通等重点环节,完善数据资产管理制度。中共中央办公厅、国务院办公厅发布《关于加快建设统一开放的交通运输市场的意见》,推进数据和技术赋能交通运输发展,包括完善各种运输方式的数据采集、交换、加工、共享等标准规范,推进数据分类分级管理,加强数据安全和保护等。国家金融监管总局发布《银行保险机构数据安全管理办法》,建立银行保险机构数据安全治理体系,落实分类分级管理要求,加强个人信息保护等。国家发展改革委员会等六部门发布《关于促进数据产业高质量发展的指导意见》,提升数据产品和服务供给能力,培育具有国际竞争力的数据企业。国家数据局正式发布首批 40 个数据领域常用名词解释,对数据、原始数据、数据资产、数据交易、公共数据、数据仓库等 40 个数据领域常用名词作了规范化标准化的官方解释。国家市场监督管理总局出台《公司登记管理实施办法》,规定股东可用数据作价出资,将数据资产化进一步落实到了市场主体领域。

在地方上,杭州发布《关于加强杭州市公共数据资产管理的试行意见》,成为国内首个调整公共数据资产管理的政策,有利于推进公共数据资产全过程管理及合规化、标准化、增值化。《上海市数据产品知识产权登记存证暂行办法》于 2024 年 12 月 8 日施行,上海知识产权局联合上海数据交易所实现数据产品知识产权登记即流通,不到一个月已挂牌产品交易额已突破 4000 万元。《浦东新区公共数据授权运营管理若干规定(试行)》发布,遵循政府引导、市场运作、依法合规、安全可控、多元共建、普惠共享等基本原则。

在数据要素市场主体层面,国家数据局官网(www. nda. gov. cn)于 2024 年 12 月 25 日正式上线运行,对相关领导团队、职能、内设机构等进行了公示。同时，国家数据专家咨询委员会成立，围绕数字中国、数字经济、数字社会规划和建设，为数据要素赋能经济社会高质量发展提供智力支持。北京市数据标准化技术委员会成立，目的在于建设与数据要素市场化配置相适应的数据标准体系，搭建共商合作、共促发展、共享成果的数据标准平台。

（二）数据权利保护的司法现状

按照数据来源的分类，数据可以分为原始数据与衍生数据，相应地，司法实务的保障也可以针对该分类对不同的数据对象来进行。原始数据与个人信息具有天然的联系，这也是人权理论的反映。因此，在刑事案件中，涉及原始数据的往往是对公民个人信息等的侵犯。而在民事案件中也同样是公民个人信息被企业或平台等数据处理者侵权，其法益主要是数据提供者的人格权益。针对衍生数据，主要聚焦财产权益，比如，企业或平台等数据处理者的数据处理行为及责任义务等，需要通过反不正当竞争法、知识产权法等来规制和保护。

1. 知情同意权的司法保护现状

周某与外卖平台网络服务合同纠纷案，①外卖平台投放了外卖配送时间的数据，该数据需要平台整体测算历史订单配送距离、配送时间等因素，对于消费者衡量或者考虑接受服务有一定影响，属于消费者知情权的一部分。但对该时间数据的宣传不属于欺诈。

某房地产经纪公司与某科技股份公司等不正当竞争纠纷案，②对“虚假房源”这一数据开展竞争，影响了消费者的知情权判断，并损害了社会公共利益，构成不正当竞争。

浙江天某网络有限公司、浙江淘某网络有限公司诉广州锐某信息科

① 参见北京市第四中级人民法院互联网民商事审判十大典型案例之三。
② 参见北京市海淀区人民法院发布涉网络平台知识产权纠纷十件典型案例之四。

技有限公司等不正当竞争纠纷案,[①]法院认为平台应当依法收集和处理作为基本要素的商品数据,并主张相应权利。数据利用行为如果损害了其他竞争者的权益,侵害了消费者的知情权,增加其购物风险和维权成本,则不具有正当性基础,构成不正当竞争,应当承担损失赔偿的责任。该案系全国首例涉电商平台商品大数据不正当竞争案,其深远意义在于建立健全数据治理规则,发挥司法赋能数据产业发展的积极效能。

深圳市腾讯计算机系统有限公司等诉广州点云科技有限公司侵害信息网络传播权及不正当竞争纠纷案,[②]法院认为,消费者可以自行选择是否在游戏平台上使用“上号助手”服务,消费者的知情权并未受到损害,但由此产生的用户数据所对应的权益并非当然属于平台公司。当然该案的积极意义并不主要在于知情权,而在于明晰了著作权保护和反不正当竞争保护之间的界限。

北京某科技公司与杭州某技术公司、程某某不正当竞争案,[③]该案同样基于不正当竞争行为是否构成的问题,侵害了消费者的知情权和选择权,消费者因此受到误导,对虚构数据及用户评价产生错误认知,影响平台上数据的真实性,扰乱了市场竞争秩序。

某科技有限公司与某文化传媒有限公司不正当竞争纠纷案,[④]通过网络技术进行虚拟点赞、刷单,破坏了公平的市场竞争秩序,也影响了消费者的知情权和选择权。因为消费者通过网络平台来选择商品或服务

---

① 参见广州知识产权法院发布6个涉数据权益知识产权司法保护典型案例之一:首例大数据搬家软件不正当竞争案——公开数据权益归属及不正当数据利用行为的认定。广州知识产权法院民事判决书,(2021)粤0192民初1692号以及(2023)粤73民终995号。

② 参见浙江省杭州市中级人民法院杭州互联网法院2020年度知识产权司法保护十大案例之五:深圳市腾讯计算机系统有限公司等诉广州点云科技有限公司侵害信息网络传播权及不正当竞争纠纷案——5G云模式下信息网络传播侵权的认定标准及竞争权益司法保护边界的判断。

③ 参见杭州互联网法院发布网络不正当竞争十大典型案例之二:北京某科技公司与杭州某技术公司、程某某不正当竞争案——网络直播流量造假行为的司法规制。

④ 参见河南省新乡市中级人民法院发布10起知识产权保护典型案例之六:某科技有限公司与某文化传媒有限公司不正当竞争纠纷案。

的重要决策依据即点击率、成交量等,而这些虚假点赞、刷单的数据将极大地混淆消费者的知情和选择对象。通过司法的打击和规制,有助于建立和谐健康绿色的网络生态环境。

被告单位上海某信息科技有限公司、被告人牛某某、高某非法控制计算机信息系统案,①作为互联网中常见的地位突出的弹窗广告,往往会捆绑安装、自动弹出,甚至在用户不知情的情况下被默认为开机启动,这对于消费者的选择和知情权无疑造成了较大损害。同时,平台企业通过弹出广告的形式将用户流量数据变现,甚至出现"精准推送",存在侵害或泄露用户隐私的风险,甚至依托弹窗广告对用户手机、电脑进行非法控制,超越民事侵权和行政违法的界限,则需要用刑法来进行规制。

蔡某某诉上海某电子商务有限公司网络购物合同纠纷案,②数据处理者有权处理数据提供者的数据信息,电子商务平台作为典型的数据处理者,针对消费者所提供的数据,应当按照法律法规的要求合理合法合规地处理数据,避免造成对个人信息权益的侵害。就数据处理者而言,如果是企业平台等普通民事主体,则需要数据提供者的同意;若是国家机关等特定组织,则可依据法定职权基于公益为之。所以,电商平台应当向用户披露相应信息,保障其知情权。通过"合法、正当、必要"原则,使数据在数字经济时代合法运用、合理发展。

某网络科技公司与上海某科技公司服务合同纠纷案,③网络流量作为一种载有大量个人信息的数据,具有经营权益和财产权益,有可能催

---

① 参见上海市高级人民法院发布10个服务保障数字经济发展典型案例之十:被告单位上海某信息科技有限公司、被告人牛某某、高某非法控制计算机信息系统案——设置强制弹窗广告行为的刑法规制。

② 参见上海市嘉定区人民法院发布10个数字经济司法研究及实践(嘉定)基地首批典型案例之二:蔡某某诉上海某电子商务有限公司网络购物合同纠纷案——电子商务平台经营者处理个人信息合法性基础的认定。

③ 参见上海市嘉定区人民法院发布第二批10起长三角数字经济典型案例之六:某网络科技公司与上海某科技公司服务合同纠纷案——合意规避平台算法的榜单优化服务合同效力的认定。

生流量作弊的土壤,即网络流量真实性的问题。网络科技公司通过流量作弊的方式提升榜单排名,在消费者知情和选择服务的问题上让消费者产生了虚假认知,同时损害了其他经营者的合法竞争性权益。

王某诉深圳依时货拉拉科技有限公司等机动车交通事故责任纠纷案,[①]该案从案外潜在的公众受害角度来保障知情权。法院认为,电商平台经营者具有资质资格审查和安全保障的义务,电商平台的该义务虽然不是交通事故发生的直接原因,但存在潜在可能性,即可能将不具备相应资格资质的主体引入运输行业,侵害了社会不特定公众的知情权和选择权,故应当就交通事故赔偿义务承担补充责任。该案涉及数字经济下的行业新业态,所衍生的法律关系正在逐步建立中,树立相应裁判标准将有助于数字经济形态下相关案件类型化并对新业态规范发展起到良好促进作用。

蒋某某诉西安电信公司知情权纠纷案,[②]该案主要是关于个人信息保护的边界与知情权的射程范围相冲突的问题,此处的个人信息保护边界与知情权容易发生冲突。一方面,个人信息保护需要法律在边界上矗立“界碑”,该“界碑”应当载明个人的同意或符合公共利益;另一方面,个人对知情权的行使需要符合法定要件,并与公共利益或第三人权益进行平衡。

2. 数据查阅复制及可携带权的司法保护现状

张某与北京某信息服务公司个人信息保护纠纷案,[③]个人作为数据信息的提供者,基于该数据的人格权益属性,有权向企业平台等数据处

---

① 参见深圳市中级人民法院发布10起2020年度全市法院典型案例(市中级人民法院篇)之一:王某诉深圳依时货拉拉科技有限公司等机动车交通事故责任纠纷案——物流电商平台经营者对网约运输侵权损害应负法律责任之界定。

② 参见陕西省西安市中级人民法院民事裁定书,(2020)陕01民终10173号。

③ 参见北京互联网法院发布8起个人信息保护典型案例之四、北京互联网法院发布10起个人信息保护典型案例之四:张某与北京某信息服务公司个人信息保护纠纷案——个人信息处理者可以依据其信息存储形式和能力选择合理的信息提供方式。

理者申请查阅复制。但在所涉及的数据信息包含多个无法分割的申请人以外的信息时,则应当避免侵害他人信息,并尽量降低不利影响。另外,该案例还诠释了数据处理者履行提供数据信息义务的方式,只要能够满足数据提供者申请查阅复制的需求,数据处理者就可以根据自身信息存储形式、存储能力,自行选择合理的提供信息的方式。该裁判意见对数字经济模式下,个人信息查阅、复制方式,尤其是数据处理者提供方式的合法性、合理性、规范性、灵活性、有效性,作出了前期解释并奠定相应基础。

夏某诉某北京某电子公司网络服务合同纠纷案,①该案的争议焦点在于数据提供者所申请查阅复制的数据信息的范围及其查阅复制权限。申请者主张了查阅复制访问记录、登录信息和查阅记录等数据,但从关联性或识别要求来看,该类数据不属于申请者查阅复制的对象或范围,不属于个人身份信息,而应当定义为平台企业内部的管理信息。该案例系对个人信息保护边界的识别,即对查阅复制权限的合法合理范围的界定,让个人信息保护与企业数据权益和商业秘密保护达到相对衡平。

李某诉某信息公司个人信息保护纠纷案,②该案与上述案件有相似之处,即数据处理者应当为个人信息主体查阅复制个人信息履行协助义务,法院准许数据处理者结合数据形式、存储能力、服务能力等方面,选择合理的方式和标准提供个人信息。但不同的是,该案法院认可了申请人对浏览记录等衍生的个人信息的查阅复制请求权,只是不能侵害他人权利。数据提供者有权向数据处理者提出查阅复制个人信息的请求,数据处理者应当在一定的合理期限内反馈并履行协助义务。但在具体考量过程中,需要进一步明晰申请人查阅复制的信息类型、数量及形式,同时法院还对数据处理者履行协助义务的具体方式进行了界定,以此来反

---

① 参见北京互联网法院发布2023年度十大典型案件之七:夏某诉某北京某电子公司网络服务合同纠纷案——个人信息访问记录查阅复制案。

② 参见北京市第四中级人民法院民事判决书,(2023)京04民终39号。

映数据处理者是否依法按约履行了自身义务。

广州唯品会电子商务有限公司与周某聪个人信息保护纠纷上诉案，①该案核心为数据提供者向数据处理者申请查阅复制其个人信息是否需要充分理由，如个人信息存在泄露风险。个人信息的查阅复制是数据提供者的一项法定权利，除了反向的禁止查阅复制或权利滥用的情形之外，数据提供者均可以申请，且没有法律法规将存在信息泄露或泄露风险的情形作为例外。数字经济时代对数据处理者提出了更高的要求，需要对具有人格权益的原始数据建立常态化、简单化甚至“傻瓜式”的查阅复制申请反馈体系，以全面保护公民个人信息。

罗某1诉北京大生知行科技有限公司隐私权、个人信息保护纠纷案，②该案对个人信息的查阅复制范围和内容没有争议，但对数据处理者的响应机制和期限提出了规范性的要求，即可以通过类似银行电子账单查询的方式，开发出由系统自设的个人信息查询功能，为数据提供者申请查阅复制提供更加便捷人性化的服务。

深圳市腾讯计算机系统有限公司等诉浙江搜道网络技术有限公司等不正当竞争纠纷案，③数据处理者或控制者应当根据请求传输数据给他方，表明数据携带权具有正当性和操作性。数据的可携带权需要考量各方权益，包括网络用户、数据平台经营者和社会公众，数据的流通和保护并非矛盾，而是相辅相成、协同统一的。

左某、某琴商务咨询(上海)有限公司等个人信息保护纠纷案，④法院认为，数据提供者认为数据处理者侵害其个人信息的，不需要履行任何前置程序。从举证证明责任来看，申请人若认为数据处理者侵害了其查阅复制权，应当承担证明责任。查阅复制权和知情权相互依存，属于

---

① 参见广州市中级人民法院民事判决书，(2022)粤01民终3937号。

② 参见北京互联网法院民事判决书，(2021)京0491民初5094号。

③ 参见杭州铁路运输法院民事判决书，(2021)浙8601民初1987号。

④ 参见广州互联网法院民事判决书，(2019)粤0192民初6486号。

手段和目的的关系，侵害申请人查阅复制权与侵害申请人知情权不属于同一类型的诉讼。

3. 数据删除权的司法保护现状

郭某与杭州野生动物世界有限公司服务合同纠纷上诉案，①该案的特殊性在于数据提供者的个人信息系其个人生物识别信息并用以验证身份。生物识别信息与常规个人信息还有所不同，具有独一无二性（比如人类指纹），也更加精准，但同时对技术和法律的要求也提出了更大的挑战。目前尚无相关法律规范确认生物识别信息的权利属性，但司法态度作为社会积极风尚的引导者，需要按照合法、正当、必要的原则来对生物识别信息行为的正当性进行甄别。一般认为，数据提供者只有在符合法律规定的情况下才能要求数据处理者删除个人信息，由此对删除的规则进行了初步确立。

蒋某某诉西安电信公司知情权纠纷案，②删除权作为一种终极的消极权能，能够全面地保护个人信息不被侵犯。同时删除权的行使应当具有法定的优先性，即在更正权、限制处理权均可行使的情况下，根本性地保障个人信息。只有在删除权行使所带来的成本与收益显著不符，或者将损害社会公共利益等情况下，才能摒弃删除权而行使更正或限制处理的权能。

李某侵犯公民个人信息案，③着重讨论的是人脸识别刑法规制的限度与适用，比如《个人信息保护法》对数据处理者课以了响应数据提供者行使删除权的法定义务，但并未上升到刑法的义务。违法并不等于犯罪，不能以违约或违法而认定不作为的“非法获取”，只有达到“情节严重”的危险犯，才能突破刑法的谦抑性，从而通过刑法来规制和调整。

---

① 参见浙江省杭州市中级人民法院民事判决书，(2020)浙01民终10940号。

② 参见陕西省西安市中级人民法院民事裁定书，(2020)陕01民终10173号。

③ 参见罗翔：《论人脸识别刑法规制的限度与适用——以侵犯公民个人信息罪指导案例为切入》，载《比较法研究》2023年第2期。

李某诉北京字节跳动科技有限公司网络侵权责任纠纷案,[①]对数据提供者查阅复制权的保证也是对删除权的保障,但不得滥用权利,不能损害其他主体的合法权益。另外,如果是第三方信息主体(如创作者)将其个人信息删除,此时虽然数据处理者可能仍然能控制该信息,但不再属于公开信息,只有在经由第三方信息主体同意或者在法定情形下,数据提供者才能请求数据处理者提供该信息。

原告陈某与被告某融资租赁公司名誉权纠纷案,[②]该案从民事主体名誉权的角度出发,如果民事主体的信用评价不当,其有权提出更正或删除等必要措施。该案虽不是从数据提供者和数据处理者关于个人信息的删除来讨论,但实际上,其内在逻辑类似,因为信用评价与个人信息都具有人格权益,其所折射的维权需求能够覆盖删除权的行权意义。

王某、深圳市腾讯计算机系统有限公司个人信息保护纠纷案,[③]该案对个人信息的保护聚焦权益而非权利,对该权益的保护最为积极的则是删除权。被告腾讯计算机系统有限公司为优化用户体验对微视版本进行了改进,即可撤销软件对微信好友关系的使用,达到删除的目的。因此,法院认为被告腾讯计算机系统有限公司已经保障了用户的删除权。

债务人诉金融机构名誉侵权案,[④]该案同样涉及民事主体信用评价的问题,该评价通过数据信息的方式呈现,并可由第三人通过信息网络查询,由此可能对该民事主体产生负面评价。作为金融机构,应当勇于担当、积极作为,主动加强日常征信监管,合法维护债务人信用权益,对债务人产生的不实的数据信息履行删除的义务。

---

① 参见北京互联网法院民事判决书,(2022)京0491民初2138号。

② 参见天津市滨海新区人民法院发布十大融资租赁案例之十:原告陈某与被告某融资租赁公司名誉权纠纷案——出租人向征信机构不当报送承租人"不良信息"的,应承担删除责任。

③ 参见广东省深圳市中级人民法院民事判决书,(2021)粤03民终9583号。

④ 《民法典》颁布后人格权司法保护典型民事案例之六:金融机构长期怠于核查更正债务人信用记录可构成名誉侵权——债务人诉金融机构名誉侵权案。

4.数据处理权的司法保护现状

北京爱奇艺科技有限公司与随州市飞流网络科技有限公司、上海七牛信息技术有限公司不正当竞争纠纷案，[①]数字经济形态下，利用数字技术虚假刷单、点赞等行为已经破坏了网络生态，实质上属于数据造假行为，需要司法进行规制和惩罚。同时，对不同主体的法律责任应当精准切割，廓清技术行为的边界，表明司法既尊重技术，也规范竞争秩序的鲜明态度。

广东省深圳市腾讯计算机系统有限公司等与浙江搜道网络技术有限公司等不正当竞争纠纷案，[②]数据处理权是由数据处理者行使，通过数据处理者的相关处理行为如采集、传输、整合、脱敏等过程生成衍生数据即数据产品。这样的数据处理权能所形成的数据产品具有典型的财产权益属性，应属于数据处理者。该案通过对企业平台等数据处理者既赋权又限权的方式，划分了数据处理权的基本权限，对类似案件起到了良好的示范指引作用。

惠州市淘卓网络科技有限公司与腾讯科技（北京）有限公司等不正当竞争纠纷上诉案，[③]法院认为，数据处理应当有边界，作为新的生产要素，数据必然产生财产权益，同样会存在安全利益的可期待性，尤其在市场自我调节失控的情况下，法律的调整和引导将避免市场秩序的失衡。

被告人张某、邱某侵犯著作权案，[④]该案是全国第一例侵犯互联网培训平台题库的著作权案件，从著作权的角度明确了网上培训平台题库构成了汇编作品，从而通过刑法来规制侵犯该作品权益的行为。但

---

① 参见江苏省高级人民法院民事判决书，(2019)苏民终778号。

② 参见浙江省杭州市中级人民法院民事裁定书，(2020)浙01民终5889号。

③ 参见北京知识产权法院民事判决书，(2022)京73民终1154号。

④ 参见上海市高级人民法院发布10个服务保障数字经济发展典型案例之九：被告人张某、邱某侵犯著作权案——利用网络培训平台提供盗版题库的认定。

同时彰显一个风向标,即数据处理权与数据安全权的平衡,在数字经济开放共享的需求下,让数据资源能够在合法合理必要的情形下共享流通。

二、数据权利保护的域外考察

(一)欧盟

早在1995年,欧盟通过了《数据保护指令》,旨在全体成员方之间建立统一的法律制度。该法建立了较为完整的数据法律保护体系,但实践中的可操作性仍存障碍。后续欧盟又颁布了若干关于数据保护的法律文件,但相关法律体系仍然在持续构建中。

2018年5月,欧盟颁布《一般数据保护条例》。其主要的特点即针对不同数据主体课以不同的权利和义务,并且在成员方具有普适性。该条例落脚到数据主体,分别从权利、义务和责任等方面来涵摄。

在具体的数据主体的权利和义务方面,数据处理者(含数据控制者)应当保障数据提供者的访问权、使用权和分享权能,数据处理者具有告知义务。数据处理者在数据流通交易时应当以公开透明的方式实现共享和开放。相关数据主体还有权设置一定的技术壁垒。

《一般数据保护条例》最大的成效在于,把之前各成员方零散的数据保护规范性文件聚合在一起,不仅适用于全体成员方,也成为目前最为全面完整的数据保护法案。

(二)美国

欧盟是从统一的立法来规范数据主体的权利和义务,而美国主要是通过单行法和行业自律的方式来对数据的保护和发展进行调整。不同于欧盟,美国没有一部统一的数据保护法案,而数据保护在美国更多的是用“数据隐私”来描述,通过保护隐私来保护数据权益。①

除了上述的单行立法之外,美国区别于欧盟的又一特色是通过数据行业的自律来保护数据权利,即通过对行业自身及相关主体设立数据保护的规则来进行自我约束。但在具体的行业自律表现方式上,则是民间认证机构、企业内部专门职位、研发保护项目三种。民间认证机构顾名思义是通过具有一定影响的私人信誉评价机构,对符合条件的企业进行认证,并借此督促规范企业自身行为。企业内部专门职位,只是企业内部设立的“防火墙”,对数据进行检测,对数据安全进行预警和规避。研发保护项目主要体现在互联网方面,有助于保障数据提供者的数据安全。

美国的行业自律能够起到激励效果,引导数据的自由开发与共享,这是欧盟立法所不具有的活力。但因为没有普适性的法案,在数据权利的界定、市场领域的失灵等问题上,仍然存在障碍。

(三)小结

综上可知,关于数据的保护,欧盟采取统一的立法模式,美国则通过单行法并结合行业自律的方式加以完善。欧盟的模式可以为大陆法系国家提供借鉴,但可能压制数据资源市场的活性,同时还需要勾连数据分级分类制度。美国的模式有利于调动数据主体的积极性,激发市场活力,但无法形成统一的普适性,难以解决问题。

① 1974 年颁布的《隐私法案》可以说是美国数据权利法律保护体系化的开端,该法案将个人数据纳入隐私权领域,并规定了数据主体的权利、义务等详细内容。同年美国又颁布了《家庭教育权和隐私法》,以期在教育机构中适用,能够保护学生的隐私权。之后又出台了《金融隐私权利法》《电子通信隐私法》等法案,并于 2015 年修订颁布新的《消费者隐私权法》,强化了“告知—同意”规则,大大加强了对个人数据权利的保障。由此可知,美国并没有对数据权利进行统一式立法,主要在不同领域进行单行立法。参见桂玲丽:《我国数据权利法律保护研究》,长春工业大学 2022 年硕士学位论文,第 24 页。

三、数据权利保护的法律问题

目前,我国法律法规对数据知情同意权,数据查阅、复制权,数据可携带权,数据删除权和数据处理权等若干权利进行了明确规定,但对以下几种权利的保障并未明确,导致对数据权利的保护存在缺漏和不够全面。

(一)知情同意权的规定较为泛化

1. 数据处理者的告知义务不明确

知情同意权主要是针对数据提供者所赋予的权利,当然这样的权利也需要数据处理者的配合与保障。但目前我国法律法规尚没有明确告知的方式、期限以及数据提供者被告知后的反馈。一般而言,数据处理者根据弹窗等方式进行告知提示,且重要的如关涉隐私的问题可能不会单独加粗,让数据提供者可能无法清楚真实的情况。实践中,往往数据处理者履行了告知义务,但告知的情况、告知的反映、其提醒注意义务的完成可能存在问题。另外,数据资源可能在存续过程中出现变更,此时应当由数据处理者重新向数据提供者取得授权,但数据处理者可能在之前就设置格式条款,这对数据提供者来说缺乏公平性。

2. 数据提供者的知情同意权不明确

对于知情同意的要件、同意的撤回条件与效力,以及如何确定数据提供者是否自愿等情形,目前我国法律法规并不明确。比如,常见的打钩勾选方式,就无法证明数据处理者向提供者进行了充分的说明,以及数据提供者对此事是知情并同意的。这种情况下数据提供者并未作出合乎法律意义上的授权,让数据提供者承担了数据安全风险,让数据处理者利用优势地位可能损害提供者的利益。

(二)数据可携带权的规定不易适用

我国法律已经对数据可携带权进行了明确规定,其指的是数据的传输和转移。虽有规定却在适用上存在龃龉,因此实务中不是适用数据的相关规范而是常用《反不正当竞争法》来调整。

1. 适用对象不具体

按照权利客体来判断,该权利针对的是数据。但这些数据到底是原始数据还是衍生数据,我国法律并没有明确,也就是说,是否所有数据均可作为携带的客体存在争议。另外,数据携带之后必然有接收数据方,但该接收方的性质是否需要规范也值得讨论。数据携带因为主体的原因可以视为具有人格权益,同时数据在迁徙过程中还可能产生收益,因而又具有财产权益。同时因为数据处于携带、交换、迁徙等不稳定的状态,数据安全隐患更加突出,即可能让他人隐私被暴露。另外,数据的携带还可能侵犯商业秘密和国家的数据主权及数据利益。因此,如果对数据携带权的适用对象不明确,将可能波及他人合法权益。

2. 构成要件不精准

关于数据可携带权的适用问题,需要满足相应构成要件才得依法适用。如果数据携带权适用的构成要件不足,将可能对数据处理者甚至国家和社会公共利益造成损害。因此,数据可携带权的构成要件可以规定为适用对象、适用范围、适用前提等。当然国家机关的数据运行机制更加规范,不能擅自携带,否则可能损害国家或公共利益。

(三)数据删除权的行使标准模糊

数据删除权也是我国法律的明文规定,但其数据删除的标准不够真切,可能会导致该删除的未删除,不该删除的误被删除。

1. 数据删除权适用情形模糊

我国法律列举了应当被删除的数据的情形,①但这些具体情形在适用上难以把握。数据删除权与数据知情同意权是相辅相成的,即如果要行使删除权,需要从知情同意的范围内处理。但在知情同意权都可能不易保障的情况下,要行使删除权更是难上加难。另外,我国法律也规定了可以不删除的兜底条款,但这样的兜底条款主观判断过多,同样难以实现。这些问题不仅仅是数据提供者和数据处理者之间的争议,也会涉及国家和社会公共利益,让“删除”的空间大大降低。

2. 数据删除权审查方式混乱

删除权是数据提供者享有的一项权利,在其向数据处理者请求删除时,应当提交什么材料、由什么主体来审查、审查方式怎样、审查标准又几何,这些具体问题目前尚无明确规定。实践中,数据处理者针对数据提供者的请求自行判定是否删除,有既当裁判员又当运动员之嫌。另外,从数据保存期限来看,如果过短,可能会造成公民言论自由和公众知情权的困扰;如果过长,将可能增大数据提供者隐私被曝光的风险。同时,政府相关部门还应充分调研与公共利益相关的公共数据资源的删除,以保障数据各方主体的权利。正是因为数据删除的审查存在混乱,数据处理者对是否依照数据提供者的请求删除数据,享有较大的自由裁量权。因此,有必要统一审查主体、审查方式和审查标准等内容,避免损害其他主体的合法数据权益。

---

① 《个人信息保护法》第四十七条:“有下列情形之一的,个人信息处理者应当主动删除个人信息;个人信息处理者未删除的,个人有权请求删除:(一)处理目的已实现、无法实现或者为实现处理目的不再必要;(二)个人信息处理者停止提供产品或者服务,或者保存期限已届满;(三)个人撤回同意;(四)个人信息处理者违反法律、行政法规或者违反约定处理个人信息;(五)法律、行政法规规定的其他情形。法律、行政法规规定的保存期限未届满,或者删除个人信息从技术上难以实现的,个人信息处理者应当停止除存储和采取必要的安全保护措施之外的处理。”

（四）数据处理权的交易规则不明

我国已经成立多家数据交易所，每年的交易额庞大且呈上升趋势。数据处理者将原始数据制作成数据产品后，在数据交易过程中存在数据交易权权属不明，配套定价标准、技术标准未统一的情形。

1. 数据交易权的权属不明

由于我国尚未建立统一的数据产权制度，数据的交易存在权属和界限模糊的情形，当然这也是数据的特性所导致的难点。数据从原始数据经过加工后成为衍生数据，到交易时成为数据产品，这些不同的数据类型或形态是否都符合数据交易权的行使。数据主体可以划分为不同数据类型，比如，个人数据、企业数据和国家数据等，但不同的数据类型对数据交易是否应当有不同的考量，避免对个人和国家及社会公共利益的损害，这些问题都亟待解决。

2. 数据交易权的权限不清

根据数据周期理论，[①]数据处理者在不同的数据周期享有不同的权利。我国法律的回应却有些模糊，导致数据交易权的行权范围和内容不明确，阻碍了正常的数据交易，迟滞了数据要素的流通，降低了数据要素市场建设的积极性。

3. 数据交易权的定价不准

数据交易权的目的是保证交易收益，建设统一的数据要素交易市场。统一定价标准将有利于推动数据交易权的发展，促进数据处理权交易规则的完善。如果数据交易的定价不准，将会导致数据交易价格难以确定，影响数据要素价值，阻碍统一的市场要素市场的均衡发展。

---

①　数据生产、数据交易、数据保障、数据监管等各环节有机地构成了数据交易的周期。参见汤奇峰、邵志清等：《数据交易中的权利确认和授予体系》，载《大数据》2022 年第 3 期。

四、数据权利保护的体系构建

在了解欧盟和美国的数据权利保护体系和我国目前数据权利保护体系的问题后,这对我国数据权利体系的完善和构建指引了方向,可以从以下三个方面来进行体系构建。

(一)立法体系构建

虽然我国目前已经有了一些关于数据权利的法律法规,但起步较晚、基础薄弱,且无法匹配数字技术的迅猛发展。基于此,可参考欧盟的统一立法,类似于"数据权利法",对数据权利的确认、归属、数据权利的保护、共享等系列问题设立规则。同时从数据的主体出发,对数据提供者、数据处理者以及第三方数据主体的权利义务分别界定,加强数据保护和监管,以及数据被侵权之后的救济等。①

(二)法源体系构建

我国实行的是社会主义市场经济,由国家的宏观调控与市场资源优

---

① 参考我国现行法律体系中的其他法律法规,体例结构大致由总则、分则和附则构成。"数据权利法"应包括但不限于对数据权利的认定、归属判定以及救济等。第一部分总则是统领全文的基础,一般包括:(1)立法目的与适用范围,便于人们更好地理解和适用法律。例如,立法目的为确立数据权利体现、保护数据主体权益、促进数据资源合理利用等;适用范围是中国境内的所有数据处理活动及其对中国境内个人和组织产生影响的境外数据处理活动。(2)明确基本原则条款作为兜底,避免法无明文规定无法适用的尴尬情形。基本原则可以参考《数据安全法》等关于合法性、正当性、最小必要性等规定,也可以拓展规定一些关于数据最小化、存储限制和保密性的原则。(3)可以对基本数据概念进行定义,如"数据权利""数据主体""数据控制者"等。第二部分的分则部分可分为多章节,参考主体、客体、行为、结果、救济的逻辑方式展开。具体可纳入数据权利的种类和归属,数据的收集、处理与使用,数据流通与共享,数据保护与安全,跨境数据传输,监督管理等,也并非需要完全对应,而是根据立法实际需求或者不同表述将前述内容隐含于条文之中。第三部分的附则一般是对总则和分则的补充,对于某些不适宜纳入总则和分则的补充,对于某些不适宜纳入总则和分则但又是法律实施必不可少的条款可以放在该部分。例如,法律效力及实施日期。参见陈若琪:《数据确权法律问题研究》,广州大学2024年硕士学位论文,第32~33页。

化配置相结合,除了参考欧盟建立统一立法之外,还可参考其他国家的行业自律,作为具有补充性质的法源。

即使建立了统一的数据权利保护法,为进一步细化和更具有针对性,也可以再次按行业颁布单行法,通过单行法形成行业自律的要求。同时赋予相关企业行业认证资质,让具有相应资质的企业能够对全体企业进行行业认证,以调动企业积极性,缓解法律更新不及时的滞后性矛盾。

(三)监管体系构建

根据我国社会主义市场经济体制的要求,监管可以从两个维度来调整,一是政府监管,由国家设立专门的数据监管机构,从宏观上进行监管。二是行业自律性的监管,由行业协会负责,通过行业自律来监管。但需要融入政府的恰当引导和督促,避免导致数据垄断和市场混乱。同时,还可引入第三方评估机构,让数据权利的确权和保护更加具有客观性、专业性和透明度。

第三章　数字经济图景下数据安全法益及其类型化保护

法益是刑法中的一个重要概念，而在数据安全犯罪领域，其所保护的法益也存在固守传统与反思创新的争议。传统观点指的是不考虑数字经济时代对经济社会的影响与冲击，认为其内核没有改变。反思观点指的是明显区别于传统经济形态，在数字经济时代的特定背景下，基于理念、技术而对传统法益的改变，促使刑法法益理论与社会现实接轨，折射数字经济下新型法益的客观表达。

第一节　数据安全法益的独立性及其展开

数据安全法益是否具有独立性，是数据安全犯罪所侵犯的客体的重要讨论。作为数字经济新形态下的数据安全法益，与传统法益之间存在异同，其新型或新兴应当如何定位，又如何与其独立性相调适，在刑法法益适用上的要求又应当如何界定，这都是本节的主要内容。

一、打击数据安全犯罪保护的法益之争

数据安全犯罪与计算机犯罪是否存在区别，二者的法益是否存在交叉重叠，二者的独立性又应当如何体现，数据安全法益是否是一种新型法益。这些都是打击数据安全犯罪的法益存在争议的地方。

(一)刑法法益理论的嬗变

人们对刑法法益的思考，最早可以追溯到18世纪末19世纪初的“权利侵害说”。该理论认为犯罪与权利相对，只有侵害了权利才能构成犯罪。不过，该说存在明显漏洞，因为有些犯罪虽然没有侵害权利，但在实体法上仍然被认定为犯罪。由此，“权利侵害说”被“法益侵害说”所更新。有学者指出法益是法律所保护的生活利益，①因此犯罪则是侵害这种生活利益的行为，该说逐渐成为大陆法系国家的主流。法益诞生于传统经济形态，进入数字经济时代，其是否能够适应新形态而成为新型法益，应当依据何种理论或规则来界定该法益，都是值得讨论的问题。

(二)单一法益与复数法益②

单一法益与复数法益的区别在于数据安全犯罪罪名的一个构成要

① 李斯特指出：“法益是法所保护的利益，所有的法益都是生活利益，是个人的或者共同社会的利益；产生这种利益的不是法秩序，而是生活；但法的保护使生活利益上升为法益。”参见[日]大塚仁：《刑法概说：总论》，有斐阁1992年版，第83页。

② 参见高铭暄、马克昌主编：《刑法学》(第8版)，北京大学出版社、高等教育出版社2017年版，第537页；黎宏：《刑法学各论》(第2版)，法律出版社2016年版，第363页；刘明祥：《窃取网络虚拟财产行为定性探究》，载《法学》2016年第1期；徐凌波：《虚拟财产犯罪的教义学展开》，载《法学家》2017年第4期；徐久生、管亚盟：《网络空间中盗窃虚拟财产行为的刑法规制》，载《安徽师范大学学报(人文社会科学版)》2020年第2期；喻海松：《网络犯罪二十讲》，法律出版社2018年版，第30、48页；米铁男：《基于法益保护的计算机犯罪体系之重构》，载《河南大学学报(社会科学版)》2014年第4期；邢永杰：《破坏计算机信息系统罪疑难问题探析》，载《社会科学家》2020年第7期；赵宁：《厘清“修改数据式”破坏计算机信息系统罪》，

件,是保护一个还是多个法益。单一法益方面,就非法获取计算机信息系统数据罪与破坏计算机信息系统(数据)罪的保护法益观点概括如下。第一,非法获取计算机信息系统数据罪,单一法益包括计算机信息系统安全、计算机信息系统运行安全、信息安全和数据传输私密性;第二,破坏计算机信息系统(数据)罪,单一法益包括计算机信息系统安全、国家对计算机信息系统的管理秩序、公共管理秩序和计算机信息系统的正常功能与安全。

复数法益方面,就非法获取计算机信息系统数据罪与破坏计算机信息系统(数据)罪的保护法益观点概括如下。第一,非法获取计算机信息系统数据罪,复数法益包括数据安全与系统功能法益、国家对计算机信息系统安全的管理秩序、计算机信息系统的正常运行秩序,以及计算机信息系统及其存储、处理或传输的数据的安全;第二,破坏计算机信息系统(数据)罪,复数法益包括数据安全性与应用程序的完整性、国家对计算机信息系统的安全运行管理制度和计算机信息系统的所有人与合法用户的合法权益。

(三)数据安全犯罪法益的争论

数据安全犯罪作为独立的犯罪,不应当与计算机信息系统安全犯罪相捆绑。从理念上来讲,计算机信息系统(数据)罪与数据安全罪有明显区别,不能通过计算机信息系统来指代数据安全。数据不是计算机的表现或依附,而具有完整的独立性。数据安全犯罪的刑事司法标准不明,将导致刑法规范秩序的引导性不足,缺乏预测可能性。目前主流观

载《检察日报》2020 年 4 月 24 日,第 3 版;林建辉、黄学鹂:《破坏计算机信息系统罪的电子数据适用研究》,载《信息安全与技术》2014 年第 8 期;皮勇、葛金芬:《网络游戏虚拟物数据本质之回归——兼论非法获取网络游戏虚拟物的行为认定》,载《科技与法律》2019 年第 2 期;刘广三:《计算机犯罪论》,中国人民大学出版社 1999 年版,第 181 页。转引自李紫阳:《数字经济时代数据安全的刑法保护》,东北财经大学出版社 2024 年版,第 48 ~ 50 页。

点是数据安全犯罪所保护的法益是数据安全,应当与计算机信息系统安全等法益相区隔。在数字经济形态下,数据安全犯罪所保护的法益也是一种具有独立性的新型法益。

二、数据安全刑法法益的适用性

基于前文分析,目前新兴的主流观点认为数据安全犯罪所保护的法益应当是——数据安全法益,而不是计算机信息系统安全。这也是数字经济时代大背景下数据安全法益的独立性基础,并且应当适用于刑法法益。

(一)刑法法益适用的基本规则

刑法法益适用的规则多样,[①]目前形成了以下两种主流。一是前实定法的法益观点,法益源于立法者,是其一种价值判断,依附实定法,没有实定法则没有法益,该法益完全取决于立法者的认知。[②] 二是法益是法所保护的利益,由生活产生这些利益,并通过法的保护擢升为法益。[③]法益即为法的利益,或法与利益。由此法益在经过立法者的价值评价之

---

① 日本学者关哲夫提出"三要求说":经过个人的承认、社会的承认与法的承认,一项法益主张或者说生活利益才能成为刑法规范意义上所保护的刑法法益。参见[日]关哲夫:《法益概念与多元的保护法益论》,王充译,载《吉林大学社会科学学报》2006 年第 3 期。在反思关哲夫学说的基础上,田宏杰提出新"三要求说":刑法法益的来源是经验事实、刑法法益的评判是宪法价值、刑法法益须经规范确认。参见田宏杰:《刑法法益:现代刑法的正当根基和规制边界》,载《法商研究》2020 年第 6 期。与"三要求说"不同,张明楷提出"五原则说",认为法益须与法相关联、离开法就不能称为法益、法益必须与利益相关联、法益须具有可侵害性、法益须与人相关、法益须与宪法相关。参见张明楷:《法益初论》,中国政法大学出版社 2000 年版,第 162 ~ 167 页。

② 参见[德]克努特·阿梅隆:《德国刑法学中法益保护理论的现状》,[日]日高义博、姚培培译,载《中德法学论坛》2017 年第 2 期。

③ 参见[德]弗兰茨·冯·李斯特:《德国刑法教科书》,徐久生译,法律出版社 2000 年版,第 4 页。

后，通过刑法来保护生活利益。据此可以推断，法益是被刑法实定法所确认的，可以被侵害的，代表多数人的生活利益，并且应与宪法的母法价值相适应。

（二）刑法法益适用的具体判断

基于上述刑法法益适用的基本规则，数据安全在对刑法法益适用上可以有以下具体判断。

1. 数据安全是多数人的重要法益

数字经济时代，数据安全作为重要的生产要素，放到刑法规范中，应当保障多数人的利益。因为数据安全关涉个人、社会和国家的重要利益，这也是多数人的利益需求。

2. 数据安全是可以被侵害的利益

法益具有被侵害的可能性，才有保护的必要性。同时，这种被侵害的结果往往是不可控的。因为数据安全被侵害常常利用了数字技术，并给权利人带来了实际损失。

3. 数据安全由我国刑法实定法所确认并保护

综上所述，法益是从生活利益中通过立法者的价值评判提升而来的。即使未被刑法实定法所确认，这样的生活利益也可能被侵害，但往往只是道德方面的约束。只有通过实定法的保护将生活利益上升为法益，才能用刑法来规范保护。

4. 数据安全的刑法法益适用应当与宪法价值相应

宪法作为根本大法，民法、行政法、刑法都应当与其价值目标相符。但宪法作为母法，其不如下位的子法那么具体和有可操作性，需要刑法等子法对数据安全的刑法法益进行确认，这样的保护即尊崇宪法价值，对宪法精神的贯彻和落实。

三、传统法益框架下数据安全法益的独立性

在数字经济这一新经济形态之下,传统法益也有所蜕变和突破。数字安全法益是不是新型法益,与传统法益的关系如何,是否具有独立性,在刑法法益适用性的框架下究竟应当如何定位,则是本部分需要厘清的内容。

(一)传统法益评析

根据本部分的行文逻辑,分为非法获取计算机信息系统数据罪与破坏计算机信息系统(数据)罪两个层面,来就传统法益理论进行分析。

1. 非法获取计算机信息系统数据罪法益

综上所述,无论是单一法益还是复数法益,均有不同的学说,但都有较为统一的核心即数据安全。该罪所保护的法益是数据安全,而不是计算机信息系统安全或计算机信息系统运行安全。计算机系统是一种载体,但并不是对象,其对象应当是计算机载体所承载的数据。所以,计算机信息系统的安全这一载体方面的安全与数据安全应当分属不同的保护对象,并按不同的保护路径来完善。另外,计算机信息系统的安全有时候并不一定与数据具有实际关系,甚至如果仅仅从数据本身来看,计算机信息系统包括其运行安全可能也与之并无联系。

除此之外,有必要简单就信息安全和数据安全进行初步的比较。该罪中的数据,既可以是能够还原成信息的数据,也包括无法还原的数据。不能被还原的数据就不涉及信息安全,二者之间没有等号。如果从刑法的角度出发,信息的概念所涉较广,比如个人信息、商业秘密,甚至国家秘密等,并且有相应条款来对应保护。实际上,刑法对信息安全和数据安全的保护是分不同的体系,各有侧重地进行保护。因为数据往往根植于数据本身,包括数据的形成、传输及数据产品,其所体现的不只是数

据,还有基于数据的属性所折射的人身安全、财产安全甚至国家安全。信息则是关注于其所能够表达的内容。

因此,非法获取计算机信息系统数据罪能够保护信息安全法益,但其最终目的也并非保护信息安全法益。如果按此狭义理解,只要不保护信息安全,就不能由该罪评价,这是单一法益说的情形。再看复数法益说,相关学说更容易纠结,一边想突出该罪的法益是数据安全,另一边却担心数据安全和计算机信息系统安全或运行安全产生龃龉,从而进行复数融合,来全面应对。这样的方式看似全面,但对数据安全法益的立法批判和刑法解释价值造成了困扰,不利于该法益理论的发展。

2. 破坏计算机信息系统(数据)罪法益

计算机信息系统安全是一个非常泛化的概念,通过该罪可以对计算机信息系统的安全及其运行进行直接保护,并间接保护计算机信息系统的信息安全。非法获取计算机信息系统数据罪所保护的法益是数据安全,而不是计算机信息系统安全,由此,在破坏计算机信息系统(数据)罪中也应当有类似的法益保护解释,即对数据安全的可用性、完整性、保密性等提供刑法保护,而不是对计算机信息系统的安全进行保护,从而牵连保护数据安全。

该罪被置于刑法"扰乱公共秩序罪"中,该章节所保护的法益具有公共秩序这一共性。但从边界考量来看,公共秩序与前述计算机信息系统安全同样泛化,在泛化的边界场景,难以对该罪的构成要件进一步解释。

该罪的复数法益观点,似乎想要集中糅合放置到一起,将国家、集体和个人的法益笼统保护。但如前罪一样,可能会影响刑法法益功能的正常发挥。

(二)数据安全法益的定位

基于信息安全法益的思考,本部分的数据安全法益包括数据安全保密性、完整性与可用性。本节所言的数据安全法益，主要是从刑法保护的角度来规范，针对的是计算机信息系统的数据安全，即通过计算机信息系统这一载体，存储、处理、运行等所涉及的数据安全。如果不在该范围的数据，则可以用知识产权、反不正当竞争等方面的犯罪来进行规制，而与此处的数据安全无关。

计算机信息系统所涉数据安全，包括运行安全等内容。① 因此，计算机信息系统安全的底蕴丰富，几乎所有与计算机信息系统相关的安全内容都在其射程范围之内。

根据前文分析，我们知道数据安全是适格的刑法法益，与其他法益相比更加适合作为数据安全犯罪的同类法益。在数据安全犯罪的类罪中，数据安全中的可用性、保密性与完整性则可以作为直接法益，具体是非法获取计算机信息系统数据罪与破坏计算机信息系统（数据）罪的直接法益，对应如下。

非法获取计算机信息系统数据罪的直接法益是数据安全保密性，这是从数据的访问、存储、处理和传输等方面进行的专门保护。破坏计算机信息系统（数据）罪的直接法益是数据的完整性，涉及对数据的非法删除、修改、携带等。数据的完整性是指数据在合法授权状态下的访问和使用，也与数据的可用性相关，可在此同时保护。

另外，相关法益的比较如下。本节所认为的数据安全法益，针对的是数据安全法益本身，与信息安全法益、网络安全法有相似之处，但也有根本分歧。这些法益都能够对应数据安全法益，但侧重点有所不同。刑

---

① 《计算机信息系统安全保护条例》规定，计算机系统安全包括实体安全、环境安全、信息安全与运行安全。实体安全追求的目标是确保计算机设备自身及相关和配套设备的物理安全，不受外部非法暴力侵害；环境安全追求的目标是为计算机信息系统及相关设备运行提供安全环境条件，外部环境条件包括足以防止火灾、水灾等侵害的运行环境，内部环境条件包括配置齐全、功能有效的灾害警示、受灾保护以及灾后恢复等功能；信息安全的目标是保障在计算机信息系统重的信息不受到故意或者过失的非法泄露或者删改增等行为的侵害；运行安全部分追求的目标则是计算机信息系统功能的发挥等内容。

法上对数据安全的保护的法益,需要计算机和法学领域的专家将刑法这一法律技术与数据安全这一数字技术协同配合,并匹配前述所言保密性、完整性与可用性等数据安全法益的具体内容。另外,大数据法益需要进一步精细化提取,因为大数据的概念本身通常指的是若干数据的集合或者一种数据处理技术,其并非某一个体。就刑法法益适用的判断而言,大数据并非刑法所保护的对象,而是组成大数据的分散的细小的数据。否则刑法的立法和司法指导功能将出现悖论,即刑法只对大规模的数据集成进行保护,但并不对组成该规模的分散小数据进行保护,这有违认知规律,[①]并且不适应于数字经济时代对刑法保护数据的迫切需求。当然,还有网络数据法益、网络信息数据法益等法益概念,则将保护范围限缩在了互联网中的计算机信息系统所涉的数据保护,但不再涉猎互联网之外的数据保护。本书认为,无论是联网还是未联网,只是所涉范围和公开性的区别,这两者仍然具有一致性,一以贯之的话,应当限于各种类别的电子数据。不能仅仅以是否联网作为区隔,否则有违数据安全法益的完整定位。

(三)数据安全法益不是新型法益而是独立法益

新型法益和独立法益具有一定关联性,是从不同的维度来诠释。数据安全法益是数字经济时代所必然衍生的法益类型,具有一定新颖性,但是否具有完整的独立性仍值得探讨。关于法益是不是新型法益仍然存在争议。[②] 但这样的方式可操作性不强,不宜评价法益的新型

---

① 参见田刚:《大数据安全视角下计算机数据刑法保护之反思》,载《重庆邮电大学学报(社会科学版)》2015 年第 3 期。

② 有学者认为判断一项法益是否为新型法益的时候,应该先对该项法益确实属于刑法规范意义上的法益进行教义学证成,再将之与既有的传统法益进行比较以考察是否存在与传统法益不同的新情况,如果经考察判断该项法益在法益内容等方面与传统法益确有不同,则可认定该项法益为新型法益。参见黄鹏:《数据作为新兴法益的证成》,载《重庆大学学报(社会科学版)》2022 年第 5 期。转引自李紫阳:《数字经济时代数据安全的刑法保护》,东北财经大学出版社 2024 年版,第 77 页。

性质。我国的数据安全法益是我国立法和司法早已关注并进行实质性保护的法益,只是最初似乎是披着计算机犯罪的外衣来规制。虽然现在进入了数字经济时代,但本质的数据安全仍然没有改变,也不是在数字经济和大数据时代才引发立法和司法的关注从而设定新型的法益。

1. 或新型或独立的域内立法概览

就我国刑法关于数据安全法益保护的内容来讲,结合当时的时代背景,从无到有,从有到精。我国 1979 年《刑法》中没有关于数据安全法益的保护条款,因为彼时计算机及互联网技术并不普及,当时的社会经济生活并未受到相关影响,立法者无法凭空超越认知作出超前的立法考虑。随着数字技术的发展和互联网的繁荣,作为重要载体的数据开始深刻影响经济社会生活,导致数据犯罪开始凸显。数据安全法益虽随数字经济显现,但其本质是传统法益在数字领域的延伸,如对计算机信息系统的保护可追溯至 1997 年《刑法》。我国 1997 年《刑法》专门设计了针对计算机信息系统犯罪的条文,表明立法者已经注意到了需要将计算机信息系统即数据安全作为刑法保护的对象。另外,2009 年和 2015 年的刑法修正案也对此进行了完善。① 由此可知,我国的数据安全犯罪有一定沿革,并非突然出现的新型犯罪,同时该类型的犯罪与数字技术、互联

---

① 2009 年《刑法修正案(七)》制定时,立法者又与时俱进地考虑到了应加强对三大重点领域外计算机信息系统中存储、处理或者传输的数据之保密性的保护,增设了我国首个专门以数据保密性安全为直接保护法益的罪名,即非法获取计算机信息系统数据罪。在 2015 年《刑法修正案(九)》中又增设了破坏计算机信息系统罪与非法获取计算机信息系统数据罪的单位犯罪。《刑法修正案(九)》将单位列为相关犯罪主体的行为,只是弥补了原有的只处罚自然人针对数据安全实施犯罪行为的刑法漏洞。因为现实生活对数据保密性、可用性与完整性法益进行侵犯的数据安全犯罪行为中有相当一部分是由单位主体作出的。如果对相关单位不进行处罚,而仅处罚实施行为的自然人,必然会造成对数据安全犯罪行为的放纵,促使相关单位在实施数据安全犯罪的同时寻找自然人"替罪羊"以维护其所获取的不正当经济利益。参见李紫阳:《数字经济时代数据安全的刑法保护》,东北财经大学出版社 2024 年版,第 79 页。

网发展等密切相关,尤其是数字经济的“侵袭”,让大数据的影响力暴涨。所以延续这样的法益保护,是我国刑法一直在调整的内容,只是放到现在这样的数字经济时代背景下更加凸显。因此,数据安全法益并不是一种新型法益,而是一种独立法益。

2. 或新型或独立的域外立法概览

除了我国刑法对数据安全法益保护的沿革,国外部分发达国家的嬗变也为此提供了一定的参考。比如,英国 1990 年出台的《计算机滥用法》(Computer Misuse Act, CMA)①,该法案主要聚焦对计算机信息系统的权限之外的犯罪,即对数据可能造成的损害。

美国的计算机及互联网发展较早,20 世纪 70 年代就已经出现了通过或者针对计算机系统进行的犯罪,但在当时尚无针对性的法律规

① CMA 中关于刑事实体犯罪问题的规定主要有三条,第一条规定:“未经授权查阅计算机数据”的犯罪,即“(1)任何人如果有以下情况,即属于犯罪:(a)使计算机执行任何功能,以确保对任何计算机中保存的任何程序或数据的访问,或者确保任何此类访问都能得到保障;(b)这个他打算确保的,或者欲为之提供保障的访问是未经授权的;及(c)他知道,当他使计算机执行功能时,情况就是这样。(2)任何人犯本条罪行的意图,无须针对(a)任何特定的程序或数据;(b)任何特定种类的程序或数据;(c)任何特定计算机中的程序或数据”。第二条是“通过非法侵入意图实施或者协助实施其他犯罪”的规定,根据该条的规定,如果实施非法侵入行为是为了自己或者协助他人实施其他犯罪便构成该罪,而不论其进一步的罪行是在与非法进入罪行相同的情况下实施,还是在日后的任何场合实施,这些都不重要。同时,即使有证据证明不可能再实施另一项犯罪行为也构成该罪。第三条所规定的罪名是“损害计算机犯罪”,即只要一个人实施了任何没有经过授权的计算机操作行为,且实施该行为时知道自己是没有经过授权的,同时还满足以下条件便构成犯罪:如果是意图通过该行为实现(a)破坏任何计算机的运行;(b)阻止或阻碍访问任何计算机中保存的任何程序与数据;(c)损害任何此类程序的运行或者任何此类数据的可靠性;(d)使上述(a)到(c)中的任何结果持轻率的态度,该罪也适用。并且以上第二款、第三款中的轻率行为不需要与任何计算机、任何计算机程序或数据、任何特定类型的程序或数据有关联。该罪中的行为(a)该节中实施一个行为,包括导致一个行为被实施;(b)行为包括一系列的行为;(c)对某物的损坏、阻止或妨碍包括临时性地实施这些行为。ANON, *Computer Misuse Act* 1990, legislation. gov. uk(Jul. 2, 2023), https://www. legislation. gov. uk/ukpga/1990/18/section/1/2015-05-03 # commentary-c19759931. ANON, *Computer Misuse Act 1990*, legislation. gov. uk(Jul. 2, 2023) https://www. legislation. gov. uk/ukpga/1990/18/section/2. ANON, *Computer Misuse Act* 1990, legislation. gov. uk(Jul. 2, 2023) https://www. legislation. gov. uk/ukpga/1990/18/section/3. 转引自李紫阳:《数字经济时代数据安全的刑法保护》,东北财经大学出版社 2024 年版,第 80 ~ 81 页。

范,于是通过对已有法条的扩张性解释来规制。① 基于前文所述,美国重在保护计算机信息系统或数据所承载的信息或秘密,同时“顺带”保护计算机信息系统及数据本身,这仍然体现了对数据安全法益的保护。

与美国类似,德国也在20世纪70年代出现了第一起计算机犯罪。②根据德国刑法及相关法律规范,其对计算机犯罪的保护专注于数据,但

---

① 1984年美国国会通过的《全面控制犯罪法》(Comprehensive Crime Control Act)中专门增设了计算机犯罪条文,后来这些刑法条款的内容又被规定在1986年的《计算机欺诈与滥用法》(Computer Fraud and Abuse Act,CFAA),编入美国《联邦法典》,位于第18编第1030条(18 U. S. C. § 1030)。其中,第1030(a)(1)条规定,“任何人故意无权或越权侵入计算机,借此取得美国政府基于国防或外交理由而依据行政命令或法律禁止无权揭露的信息,或者任何如同1954年原子能法第11条第y项所定义之受限制数据资料,且足以认定此信息可被用于对美国造成损害,或者是为了外国的利益,故意通信、交付、传达或致使被通信、交付、传送或者意图通信、交付、传达,或致使其被通信、交付、发送于无权的接收者,或者故意保留相同文件,未将其交给有权接收的美国政府官员或其雇员”。第1030(a)(5)条规定,“任何人(A)故意导致程序、信息、代码与指令的传播,并因该行为而故意未经授权地对一台受保护的计算机造成了破坏。(B)故意无权侵入受保护的计算机,并且该种轻率的行为造成了损害;或者(C)故意无权侵入受保护的计算机,并且因该行为造成了损害与损失”。第1030(a)(6)条规定,“任何人故意且意图欺诈交易(按照第1029条定义)任何可以用来无权侵入计算机的密码或者类似信息,如果(A)这类交易将影响州际或国际贸易;(B)该计算机被美国政府使用或用于美国政府”。第1030(a)(7)条规定,“任何人意图向他人勒索财务或其他有价值的东西,而在州际或国际贸易中传输包含任何(A)威胁对受保护的计算机造成损害;(B)威胁无权或越权从受保护的计算机中获取信息,或者说威胁损害无权或越权从受保护的计算机中获取信息的保密性;或者(C)要求或请求损害与受保护计算机有关的金钱或者其他贵重物品,且该损害有助于实现勒索行为”。1994年《暴力犯罪控制欲法律执行法》(Violent Crime Control and Law Enforcement Act of 1994)、1996年《国家信息基础设施保护法》(National Information Infra-structure Protection Act of 1996)、2001年《爱国者法》(Uniting and Strengthening America by Provi-ding Appropriate Tools Required to Intercept and Obstruct Terrorism Act of 2001,USAPA-TRIOT)、2008年《身份盗窃与赔偿法》(Identity Theft Enforcement and Res-titution Act of 2008)。参见高仕银:《美国政府规制计算机网络犯罪的立法进程及其特点》,载《美国研究》2017年第1期。ANON. 18 U. S. Code § 1030 – Fraud and related activity in connection with computersh [EB/OL]. [2025 – 1 – 24] https://www. law. cornell. edu/uscode/text/18/1030. 转引自李紫阳:《数字经济时代数据安全的刑法保护》,东北财经大学出版社2024年版,第81～82页。

② 在立法层面,与数据的刑法保护密切相关的是《德国第二部与经济犯罪作斗争法》,该法中规定了现行《德国刑法》第202a条中的探知数据罪等。德国立法者针对计算机犯罪进行的最近一次立法是2007年8月7日通过的《为打击计算机犯罪的刑法第41条修正案》。第41条修正案涉及的法条主要是第202a条探知数据罪、第303a条变更数据罪和第303b条破坏计算机罪,增加的法条是第202b条截取数据罪和第202c条探知数据和截取数据的预备。参见申柳华:《德国刑法计算机犯罪修正案研究》,载《北航法律评论》2013年。转引自李紫阳:《数字经济时代数据安全的刑法保护》,东北财经大学出版社2024年版,第82页。

对数据的保护与对计算机信息系统的保护并不交叉，即并未通过对计算机信息系统的保护来保护数据安全法益。

日本则主要针对数据本身进行保护，早在1987年日本就已经明确了“电磁记录”，通过对“电磁记录”的保护来实现数据保护，这与我国实现数据安全的保护具有异曲同工之妙。①

综观域外部分国家关于数据安全犯罪的立法应对，可以发现其共同的规律是围绕计算机、计算机信息系统、计算机数据等方面的保护，包括利用计算机或针对计算机。原因之一便是国际或地区性公约所蕴含的相关规制和保护思想的体现，比如《网络犯罪公约》等公约，②就是通过对计算机、计算机系统、计算机数据的保护来治理计算机犯罪。

在数字经济时代，数据安全并非新型的法益，早在20世纪的传统经济形态中就已经存在，并且许多国家及国际的公约已经对此进行了前瞻性的保护。但数据安全法益一直属于独立的法益，不能因为数字技术的发展变化，数字经济内涵与外延的调整而依附其他法益，这是本章对数

---

① 电磁记录指的是电子方式、电磁方式以及其他不被人感知的方法制作的电子计算机处理信息使用的记录。参见张凌、于秀峰编译：《日本刑法及特别刑法总览》，人民法院出版社2017年版，第8页。日本刑法分则部分规定了第一百六十一条之二的“不正当制作和提供电磁记录罪”等。其中第一百五十七条与第二百三十四条之二的规定可以被划分为以“电磁记录”为工具的犯罪，第一百六十一条之二、第一百六十三条之二、第二百五十八条以及第二百五十九条可以被划分以“电磁记录”为对象的犯罪。通过对前述各罪名的具体表述，尽管以“电磁记录”为工具的犯罪罪名所保护的直接法益并非“电磁记录”的安全，但是以“电磁记录”为对象的犯罪所保护的直接法益明显是各种类型的“电磁记录”的安全，比如针对第一百六十三条之二的“非法制作、提供使用、出让支付用磁卡罪”“根据立法起草机关的说明，该罪的保护法益为，对于构成支付用磁卡的电磁记录的真实性，以及使用这些支付用磁卡的支付体系的社会信赖”。参见[日]西田典之著，[日]桥爪隆补订：《日本刑法各论》，王昭武、刘明祥译，法律出版社2020年版，第394页。转引自李紫阳：《数字经济时代数据安全的刑法保护》，东北财经大学出版社2024年版，第83页。

② 《网络犯罪公约》第一章为“术语的使用”，界定了计算机系统(computer system)、计算机数据(computer data)、计算机服务提供者(service provider)等。第二章是“国家层面上的措施”(包括刑事实体法、刑事程序法与管辖权)，在该章实体法部分一共规定了9种具体的计算机犯罪类型，要求所有的缔约方立法禁止与处罚，包括非法拦截数据、非法干扰数据等。该公约第四十条、第四十二条授权各方可以对公约条款全部或部分保留，但主要的缔约方基本根据该公约与各方计算机犯罪治理的需要完成了国内立法的改造工作。参见李紫阳：《数字经济时代数据安全的刑法保护》，东北财经大学出版社2024年版，第83~84页。

据安全法益坚持的基本观点。

第二节　以数据安全法益重释数据安全犯罪的构成要件

前文分析了本章所认为的数据安全法益的定位及独立性。除此之外,数据安全法益还有更为重要的判断标准的作用,即对数据安全犯罪构成要件的解构,融合数据安全犯罪的规范体系与技术规则的双重判断,为数字计算和互联网技术的发展打好提前量,做好应对。下文将从数据安全犯罪的对象,侵犯数据安全的犯罪行为,数据安全犯罪的法益损害结果三个方面来重述数据安全犯罪的构成要件。

一、对象:体现不同数据安全需求的数据类型

数据按照不同的分类标准,可以形成若干类型和种类,其所对应的数据安全犯罪也将呈现不同的特点。数据的理论认定经历了不同的发展变化阶段,从网络行为数据到数据的存在体系,再到数据的价值链。① 由此可以探知,数字经济时代中的数据或数据安全已经开始逐步与传统的计算机信息系统相剥离,即与其表达方式比如载体、存储设备等间隔开来。同时进一步落脚到数据种类、性质、生命周期,以及所展开对应的不同法益的风险与保护需求。目前,针对数据安全法益,我国存在以下数据安全犯罪对象的不同数据类型。

(一)非结构化数据——未经处理的原生数据

这类数据由数据来源者持有并形成数据集合,属于未经处理的数量

① 参见郭旨龙、于琪、高严:《网络犯罪公约的修正思路》,中国法制出版社 2016 年版,第 55 页;李学龙、龚海刚:《大数据系统综述》,载《中国科学:信息科学》2015 年第 1 期。

大、价值低的数据,通常体现在获取性的数据安全犯罪当中,如认证通过的账号密码等。这些数据信息具有个人特性,具备隐私需求,因此,这些数据的来源者不会无端让渡给数据收集或处理者。此类犯罪中,一般是数据收集者通过某些方式非法获取了上述身份认证信息,但数据收集者一般不会进一步地处理该数据集合体,其目的在于将该相关信息转卖给下家或实施其他犯罪,也即这样的数据收集仅仅是手段而非目的。因此,针对这类非结构化的数据,体现的是对数据来源者个人信息的保密性需求,其呈现的法益是对基础数据保密性的保护。

(二)结构化数据——经过处理的衍生数据

这类数据是数据处理者经过一系列的处理,包括收集、整理、分析、传输等有增值性质的行为输出,最终生成具有价值和适用性的数据产品。其内容繁多,如用户的网络交易数据、用户的浏览偏好数据,这些经过加工处理的数据一般用于商业和企业经营中。具体的使用方式一是用户参与某些活动时主动提供的个人信息,二是通过用户协议授权数据收集者的收集处理。这些方式都是数据收集者或处理者提供了相应对价和劳动来正常合法收集处理,所对应的数据权利理应存在法益需求,也就是数据安全法益的保密性、完整性和有用性应当受到相应保护。

二、行为:侵犯不同数据安全侧面的数据获取、删除、修改、增加行为

在数据权利部分,本书明确了数据的知情同意权、查阅复制及可携带权、删除权、处理权。由此延伸到司法实务中,应当对这些数据权利被侵犯的情况加以规制和引导。结合数据安全法益,从安全的角度对侵犯数据权利的行为的构成要件进行实质性解释。

（一）获取行为——侵犯数据保密性

对“获取”二字的理解，尤其是放在数字经济下的数据场域，需要首先评价获取与数据的关系。前述已经知晓，数据具有非排他性和非消耗性，无所谓数据的物理占有和转移，实质是对数据的知情、查阅复制和可携带等。非法获取侵犯了数据的保密性，具体行为方式一是未经授权访问、获取他人已保密的数据，包括明示和暗示的方式；二是虽然有授权，但超越权限、超过期限等获取数据。因此，获取行为与数据的保密性相对应，即某种程度上数据的保密程度及要求与获取行为的违法性相匹配。此种获取行为是否属于侵犯了数据安全法益并作为犯罪处理，则要看是否侵犯了数据保密性。[①] 如果侵犯了数据的保密性，则可以通过非法获取计算机信息系统数据罪来评价；如果已经没有了保密性的桎梏，针对已经公开的数据信息，由于已经不存在数据保密性和数据安全法益的需求，则应当从数据安全犯罪中出罪。

（二）删除、修改、增加行为——侵犯数据完整性、可用性

删除、修改、增加数据的行为，本质上将原数据进行了变动，影响数据权利人对数据完整性和可用性的正常利用。删除和增加指的是从数量上对数据进行调整，修改则是从质量上对数据进行变更，此类行为都将使数据原来的完整性和可用性受到消极妨碍，即导致数据丧失正常功能或妨碍数据正常运行等，这样定性化的侵害需要从法益的角度来进行保护。

与获取行为不同，删除、修改、增加的行为与数据的完整性、可用性

---

① 在全国首起“爬虫”获取数据案中，被告人张某等采用技术手段破解被害单位的防抓取措施，使用软件绕过服务器的身份校验和访问频率限制，并抓取被害单位服务器中存储的视频数据，造成被害单位损失技术服务费2万元。后法院认定被告人违反国家规定，采用了规避或突破被害单位反“爬虫”安防措施的技术手段，属于“未经授权”获取非公信息，构成非法获取计算机信息系统数据罪。参见北京市海淀区人民法院刑事判决书，(2017)京0108刑初2384号。

紧密相连。如果从法益保护的维度来看,只要最终没有侵犯数据的完整性、可用性,即使存在上述行为,也不应作为数据安全的犯罪来考量。但是在数字经济的飞速发展中,在数字技术的更新拓展里,删除、修改、增加的行为已经不再限于传统模式,新型手段的出现导致司法认定的“扩大化”,从而在数据安全犯罪的构成要件中不断摇摆,甚至出现了反向认定。[①] 具体分析,如果从技术手段上考虑,微信外挂软件的启动实质上增加了微信数据平台的数据总量,似乎符合数据的增加行为,但如前所述的法益保护,该数据增加行为并未影响数据的正常运行或导致数据丧失正常功能,甚至不仅没有破坏数据功能反而增强了数据功能。所以,微信外挂软件的“增加”行为,不属于刑法意义上的“破坏”行为,没有破坏数据安全的法益,不构成侵害数据的犯罪。

三、结果:损害数据安全法益不同程度的数额与情节

通过前述的对象和行为,能够明确数据安全犯罪的定罪标准,而数额和情节则会进一步明确其量刑尺度,并体现数据安全法益的被侵害程度。

(一)数量标准的明晰

目前,数据犯罪在数量方面的入罪标准包括货币的数额或物品的数量,数额指的是经济损失或违法所得,数量则涉及相关数据设备或数据本身。但在数量领域,除了计算机台数和身份认证的信息组数外,对于其他类型的数据数量则没有明确提及。如果行为人没有涉及计算机或身份认证,相关司法解释关于数量上的司法适用将会陷入依据不

① 司法实务中甚至将“破坏”数据行为扩大至增强数据功能或应用程序功能的无害行为。如在全国首例“制售微信外挂软件案”中,被告人张某、刘某未经授权、许可,制作了能对微信手机客户端安装文件进行修改的“数据精灵”“果然叼”“玩得溜”等计算机软件,并在网络上销售。该软件的功能经鉴定包括微信多开、一键转发朋友圈内容、朋友圈无限制提醒好友,但并不影响消费者微信功能的正常使用;相反,其使用依赖微信的正常运行,也未对整个手机终端造成现实影响。参见广东省广州市海珠区人民法院刑事判决书,(2016)粤0105刑初1040-1号。

明的窘境。[①] 但实际上，导致该困境的问题是数据数量标准的欠缺，未能完整全面覆盖相关物品数量，只能通过兜底条款来勉强指引。

（二）情节标准的明晰

在数据安全犯罪领域，作为量刑的情节主要指的是除了数额之外的社会负面消极评价的程度，需要结合数据本身的特性、行为的危害程度，以及对社会的负面影响来综合判定。[②] 此时，如果情节标准不明确，面

---

① 张某破坏计算机信息系统案中，被告人张某于2014年12月20日及28日登录法制晚报官方微博“法晚壹现场”，并对该官方微博进行删除（约3000条）。法院认为张某违反国家规定，非法删除计算机信息系统中的数据，后果严重，构成破坏计算机信息系统罪。但从破坏计算机信息系统罪的入罪标准来看，该案并不符合2011年8月1日最高人民法院、最高人民检察院联合颁发的《关于办理危害计算机信息系统安全刑事案件应用法律若干问题的解释》第四条第二、三项中计算机台数、违法所得、经济损失等标准，只能适用第五项“造成其他严重后果的”这一兜底规定。参见北京市丰台区人民法院刑事判决书，（2015）丰刑初字第1964号。《关于办理危害计算机信息系统安全刑事案件应用法律若干问题的解释》第四条第一款：破坏计算机信息系统功能、数据或者应用程序，具有下列情形之一的，应当认定为《刑法》第二百八十六条第一款和第二款规定的“后果严重”：（1）造成10台以上计算机信息系统的主要软件或者硬件不能正常运行的；（2）对20台以上计算机信息系统中存储、处理或者传输的数据进行删除、修改、增加操作的；（3）违法所得5000元以上或者造成经济损失10,000元以上的；（4）造成为100台以上计算机信息系统提供域名解析、身份认证、计费等基础服务或者为10,000以上用户提供服务的计算机信息系统不能正常运行累计1小时以上的；（5）造成其他严重后果的。参见杨志琼：《我国数据犯罪的司法困境与出路：以数据安全法益为中心》，载《环球法律评论》2019年第6期。

② 司法实务中包括三种情况，第一类是修改高考志愿，干扰考试录取秩序，此类案件中行为人非法侵入考试志愿系统，修改了某个或某些特定被害人的考试志愿，使其无法被正常录取，或者只能被行为人所篡改的学校录取。该行为虽然无法用数额标准来定罪量刑，但影响了被害人考试志愿的实现，干扰了正常的考试录取秩序，应属于破坏计算机信息系统罪中“造成其他严重后果的”情形。第二类是修改考试成绩，干扰正常教学秩序或影响考试的公平性、权威性。此类案件中行为人往往以牟利为目的修改考试系统中的考生成绩，导致系统将不及格的考生成绩默认为合格，极大影响了考试的公平性和权威性，扰乱了社会公共秩序，应当属于破坏计算机信息系统罪中“造成其他严重后果的”情形。第三类是修改环保监测数据，影响环境监测评估的准确性。在国内首起“环保监测数据案”中，被告人李某多次潜入某区环境空气自动监测站内，利用棉纱堵塞采样器，干扰站内环境空气质量自动监测系统的数据采集功能，造成该站自动监测数据多次出现异常，严重影响了国家环境空气质量自动监测系统正常运行。该案的“严重后果”无法用具体的数额标准来衡量，但从情节严重角度考察，用棉纱等物品堵塞环境监测采样器，干扰采样，造成监测数据失真，由于该监测数据已被传输发送至中国环境监测总站并制成环境质量评估报告，因而影响了全国大气治理评估的真实性并损害政府公信力，属于“造成其他严重后果的”情形，应当被认定为破坏计算机信息系统罪。参见山西省高平市人民法院刑事判决书，（2016）晋0581刑初字290号；山东省临沂市沂水县人民法院刑事判决书，（2015）沂刑一初字第124号；江苏省徐州市睢宁县人民法院刑事判决书，（2017）苏0324刑初408号；广西壮族自治区南宁市青秀区人民法院刑事判决书，（2013）青刑初字第758号；陕西省西安市中级人民法院刑事判决书，（2016）陕01刑初第233号。

对丰富复杂的社会生活和行为，可能只能用“造成其他严重后果的”情形来兜底性地保护，不利于厘清不同的数据安全犯罪的特性以及数据安全法益保护重点。应当提炼不同类型的数据安全犯罪法益保护共性，通过类型化的方式来分析并进一步构建类型化保护体系，从构成要件的角度实现数据安全法益保护。

第三节 数据安全法益的类型化：生成逻辑与内外部建构

刑法所规制的犯罪行为均会指向其背后所需要保护的特定法益，否则就无法通过刑法来调整。前文已经明确了数据安全法益的内涵，在此基础上需要进一步从类型化的层面将数据安全犯罪中的法益进行识别与保护。

一、数据安全法益的生成逻辑

数据安全法益的内涵与外延是刑法规制和保护的内容与范围，而法益所对应的某种利益本身，实质上在有法律规范对其进行保护前就已经存在。因此，不是有了实体法才有法益，而是有了实体法才有路径对早已存在的利益进行保护，而这种“利益”则是刑法所保护的法益。利益如果要成为法益，需要获得一定的确认。① 在数据安全法益生成前，存在的是生活中的数据安全利益，这样的利益要升华为法益，则需要获得个人、社会和法律的承认。② 数据安全法益通过三重承认后成为刑法所

① 即“个人的承认获得个人的要保护性”“社会的承认获得社会的要保护性”“法的承认获得法的要保护性”这三重承认。参见［日］关哲夫：《讲义刑法总论》，成文堂2015年版，第38页。

② 如《个人信息保护法》将“保护个人信息权益”作为首要立法目的；《数据安全法》明确规定“国家保护个人、组织与数据有关的权益”；最高人民法院、国家发展改革委员会共同发布的《关于为新时代加快完善社会主义市场经济体制提供司法服务和保障的意见》要求“加强对……数据等新型权益的保护”；等等。

保护的法益。

法益或者说利益上升到法益，是经济社会和法律的不断调试与融合。比如，农业和工业社会中的法益与数字经济时代的法益就存在表现方式不同、属性不同的情形，法益的内涵与外延越发丰富，甚至出现了新型或新兴法益。前文已经阐释数据安全法益不是新型法益，而是一种独立法益。[①] 因此，数据安全法益是数字经济时代产生的虽不是新兴但具有独立性的法益，这是立法和司法都应当考量的评价体系标准。

回溯数据生产过程，数据是多个法益的集合体，包含财产属性、人格属性、公共利益甚至是国家主权利益。由于法益内部结构复杂、外部形态多样，通过类型化的方式能够将抽象的内容具象化，[②]从而将数据安全法益剖析为内部结构和外部形态，并进行类型化区分，结合不同的数据利益样态生成法益类型，而不是简单认为数据安全法益是新兴或新型法益。

二、数据安全法益内部结构的类型化区分

生活中的利益需要满足特定条件或三重承认才能够被升华为法益，利益是自然状态，法益是法律状态。法益实质是对不同利益的层级安排，最基础的是权利，包括人身和财产权利；往上是安全，包括国家安全和公共安全；再往上是秩序，包括社会秩序、经济秩序

① 新兴法益是尚未被立法明确规定，但又不违反禁止性原则，能够被一般条款所涵摄、覆盖的利益形态，主要分为两种类型：一是有些利益以前没有被纳入刑法保护甚至没有被认为是一种利益，现在需要由刑法加以保护；二是有些已经受到刑法保护的传统法益，但在新的时代背景下衍生新的内容，外延发生了变化。“一种利益是不是新兴法益是根据社会关系、社会生活事实判断的。”张明楷：《法益初论》(上册)，商务印书馆2021年版，第187页。

② 当人们借助抽象—普遍的概念及其逻辑体系都不足以清晰明白地把握某生活现象或者某种意义脉络时，首先想到的是求助于“类型”的思维方式。参见[德]卡尔·拉伦茨：《法学方法论》(第6版)，黄家镇译，商务印书馆2020年版，第577页。

等。三者构成一定的上升梯度，权利是最为优先保护对象的基础；安全和秩序是权利运行的外部环境，对权利行使具有积极意义。明确法益的保护梯度，有助于对法益进行类型化区分，形成刑法的不同保护范畴。

数据作为一种需要特殊载体并具有电磁属性的特殊“产物”，其彰显的信息又具有特定权益。因此数据安全法益包含以下两点：一是自身的数据法益本身，如数据的保密性、完整性和可用性；二是数据内容所表达的人格权益和财产权益，同时关涉社会公共利益甚至国家安全利益。因此，从内部结构来看，数据安全法益包括数据权益（数据私法益）和数据安全（数据公法益）。① 数据安全是数据权益得以实现的基础，而数据权益又是数据安全的最终归途。

法益梯度的位阶先后顺序，植根于对利益或法益的价值评判，也即根据相应的价值评价标准，对利益或法益进行排序。数据权益中，不管是人格法益还是财产法益，本质上都系私法益。数据安全中，涉及社会公共利益和国家安全利益。如果以主体为标准，数据安全法益可以分为个人法益、社会法益和国家法益。② 因此，数据权益应当先于数据安全被刑法保护。数据权益中，人格法益又应当高于财产法益。数据安全法益中，通常认为国家法益高于社会法益。综上，如果按照法益梯度次序，数据安全法益的内部结构的价值判断从高到低应当为国家法益、社会法益、人格法益、财产法益。

---

① 数据权益是指数据之上承载的私人权利与合法利益，兼具人格属性与财产属性，数据人格法益和数据财产法益共同构成数据私法益的核心。数据安全对内表现为数据安全管理秩序，即保障数据自身的保密性、完整性和可用性以及数据处理活动的正当性和可控性，对外表现为关乎数据主权的国家数据安全，即有效防范数据被其他国家操纵、监控、窃取、恶意利用或非法出境，防控因数据跨境流动产生的影响国家安全的政治风险和社会威胁。参见刘双阳：《数据法益的类型化及其刑法保护体系建构》，载《中国刑事法杂志》2022 年第 6 期。

② 个人法益直接归属个人，直接服务个人，超个人法益则是间接地服务个人，超个人法益只于它们有助于个人自我实现（人格自由发展）的范围内才有正当性。参见钟宏彬：《法益理论的宪法基础》，台北，元照出版有限公司 2012 年版，第 231 页。

三、数据安全法益外部形态的类型化界分

刑法法益的内部结构与外部形态具有整体性，二者紧密相连，其内部具有逻辑性，外部具有规制性。数据安全法益外部形态的类型化指的是，根据数据安全犯罪的类型化所侵害的不同的数据安全法益，从而为刑法最终规制数据安全犯罪作出指引。①

按照不同的标准，数据权益的相关主体可以有多重分类。如果从数据安全法益外部形态出发并进行类型化归集，则相应的数据权益主体与相应数据安全法益相匹配，并与具体的数据安全犯罪相衔接。因此，姑且可以将数据安全法益的外部形态分为个人数据法益、企业数据法益、社会公共数据法益、国家安全法益等。对于这些不同类型的主体，不同类型的法益，不同类型的数据，不同类型的属性，回溯到作为基础的法益梯度即权利当中，并对其赋予不同类型的权利。按主体区分，个人数据法益一般对应人格权益，企业数据法益往往对应财产权益，社会公共和国家安全通常对应安全权益。因此，类型化的数据安全犯罪一般是侵犯个人信息的人格属性犯罪、侵犯企业数据的财产性犯罪、侵犯社会公共和国家安全利益的犯罪。由此，以上述类型化为基础，将有助于构建数

---

① 有学者根据网络数据的重要性程度，把数据法益分为普通数据法益和重要数据法益，提出数据犯罪的制裁思路应以信息论为基础建立“基本行为特征类型化模式 + 动态链条模式”的纵横双向模式，构建以制裁普通数据犯罪和重要数据犯罪为核心的双规并行式罪名体系，增设非法获取、持有网络数据罪，非法提供网络数据罪，非法删除、修改、增加网络数据罪三项罪名以覆盖数据安全的全生命周期，建立数据安全刑法分级保护机制，将侵害重要数据的行为作为升格法定刑从重处罚的情形。另有学者根据网络数据是否具有可识别性，将其分为个人数据与一般数据，提出我国数据刑法保护的规范体系与理论模式应借鉴德国通过附属刑法和核心刑法所建立的数据法益刑法保护二元模式，按照个人数据犯罪和一般数据犯罪的二元路径予以建构，法益定位分别是作为个人法益的个人信息权和数据主体对一般数据的形式支配权限以及对一般数据的私密性、完整性和可用性利益。参见刘宪权：《数据犯罪刑法规制完善研究》，载《中国刑事法杂志》2022 年第 5 期；于志刚、李源粒：《大数据时代数据犯罪的类型化与制裁思路》，载《政治与法律》2016 年第 9 期。

据安全法益类型化保护的体系化框架,织密织牢数字经济时代数据安全的刑法规制保护网络。

第四节　数据安全法益类型化保护的刑法规制体系及其展开

前文已将数据安全法益的内部结构和外部形态进行了区分,由此通过这种对数据安全法益的类型化梳理,可以看出不同内部结构和外部形态的法益,有着不同的保护需求。所以,数据安全法益的类型化可以大致划分为数据人格法益、数据财产法益、数据安全法益(包含社会公共利益和国家安全利益),并以此为基础,形成数据安全法益类型化保护的深化模式,即针对个人为保护其人格,针对企业或平台为保护其财产,针对社会公共利益和国家安全利益为保护其秩序。①

一、数据安全法益类型化保护的模式检讨

根据前述讨论,本书认为数据安全法益类型化保护模式为针对个人数据法益的人格化保护模式,针对企业数据法益的财产化保护模式,针对公共数据法益的秩序化保护模式,以下分别讨论。

(一)人格化保护模式能够有效规制和保护个人信息

根据我国宪法和民法典等相关法律法规的要求,现实生活中,公民或自然人的个人信息或数据属于一种民事权益,并与隐私权密切相关,宜认定为一种人格权或权益。当然除了人格权益,个人信息或数据可能

① 参见刘双阳:《数据法益的类型化及其刑法保护体系建构》,载《中国刑事法杂志》2022年第6期。

也存在部分财产权益，比如，通过个人信息或数据商品化的方式来将人格权益交换为财产权益。但这种财产权益的源头仍然应当理解为发轫于人格权益，不能和下文中企业数据的财产化保护相提并论。而刑法通过对个人信息或数据人格权益方面的规制与保护，能够在数据安全方面，对个人最为基本和直接的权益进行调整，维护个人信息安全。这对个人而言，比个人信息或数据涉及的财产权益更加重要。

（二）财产化保护模式能够有效促进和保护交易安全

企业或平台作为数据的主体，与个人主体的关注焦点不同，主要侧重于财产属性。个人数据较为零星、分散，即使有经济价值也不高，而企业或平台数据则往往是将海量的数据进行整合，最终生产数据产品，产生更大的经济价值。在这里，数据的量将是一个重要的基础，必须通过海量的样本才能抽离出相关共性，并对共性进行分析，提取共同指向的实质内容。由此才能形成具有财产属性的数据集合体或数据产品。此处企业或平台对数据能够产生价值进行了前置性的使用或整合，而非像个人一样对其个人数据的占有和保护。由此可知，基于前述数据安全法益的要求，刑法应当对企业或平台经过劳动后生产的数据集合或数据产品进行保护，并凸显企业或平台的财产属性。经济利益的导向和刑法规制的指引，有利于数据红利的释放，促进企业或平台扩大投入，积极利用数据，生成数据产品，促进交易流转，保障数据交易安全。所以，基于法益的需求，刑法应当对企业数据实行财产化的保护模式。

（三）秩序化保护模式能够有效共享和保护公共安全

公共数据的法益要求不在于个人的人格权益，也不在于财产权益，而是担负着社会公共安全甚至是国家安全的重任。这些公共数据不能归属私主体，因而面临的一个重要任务即如何合法合规合理地开放与共享。因为公共数据如果遭遇泄露、篡改、滥用等，影响的将是整个社会公共利益或国家安全。[①] 所以,对公共数据的保护与对私数据保护的理念不同,以秩序维护的方式保障公共安全,同时兼顾公共数据的开放与共享。在刑法法益保护的路径上,通过安全管理制度保护公共安全和国家安全。

二、数据安全法益类型化保护的刑法规制体系

针对前述不同类型的数据,初步构建了三元化的刑法保护模式。由此相对应的不同类型的数据犯罪所侵害的法益也呈现不同的内部结构和外部形态。在刑法保护领域,需要结合三元模式进一步类型化不同数据犯罪所侵害的法益类型,同时结合刑事司法实务,完善我国数据安全法益类型化保护的刑法规制体系。

(一)个人数据法益的理论与实务

侵害个人数据法益的数据犯罪,针对的是个人人格权益,实质上是个人对其信息或数据的自主处理的权利,该权利的实现通常以个人对信息或数据的知情同意权为前提。具体包括以下范围,一是个人信息或数据在未经许可的情况下有权不被他人任意收集,二是即使被允许收集也不能肆意泄露,三是不得滥用收集到的信息或数据。此处主要针对的是未公开的信息或数据,数据来源者即个人对此应当具有完整的权利。但这样的"完整权利"是否表明数据来源者对数据或信息具有绝对的排他性权利,可能仍然值得商榷。

---

① 党的二十大报告要求强化数据安全保障体系建设;党的二十届三中全会指出要"加快构建促进数字经济发展体制机制,完善促进数字产业化和产业数字化政策体系",并强调"加快建立数据产权归属认定、市场交易、权益分配、利益保护制度,提升数据安全治理监管能力,建立高效便利安全的数据跨境流动机制";《国民经济和社会发展第十四个五年规划和2035年远景目标纲要》明确提出,要建立健全国家公共数据资源体系,确保公共数据安全;《"十四五"数字经济发展规划》也强调推动基础公共数据安全有序开放。

可以类比知识产权法的情形是，比如商标或专利权可以对外进行一般许可或独占许可，数据来源者对个人信息或数据的公开或开源表明，同意其他主体对相关信息或数据的免费利用，但该个人信息或数据的权利人仍然是数据来源者的自然人。就像 DeepSeek 虽然进行开源型发布，在人工智能领域引发了全球轰动，说明技术遏制和技术限制无法奏效，相关技术权利仍然属于 DeepSeek。[①] 之所以有前述数据来源者和数据处理者不同主体的区分，是因为自然人没有能力和精力处理个人信息或数据，而企业或平台对这些信息或数据又不享有绝对权利。此时个人信息或数据属于公开层面，不具有隐私性，但其具有识别性。从数据来源者的权利来看，应当对公开的个人信息或数据进行保护。同时，数据来源者的公开，应视为在一定期限和范围内让渡个人信息或数据自主处理的权利，但并不表示其对个人信息或数据的完全弃之不顾。从避免个人信息或数据被滥用的可能来看，刑法不能对已公开的信息或数据"听之任之"，仍然应当适当保护。因此，刑法对没有公开和已经公开的个人信息或数据，保护力度应当有所区别，即可根据民事和行政方面的《民法典》《个人信息保护法》《数据安全法》等法律的调控进行合理处理。针对已公开信息或数据，如果其是在合理范围内则不需要由数据来

① DeepSeek，全称为杭州深度求索人工智能基础技术研究有限公司。DeepSeek 是一家创新型科技公司，成立于2023 年7 月17 日，使用数据蒸馏技术，得到更为精练、有用的数据，由知名私募巨头幻方量化孕育而生，专注于开发先进的大语言模型（LLM）和相关技术。2024 年1 月5 日，发布 DeepSeek LLM（深度求索的第一个大模型）。1 月 25 日，发布 DeepSeek-Coder。2 月 5 日，发布 DeepSeekMath。3 月 11 日，发布 DeepSeek-VL。5 月 7 日，发布 DeepSeek-V2。6 月 17 日，发布 DeepSeek-Coder-V2。9 月 5 日，更新 API 支持文档，宣布合并 DeepSeek Coder V2 和 DeepSeek V2 Chat，推出 DeepSeek V2. 5。12 月 13 日，发布 DeepSeek-VL2。12 月 26 日晚，正式上线 DeepSeek-V3 首个版本并同步开源。2025 年 1 月 31 日，英伟达宣布 DeepSeek-R1 模型登录 NVIDIANIM。同一时段内，亚马逊和微软也接入 DeepSeek-R1 模型。2 月 5 日消息，DeepSeek-R1、V3、Coder 等系列模型，已陆续上线国家超算互联网平台。2 月 6 日消息，澳大利亚政府以所谓"担心安全风险"为由，已禁止在所有政府设备中使用 DeepSeek。参见百度百科：DeepSeek，载百度百科 2025 年 2 月 26 日，https://baike. baidu. com/item/DeepSeek/65258669。

源者确认或授权；反之可能就需要刑法来规制。[①] 但"合理处理"需要明确一定标准，满足相应的构成要件，基于相关目的性和处理方式准确识别已公开的个人信息或数据与数据安全犯罪的刑法边界。[②]

（二）企业数据法益的理论与实务

前文已经明确，在侵害企业数据的数据安全犯罪中，刑法保护的法益往往是财产权益，包括积极和消极的权能。这样的权益或权利，一方面需要法律的保护，另一方面也是社会公众的认可，并给权利人和其他主体一种信赖利益。而刑法对企业数据的财产权益或权利的保护，则需要根据具体情况调整，如对企业通过自身投入生产的数据产品，与仅仅是简单汇总数据来源者提供的数据（称为"原始数据"），保护力度应当有所差异。也就是说，企业数据法益的刑法保护，与数据本身的财产价值应当匹配，避免浪费立法和司法资源，精准保护企业数据法益。

根据数据价值和生成方式，本书姑且将企业生产的数据分为两大类，一类是简单的数据汇总或集合，称为数据集合体，财产价值较低；另一类是通过企业投入和生产程序生成的数据产品（称为"衍生数据"），财产价值较高。虽然经济价值较低，但数据集合体仍然属于财产，并且

---

① 当个人信息被合法公开后，主要是在合理范围内处理已公开的个人信息就无须获得信息主体的"二次授权"同意，那么，该场合也就不适用最高人民法院、最高人民检察院《关于办理侵犯公民个人信息刑事案件适用法律若干问题的解释》（法释〔2017〕10号，以下简称《侵犯信息解释》）第三条第二款之规定，"未经被收集者同意，将合法收集的公民个人信息向他人提供的，属于刑法第二百五十三条之一规定的'提供公民个人信息'，但是经过处理无法识别特定个人且不能复原的除外。"若处理活动超出合理范围，则仍应取得信息主体的"二次授权"同意。如果未征得同意，就存在入罪的可能性。参见刘双阳：《数据法益的类型化及其刑法保护体系建构》，载《中国刑事法杂志》2022年第6期。

② "合理处理"本质上是一种谨慎的注意义务，在具体场景中应围绕处理目的、处理方式、处理结果三个层面，以同时"符合个人信息公开的目的""没有改变个人信息被公开时的用途""未侵害信息主体的重大利益"三个要件来形塑"合理处理"的认定标准，从而划定已公开的个人信息适用侵犯公民个人信息罪的司法边界。参见刘双阳：《数据法益的类型化及其刑法保护体系建构》，载《中国刑事法杂志》2022年第6期。

属于数字经济时代具有特定属性的新财产,刑法应当对这样属于“公私财物”的新型财产进行保护,打击诸如“两抢一盗”的财产性犯罪。在涉及这一新型财产的盗窃或诈骗罪的具体判定上,由于是数据这样的新型财产,不能囿于传统有形财产的标准即实际占有来认定。因为基于数据的可复制性和可转移性,数据不像传统有形财产具有特定性和唯一性,而应当从其财产属性出发,只要数据的财产权益转移到了行为人或行为人可控的范围,或行为人实际占有了数据的财产权益,就可以认为满足了盗窃罪等侵财性犯罪的构成要件。

就数据产品而言,一方面是企业投入了较大的资金、设备、人力等劳动,理应对其产品具有相应权利,包括能够有较高收益的财产权益;另一方面是这些数据产品还具有知识产权,是人类知识和智慧的结晶,有利于人类经济社会发展,更是刑法所应当保护的法益和客体。但是,数据权利毕竟与知识产权所涉及的专利权、商标权、著作权等权能、特征及构成要件存在差别,无法完全通过知识产权来保护数据权利。由此设立新的数据权或数据专有权等将值得考量,同时可能产生新的数据安全法益,刑法则需要将侵犯数据权或数据专有权的行为纳入数据安全犯罪予以打击。

(三)公共数据法益的理论与实务

前述的个人信息或数据和企业数据,都属于刑法所保护的私法益,而公共数据法益则是刑法保护的公法益。这种公法益关涉数据安全,①而数据安全涵盖保密性、完整性和可用性。公共数据法益安全和保护力度,是数字经济时代数字公共秩序的重要支持。与此相结合的是,同样从数据安全的角度,自2025年1月1日起施行的《网络数据安全管理条例》从规范网络数据处理活动的层面,保障网络数据安全,促进网络数据依法

① 《数据安全法》第三条第三款:“数据安全,是指通过采取必要措施,确保数据处于有效保护和合法利用的状态,以及具备保障持续安全状态的能力。”

合理有效利用,保护个人、组织的合法权益,维护国家安全和公共利益。①

计算机信息系统方面的犯罪与数据安全犯罪有相似但也有迥异的地方,甚至在初期还有将二者笼统混淆的情况。但实际上,从数字技术上来讲,数据的增加、删除、变更等不一定影响计算机信息系统,计算机信息系统不再纯粹是数据的载体和路径。数据安全犯罪与计算机信息系统犯罪(包括非法获取计算机信息与破坏计算机信息)各自具有独立性,刑法应当对数据安全的法益进行独立保护,而非通过既有的计算机信息系统安全的法益来共同保护。目前,我国已经设立了破坏计算机信息系统罪,但针对的是通过计算机载体,保护计算机信息系统安全的法益,并不完全涉及数据安全。在大陆法系中,德国等国家或地区对此采取二元立法模式。② 此举可参考,即彻底将刑法所保护的数据安全法益独立出来保护,尤其是在公共数据领域。比如,在破坏数据方面,将涉嫌单纯增加、删除或变更数据的行为从破坏计算机信息系统犯罪中独立出来;在非法获取方面,将非法获取公共数据(包括提供和使用)从非法获取计算机信息系统犯罪中剥离出来。由此,组建架构起刑法对数据安全和计算机信息系统不同法益的保护体系。

公共数据包括社会公共利益和国家安全的数据,范围较为广泛,但同时根据数据分类分级保护的要求,③公共数据的安全程度根据对经济

① 《网络数据安全管理条例》在前置法的意义上确认了公共数据安全管理秩序,要求公共管理和服务机构应当依照法律、行政法规的规定和国家标准的强制性要求,切实履行公共数据安全管理职责,将数据安全管理贯穿于公共数据采集、传输、存储、使用、共享、开放、销毁的全过程,建立公共数据全生命周期安全管理制度,制定并实施有针对性的公共数据安全管理措施,守住安全底线。

② 1986 年《德国刑法典》增订第 303a 条变更数据罪,规制的是单纯非法删除、毁损、封锁、变更数据或使其不能使用的行为,并另行设立第 303b 条破坏计算机罪。

③ 《数据安全法》第二十一条:"国家建立数据分类分级保护制度,根据数据在经济社会发展中的重要程度,以及一旦遭到篡改、破坏、泄露或者非法获取、非法利用,对国家安全、公共利益或者个人、组织合法权益造成的危害程度,对数据实行分类分级保护。国家数据安全工作协调机制统筹协调有关部门制定重要数据目录,加强对重要数据的保护。关系国家安全、国民经济命脉、重要民生、重大公共利益等数据属于国家核心数据,实行更加严格的管理制度。各地区、各部门应当按照数据分类分级保护制度,确定本地区、本部门以及相关行业、领域的重要数据具体目录,对列入目录的数据进行重点保护。"

社会的影响和被泄露、破坏等的危害结果，可以分为核心数据、重要数据和一般数据，刑法所保护的安全等级也逐次递减。数据的分类分级有助于明确保护不同的公共数据所应达到的程度和依据措施，对数据安全法益进行有针对性的保护。尤其是在量刑方面，针对三种安全等级犯罪的金额、数量和情节是否达到各自严重的程度进行合法合理的调试，最终实现数据安全犯罪的罪刑相适应，充分保护数据安全法益。

三、数据安全法益类型化保护的竞合处理规则

本章将数据安全法益进行了类型化分析，主要划分依据或标准为数据来源或利益性质，由此形成的基于人格权益的个人数据，基于财产权益的企业数据，基于社会公共利益及国家安全的公共数据，根据侧重点的不同可能存在竞合交叉的情况。比如，企业数据可能包括未经公开的个人数据，公共数据可能包括个人数据和企业数据，由此数据安全犯罪可能侵害的不仅仅是单一法益，而是不同数据类型的不同法益，故而便出现竞合。[①] 处理竞合的原则应当把握在先权利限制[②]和法益保护等级

---

① 被告人翁某某利用木马程序侵入淘宝网站数据库，非法获取淘宝用户的账号、密码、浏览记录、交易订单、收件地址等数据。该行为既侵犯了数据财产法益（如淘宝公司的数据财产权），也侵犯了数据人格法益（淘宝用户的个人信息自主决定权）。参见浙江省杭州市余杭区人民法院刑事判决书，(2014)杭余刑初字第1231号。被告人张某未经许可侵入中国裁判文书网爬取大量含有当事人个人信息的裁判文书并整理后出售。该行为既侵犯了数据安全法益（司法数据的安全管理秩序），也侵犯了数据人格法益（当事人的个人信息自主决定权）。参见江苏省宿迁市泗阳县人民法院刑事判决书，(2018)苏1323刑初612号。

② 在先权利限制原则，源于商标法，即诚实信用、合法经营的民事规范要求，不允许破坏既存的权利状态，如在先的著作权、姓名权、商号权、角色形象权等。企业对其合法收集个人数据形成的数据集合享有数据财产权，但受到在先的个人信息自决权的限制，在先权利人通常不享有直接的支配权，但享有消极的、防御性的权利。参见刘双阳：《数据法益的类型化及其刑法保护体系建构》，载《中国刑事法杂志》2022年第6期。在新浪微博诉脉脉案中，北京知识产权法院提出的"三重授权原则"，即"用户授权＋平台授权＋用户授权"，就明显体现了个人信息自决权对企业数据财产权的在先限制。参见北京知识产权法院民事判决书，(2016)京73民终588号。

次序的要求，以便在个人数据、企业数据和公共数据分别对应的人格权益、财产权益和社会公共利益及国家安全中妥善调整。比如，企业数据如果包括未经公开的个人数据，个人的人格权益与企业的财产权益将可能发生冲突。按照前述原则，个人的人格权益应当优先于企业的财产权益，即刑法在保护该两种法益时，需要优先保护人格权益并适用相应罪名。

如前面对公共数据安全等级的分类分级的划分一样，刑法在对不同类型法益保护时考量的因素不尽相同，导致刑法保护的力度和先后次序存在差异。所以，根据差异化原则，在面临刑法对不同法益保护的冲突时，便能够对竞合进行选择。一般而言，个人人格权益具有最为优先保护的需求，其次是企业数据的财产权益，最后是公共数据的安全管理秩序保障需求。因此，若某数据安全的犯罪行为同时侵犯了公法益和私法益，根据前述优先性的要求，应当优先适用保护个人人格权益的数据安全犯罪罪名。当然，基于公共利益和国家安全的法益所涉罪名，在保护私法益的罪名无法实现充分保障时，可以实现最终的兜底目的。

类型化区分是在数字经济时代，针对数据安全犯罪，全面保护数据安全法益的重要抓手。通过内部结构和外部形态分别的类型化梳理，本章明确了数据安全法益为个人数据法益、企业数据法益和公共数据法益。同时，通过构建个人数据的人格化保护、企业数据的财产化保护和公共数据的秩序化保护三元保护模式，有助于生成数据安全法益的类型化保护刑法规制体系。

第四章　数字经济图景下数据安全刑法规制及其边界识别

数据安全刑法规制的边界，指的是刑法规制中的罪与非罪，此罪与彼罪，刑法、民法和行政法以及其他法律规范对数据安全保护的衔接与配合，并共同构建民行刑共治数字经济中数据安全风险的防范体系。本章节主要从数据安全刑法规制的立法和司法情况出发，结合域外关于数据安全的基本规制情况，厘清数据安全领域刑法与其他法律规范的边界和范围，并对我国刑法先行引领其他法律规范协同保护数据安全提供相应思路。

第一节　数据安全刑法规制的立法与司法情况梳理

我国数据安全的刑法规制所采取的模式主要是“计算机信息系统/数据＋”，其底层逻辑在于以计算机信息系统作为载体或工具，强化计算机信息系统本身的保护,而非侧重于保护数据。这样的原因之一在于,对数据安全法益的独立性和新兴或新型的认识不足,如前文所述,虽然本书认可数据安全法益的独立性,但也阐释了其不属于新兴或新型法益。正是由于对数据安全核心法益的评价体系未建立,导致现行数据安全法益识别混乱。数据安全法益的独立性决定了其刑法规制需区别于传统犯罪,建立专门的构成要件体系。本章节将通过对刑法立法和司法情况的梳理,并结合域外情况,进一步明晰数据安全刑法规制的边界与范围。

一、数据安全刑法规制的立法情况检视

(一)相关法条梳理

我国《刑法》关于计算机信息系统及数据犯罪的规定主要集中于第二百八十五条至第二百八十七条的规定,包括刑法修正案增加的"之一""之二"等内容。因此,本章在类型化区分上主要分为以下几类:一是非法侵入计算机信息系统罪,①这里专门指的是特定领域,并且是行为犯,只要有非法侵入的行为而无须考虑危害后果即可构罪。二是非法获取计算机信息系统数据罪,②这里指的是在特定领域之外,匹配非法侵入的行为之后,尚不能直接构罪,需要非法获取计算机信息系统中存储、处理或传输的数据且情节严重的才能构成该罪。三是非法控制计算机信息系统罪,③即对特定领域之外的计算机信息系统在非法侵入后进

① 《刑法》第二百八十五条第一款:"违反国家规定,侵入国家事务、国防建设、尖端科学技术领域的计算机信息系统的,处三年以下有期徒刑或者拘役。"

② 《刑法》第二百八十五条第二款:"违反国家规定,侵入前款规定以外的计算机信息系统或者采用其他技术手段,获取该计算机信息系统中存储、处理或者传输的数据,或者对该计算机信息系统实施非法控制,情节严重的,处三年以下有期徒刑或者拘役,并处或者单处罚金;情节特别严重的,处三年以上七年以下有期徒刑,并处罚金。"

③ 《刑法》第二百八十五条第二款:"违反国家规定,侵入前款规定以外的计算机信息系统或者采用其他技术手段,获取该计算机信息系统中存储、处理或者传输的数据,或者对该计算机信息系统实施非法控制,情节严重的,处三年以下有期徒刑或者拘役,并处或者单处罚金;情节特别严重的,处三年以上七年以下有期徒刑,并处罚金。"

行非法控制，且情节严重的，构成该罪。四是破坏计算机信息系统罪，[①]这是在我国1997年《刑法》中最早制定的关于计算机系统和数据犯罪的罪名，包括计算机信息系统功能，数据和应用程序，计算机系统等对象。五是拒不履行信息网络安全管理义务罪，[②]这是一种渎职性质的不作为犯罪，但对不作为义务这一消极事实的认定较为困难。因为之前对信息网络安全管理义务的规范是缺失的，这对于互联网企业尤其是头部企业而言，被赋予了更多的安全管理义务和责任，但与其的技术水平和数据管理水平也是相契合的。六是工具型数据犯罪，[③]这类工具型的数

---

① 《刑法》第二百八十六条："违反国家规定，对计算机信息系统功能进行删除、修改、增加、干扰，造成计算机信息系统不能正常运行，后果严重的，处五年以下有期徒刑或者拘役；后果特别严重的，处五年以上有期徒刑。违反国家规定，对计算机信息系统中存储、处理或者传输的数据和应用程序进行删除、修改、增加的操作，后果严重的，依照前款的规定处罚。故意制作、传播计算机病毒等破坏性程序，影响计算机系统正常运行，后果严重的，依照第一款的规定处罚。单位犯前三款罪的，对单位判处罚金，并对其直接负责的主管人员和其他直接责任人员，依照第一款的规定处罚。"

② 《刑法》第二百八十六条之一："网络服务提供者不履行法律、行政法规规定的信息网络安全管理义务，经监管部门责令采取改正措施而拒不改正，有下列情形之一的，处三年以下有期徒刑、拘役或者管制，并处或者单处罚金：（一）致使违法信息大量传播的；（二）致使用户信息泄露，造成严重后果的；（三）致使刑事案件证据灭失，情节严重的；（四）有其他严重情节的。单位犯前款罪的，对单位判处罚金，并对其直接负责的主管人员和其他直接责任人员，依照前款的规定处罚。有前两款行为，同时构成其他犯罪的，依照处罚较重的规定定罪处罚。"

③ 包括提供侵入和非法控制计算机信息系统程序、工具罪，非法利用信息网络罪，帮助信息网络犯罪活动罪。《刑法》第二百八十五条第三款："提供专门用于侵入、非法控制计算机信息系统的程序、工具，或者明知他人实施侵入、非法控制计算机信息系统的违法犯罪行为而为其提供程序、工具，情节严重的，依照前款的规定处罚。"第二百八十七条："利用计算机实施金融诈骗、盗窃、贪污、挪用公款、窃取国家秘密或者其他犯罪的，依照本法有关规定定罪处罚。"第二百八十七条之一："利用信息网络实施下列行为之一，情节严重的，处三年以下有期徒刑或者拘役，并处或者单处罚金：（一）设立用于实施诈骗、传授犯罪方法、制作或者销售违禁物品、管制物品等违法犯罪活动的网站、通讯群组的；（二）发布有关制作或者销售毒品、枪支、淫秽物品等违禁物品、管制物品或者其他违法犯罪信息的；（三）为实施诈骗等违法犯罪活动发布信息的。单位犯前款罪的，对单位判处罚金，并对其直接负责的主管人员和其他直接责任人员，依照第一款的规定处罚。有前两款行为，同时构成其他犯罪的，依照处罚较重的规定定罪处罚。"第二百八十七条之二："明知他人利用信息网络实施犯罪，为其犯罪提供互联网接入、服务器托管、网络存储、通讯传输等技术支持，或者提供广告推广、支付结算等帮助，情节严重的，处三年以下有期徒刑或者拘役，并处或者单处罚金。单位犯前款罪的，对单位判处罚金，并对其直接负责的主管人员和其他直接责任人员，依照第一款的规定处罚。有前两款行为，同时构成其他犯罪的，依照处罚较重的规定定罪处罚。"

据犯罪,针对的犯罪客体或法益就是数据安全,只是借助数据的基础、方式等,实际是手段和目的的关系。七是扩张型的数据犯罪,[①]即依托计算

---

① 包括公民个人信息犯罪、无线电通信秩序犯罪、网络虚假信息犯罪及恐怖主义犯罪活动罪、侵犯商业秘密罪等的规制来强化网络信息安全性,建立安全保护体系。另外,还有妨害药品管理罪和危险作业罪。《刑法》第二百五十三条之一:“违反国家有关规定,向他人出售或者提供公民个人信息,情节严重的,处三年以下有期徒刑或者拘役,并处或者单处罚金;情节特别严重的,处三年以上七年以下有期徒刑,并处罚金。违反国家有关规定,将在履行职责或者提供服务过程中获得的公民个人信息,出售或者提供给他人的,依照前款的规定从重处罚。窃取或者以其他方法非法获取公民个人信息的,依照第一款的规定处罚。单位犯前三款罪的,对单位判处罚金,并对其直接负责的主管人员和其他直接责任人员,依照各该款的规定处罚。”第二百八十八条:“违反国家规定,擅自设置、使用无线电台(站),或者擅自使用无线电频率,干扰无线电通讯秩序,情节严重的,处三年以下有期徒刑、拘役或者管制,并处或者单处罚金;情节特别严重的,处三年以上七年以下有期徒刑,并处罚金。单位犯前款罪的,对单位判处罚金,并对其直接负责的主管人员和其他直接责任人员,依照前款的规定处罚。”第二百九十一条之一第二款:“编造虚假的险情、疫情、灾情、警情,在信息网络或者其他媒体上传播,或者明知是上述虚假信息,故意在信息网络或者其他媒体上传播,严重扰乱社会秩序的,处三年以下有期徒刑、拘役或者管制;造成严重后果的,处三年以上七年以下有期徒刑。”第一百二十条之三:“以制作、散发宣扬恐怖主义、极端主义的图书、音频视频资料或者其他物品,或者通过讲授、发布信息等方式宣扬恐怖主义、极端主义,或者煽动实施恐怖活动的,处五年以下有期徒刑、拘役、管制或者剥夺政治权利,并处罚金;情节严重的,处五年以上有期徒刑,并处罚金或者没收财产。”2018 年 3 月 16 日,最高人民法院、最高人民检察院、公安部、司法部《关于办理恐怖活动和极端主义犯罪案件适用法律若干问题的意见》一、(四):“实施下列行为之一,宣扬恐怖主义、极端主义或者煽动实施恐怖活动的,依照刑法第一百二十条之三的规定,以宣扬恐怖主义、极端主义、煽动实施恐怖活动罪定罪处罚:……3. 利用网站、网页、论坛、博客、微博客、网盘、即时通信、通讯群组、聊天室等网络平台、网络应用服务等登载、张贴、复制、发送、播放、演示载有恐怖主义、极端主义内容的图书、报刊、文稿、图片或者音频视频资料的;4. 网站、网页、论坛、博客、微博客、网盘、即时通信、通讯群组,聊天室等网络平台、网络应用服务的建立、开办、经营、管理者,明知他人利用网络平台、网络应用服务散布、宣扬恐怖主义、极端主义内容,经相关行政主管部门处罚后仍允许或者放任他人发布的;……”《刑法》第二百一十九条:“有下列侵犯商业秘密行为之一,情节严重的,处三年以下有期徒刑,并处或者单处罚金;情节特别严重的,处三年以上十年以下有期徒刑,并处罚金:(一)以盗窃、贿赂、欺诈、胁迫、电子侵入或者其他不正当手段获取权利人的商业秘密的;(二)披露、使用或者允许他人使用以前项手段获取的权利人的商业秘密的;(三)违反保密义务或者违反权利人有关保守商业秘密的要求,披露、使用或者允许他人使用其所掌握的商业秘密的。明知前款所列行为,获取、披露、使用或者允许他人使用该商业秘密的,以侵犯商业秘密论。本条所称权利人,是指商业秘密的所有人和经商业秘密所有人许可的商业秘密使用人。”第二百一十九条之一:“为境外的机构、组织、人员窃取、刺探、收买、非法提供商业秘密的,处五年以下有期徒刑,并处或者单处罚金;情节严重的,处五年以上有期徒刑,并处罚金。”第一百四十二条之一第一款:“违反药品管理法规,有下列情形之一,足以严重危害人体健康的,处三年以下有期徒刑或者拘役,并处或者单处罚金;对人体健康造成严重危害或者有其他严重情节的,处三年以上七年以下有期徒刑,并处罚金:……(三)药

机信息系统及数据领域，结合相关行业的特性进行扩张，从而成为刑法规制中计算机信息系统及数据在其他行业或领域的投射与反映。

(二)特征

根据前述梳理，我国关于数据安全的立法呈现以下特征。

1. 重点打击针对计算机信息系统的犯罪，未将数据安全从中剥离。从我国 1997 年《刑法》最初对破坏计算机信息系统进行保护的规定可以看出，我国刑法的保护对象或法益定位为计算机信息系统，并未将数据保护单列，而是认为保护了计算机信息系统就保护了数据，甚至没有意识到数据的特殊性和独立性。但在数字经济时代，随着数字技术的突飞猛进，尤其是互联网技术的发展，立法中关于“非法侵入”“非法获取”“非法控制”“破坏”等传统针对计算机信息系统的方式已经出现了变化，网络属性显著增强。同时传统的计算机信息系统也开始深入融合数据，成为计算机数据系统，着重数据的生成及价值，但我国刑法目前从保护对象上尚未完全从计算机信息系统转化到数据安全的赛道。

2. 重点保护个人数据，未建立有效的国家数据安全保护网。公民的个人数据刑法已经专门设置罪名来保护，但国家数据安全尚未明确，尤其是国家数据的范围、类型、特征等。由此阻碍了刑法保护价值的发挥，难以有针对性地统筹保护国家数据安全。

3. 数据安全犯罪扩张不足，打击幅度不够周延。虽然我国《刑法》历经几次修正案，突破了计算机信息系统领域，扩张至其他行业或领域，并以数据为对象，构建了立体式多维度的打击保护网。但仍然存在与其他行业领域结合不足的现象，导致司法实践中无法有效整合适用刑法规

品申请注册中提供虚假的证明、数据、资料、样品或者采取其他欺骗手段的；……”第一百三十四条之一：“在生产、作业中违反有关安全管理的规定，有下列情形之一，具有发生重大伤亡事故或者其他严重后果的现实危险的，处一年以下有期徒刑、拘役或者管制：(一)关闭、破坏直接关系生产安全的监控、报警、防护、救生设备、设施，或者篡改、隐瞒、销毁其相关数据、信息的；……”

范,难以有效保护其他行业或领域的数据安全犯罪。[①]

二、数据安全刑法规制的司法情况检视

(一)数据安全犯罪案件的趋势

第一,数据安全犯罪案件逐年递增。笔者在“北大法宝”“中国裁判文书网”等平台搜集统计发现,近年来,数据安全犯罪案件在司法实践中呈现逐年上升的态势,并且非法侵入、非法获取、非法控制和破坏等传统意义上的计算机信息系统犯罪几乎都呈现逐年递增的样态。

第二,在犯罪手段方面,也涌现了各种新型方式。比如,擅自访问系统信息,假冒合法用户进入系统,非法植入木马程序、植入后门并非法侵入或获取数据。

第三,传统计算机犯罪与数据犯罪的区分存在分歧。数字经济时代,对传统的计算机犯罪的规制能否有效延伸至数据安全犯罪,二者的法益保护如何界定和区别,都是刑法规制面临的新问题、新理念。由此,部分案件逡巡于传统犯罪与新型犯罪,双方的界限较为模糊。[②] 司法人员对类似案件的处理原则主要涉及两个维度,一个是根据日常生活经验按照传统犯罪来处理,一个是按照计算机犯罪来规制。但这两者之间并

---

① 参见李凤梅:《个人数据权利刑法保护的立场选择及实现路径》,载《法商研究》2021年第6期。转引自阮林赟:《数据犯罪的刑法规制论》,华东政法大学2022年博士学位论文,第37页。

② 如被告人李某在公司担任工程师期间,利用工作之便,私自使用Postman软件违规调用“比心”收集软件“钻石”抽奖活动中的兑奖程序接口,修改参数数据,为其控制的两个账户内虚增“钻石”合计1499万个,转换程软件中的“魅力值”后,提现或对外出售牟利。经查,被害单位共计损失6200余元。之后李某私自使用软件,修改数据,将其注册的“比心”手机软件四个账号的登记提高,并将其中两个账号以15,500元出售给他人。原审法院认定被告人通过修改计算机信息系统数据,增加游戏“钻石”数量,对外出售牟利,行为构成盗窃罪。同时,其非法获取计算机信息系统数据,情节严重,构成非法获取计算机信息系统数据罪,应予数罪并罚。但是被告人认为盗窃罪存在罪名的认定错误。参见上海市第一中级人民法院刑事裁定书,(2020)沪01刑终74号。

不是截然分开的，有时候容易混同，有时候可能是手段—目的的关系。比如，《刑法》第二百八十七条明确表述涉及利用计算机实施金融诈骗、盗窃、贪污、挪用公款、窃取国家秘密或者其他犯罪的，按照刑法有关规定定罪处罚。申言之，传统犯罪与数据安全犯罪并非泾渭分明，尤其在法益保护上，数据安全法益并非区别于传统犯罪的新型法益，而是独立的法益。

第四，刑事与民事的边界识别。主要把握某些行为应当用刑法来规制还是用民法规制，相互的边界应当明晰，刑法不能扩大化，也不能限缩化。尤其是在通过计算机犯罪罪名来规制时，对数据的解释不应不当扩张，否则可能成为司法实践中数据犯罪认定的源头性问题或口袋条款。①

第五，司法解释对数据安全犯罪认定的扩张。有司法解释将环境监测数据的干扰采样行为认定为破坏计算机信息系统罪，②但在司法解释出台之前已经有具体案例支撑。这种干扰行为虽然没有直接对计算机信息系统进行侵害，但对环境监测设备所采样并形成的数据进行了干扰和破坏，且造成了严重后果。③ 但也有学者对此提出了不同意见，认为

---

① 如黄牛软件第一案，案件主要事实为，出售黑米天猫抢购软件赚取卖家抢购成功商品的部分差价，通过建立抢购软件非法获利。该软件为恶意程序，以非常规方式构造网络请求并发送给淘宝网站服务器实现模拟用户手动登录淘宝账户并进行批量下单的功能，通过调用第三方打码平台发送非常规图形验证码、绕过淘宝安全防护系统的人机识别验证机制的功能，通过重新拨号的方式更换 IP 地址以绕过淘宝安全防火墙对同一 IP 地址不能频繁发送网络请求的限制。辩护人认为仅仅是民事违约行为，应由民法调整，不应上升至刑法。法院认为属于侵入、非法控制计算机信息系统的程序、工具罪，认为绕过防护系统的行为应理解为侵入或者非法控制，未经授权、超越授权行为应理解为侵入计算机信息系统行为。参见山西省太原市中级人民法院刑事判决书，(2021)晋 01 刑终 302 号。

② 最高人民法院、最高人民检察院《关于办理环境污染刑事案件适用法律若干问题的解释》第十一条："违反国家规定，针对环境质量监测系统实施下列行为，或者强令、指使、授意他人实施下列行为，后果严重的，应当依照刑法第二百八十六条的规定，以破坏计算机信息系统罪定罪处罚……(二)干扰系统采样，致使监测数据因系统不能正常运行而严重失真的……"

③ 2018 年最高人民法院发布的指导案例第 104 号对"使用棉纱堵塞环评检测采样设备致使数据失真的行为"认定构成"对系统功能的干扰"。参见陕西省西安市中级人民法院刑事判决书，(2016)陕 01 刑初 233 号："环境质量监测系统属于计算机信息系统。用棉纱等物品堵塞环境质量监测采样设备，干扰采样，致使监测数据严重失真的，构成破坏计算机信息系统罪。"

最为核心的是行为人的干扰行为针对的是外部的大气环境,并非针对环境监测数据采样设备内部,内外部之间的干扰传递始终存在一个同频共振的直接关系,由此类推违反了罪刑法定原则。[①] 从刑法文本的文义解释来看,在类似通过外部干扰影响内部系统采样数据的行为中,司法解释对刑法进行了扩张性的解释。

(二)数据安全犯罪规制的困境

数字经济时代已经突破了传统经济的许多桎梏,数字技术的飞速发展和经济社会的重大变迁,都让数据安全犯罪及刑法规制出现了一些问题和窘境。要解决这些困境,需要专门针对数字经济的特点、其与传统犯罪的区别、计算机信息系统与数据的异同、新主体新平台的挑战等问题,融合刑法理论、刑事立法和司法的协同联动,构建起刑法规制体系,从而实现对数字经济下数据安全的有效保护与规制。

1.数据安全犯罪的立法困境

(1)动摇刑法基本原则

刑法有多重基本原则,主要体现为罪刑法定、罪刑相适应等。罪刑法定是法律文明的重要体现,即在刑事法律领域,除非刑法有明确规定,否则不能认定为犯罪,也不能据此进行处罚。但是法律是具有滞后性的,也不能朝令夕改,往往跟不上社会生活的变化和数字技术的发展。同时虽然兜底条款或口袋罪能够起到一定作用(此处姑且不论口袋罪等的问题),但复杂的社会生活仍然可能无法涵盖所有的犯罪行为。尤其是在数字经济的框架下,数据的发展变化让刑法对涉及数字经济的部分新型犯罪手足无措。[②] 罪刑相适应原则作为司法底线,[③]也受到了数

---

① 参见周光权:《刑法软性解释的限制与增设妨害业务罪》,载《中外法学》2019 年第 4 期。

② 参见林山田:《刑法通论》,台北,三民书局 1986 年版,第 14 页。

③ 参见陈兴良:《刑法哲学》,中国政法大学出版社 1992 年版,第 507 页。

据安全犯罪规制上的冲击，尤其在非法侵入计算机信息系统罪与非法获取计算机信息系统数据罪、非法控制计算机信息系统罪的定罪和量刑上。立法者基于对国家事务、国防建设、尖端科学技术领域的特殊保护，将非法侵入这些特定领域的行为认定为行为犯，不需要非法获取相应数据或非法控制，只要有非法侵入行为即可定罪，不区分情节是否严重，但量刑仅有 3 年以下有期徒刑或拘役。而《刑法》第二百八十五条第二款则是针对上述领域之外的其他计算机信息系统，课以非法侵入、非法获取或非法控制罪，但前提需要满足情节严重，才构成犯罪，同时还增加了情节特别严重的情形，量刑为 3 年以上 7 年以下有期徒刑，并处罚金。[①]由此可以探知，立法者进行特殊保护或更高标准保护的国家事务、国防建设、尖端科学技术领域，虽定罪标准相对较低，但量刑更低，与侵害其他领域的计算机信息系统的后果严重程度不相匹配。也就是说，重点领域最高法定刑只有 3 年有期徒刑，而其他领域最高法定刑可以达到 7 年。不仅没有达到立法者的初衷，反而涉嫌有违罪刑相适应的原则。

(2)刑法处罚范围标准不够明晰

刑法处罚范围关涉罪与非罪，在数字经济时代，如果处罚范围过大，将不利于数据治理和数字技术的发展；若处罚范围过小，又无法很好地保护和规制数据安全。因此，刑法的处罚范围边界和标准应当明晰且合理。另外，数据安全犯罪在犯罪主体的共同犯罪方面，与传统犯罪的共犯的犯意联络有所区别。但数据安全方面的黑灰产业链犯罪已经呈现一定规模，且分工协作，模式成熟，主犯与帮助犯的界限愈加模糊，对共同犯罪的理论和规则都形成了一定冲击。

2. 数据安全犯罪的司法困境

(1)法益保护不够明确

前文在数据安全法益章节，已经对数据安全法益的独立性进行了阐

---

① 参见《刑法》第二百八十五条之规定。

释。但相关的社会利益都可能借助数据安全法益表现出来，包括公民个人信息、网络虚拟财产、数据知识产权，以及其他网络财产性权利，由此可能在一定程度上导致司法裁判混乱。同时，数据与计算机信息系统存在区别，我国刑法主要通过计算机信息系统犯罪来规制数据安全犯罪，并未完全将二者独立出来，或者是数据掩映在了计算机信息系统犯罪的阴影下。二者虽然有一定共性，但数据仍然存在完全不同的独立性，并非所有数据犯罪都需要通过计算机信息系统来完成，对计算机信息系统犯罪的规制是否就能实现数据安全的保护，数据安全受到的侵害是否就等同于计算机信息系统受到侵害。这些问题都是司法实践中的认定难题。

（2）犯罪构成要件标准不够清晰

数据安全犯罪的构成要件中，主观方面的故意难以直接认定，判断标准和解释不够明确，存在解释空间，尤其在网络空间，其虚拟属性进一步加剧主观方面的认定难度。在犯罪主体方面，平台这一新主体的出现，有可能需要根据对中介或中立行为的评价来扩张犯罪主体的认定。在犯罪客体方面，主要是对数据安全的侵害，但与计算机信息系统犯罪相结合的话，二者的客体并未完全统一。在犯罪客观方面，非法侵入、获取、控制、破坏等行为的认定和区分不够精准，最终在裁判文书罪名判定中存在同案不同判的矛盾。①

（3）刑法与前置法的衔接不够紧密

数据安全犯罪需要刑法规制和打击，但前提和基础是需要建立有效

① 参见卿烨科技（北京）有限责任公司等破坏计算机信息系统案，北京市海淀区人民法院（2018）京0108刑初714号刑事判决书；付某某破坏计算机信息系统案，上海市浦东新区人民法院（2015）浦初刑字第1460号刑事判决书；施某等非法控制计算机信息系统案，重庆市渝北区人民法院（2015）渝北法刑初字第00666号刑事判决书；陈某某等七人非法获取计算机信息系统数据案，重庆市沙坪坝区人民法院（2016）渝0106刑初1393号刑事判决书、重庆市第一中级人民法院（2016）渝01刑终575号刑事判决书。转引自阮林赟：《数据犯罪的刑法规制论》，华东政法大学2022年博士学位论文，第50页。

的数据安全制度体系，否则刑法对数据安全的保护无异于无本之木、无源之水。我国虽已经出台了部分法律对数据、网络、个人信息等内容进行保护，但相关内容的有效衔接仍然缺乏统一调度。① 另外，针对数据的财产属性和网络虚拟财产，除了民法典有引致性规定外，②尚未有法律从其他领域和角度来认定数据和网络虚拟财产。这对于通过刑法来规制数据安

---

① 《网络安全法》第三十一条：国家对公共通信和信息服务、能源、交通、水利、金融、公共服务、电子政务等重要行业和领域，以及其他一旦遭到破坏、丧失功能或者数据泄露，可能严重危害国家安全、国计民生、公共利益的关键信息基础设施，在网络安全等级保护制度的基础上，实行重点保护。关键信息基础设施的具体范围和安全保护办法由国务院制定。国家鼓励关键信息基础设施以外的网络运营者自愿参与关键信息基础设施保护体系。第四十一条：网络运营者收集、使用个人信息，应当遵循合法、正当、必要的原则，公开收集、使用规则，明示收集、使用信息的目的、方式和范围，并经被收集者同意。网络运营者不得收集与其提供的服务无关的个人信息，不得违反法律、行政法规的规定和双方的约定收集、使用个人信息，并应当依照法律、行政法规的规定和与用户的约定，处理其保存的个人信息。《数据安全法》第二十一条：国家建立数据分类分级保护制度，根据数据在经济社会发展中的重要程度，以及一旦遭到篡改、破坏、泄露或者非法获取、非法利用，对国家安全、公共利益或者个人、组织合法权益造成的危害程度，对数据实行分类分级保护。国家数据安全工作协调机制统筹协调有关部门制定重要数据目录，加强对重要数据的保护。关系国家安全、国民经济命脉、重要民生、重大公共利益等数据属于国家核心数据，实行更加严格的管理制度。各地区、各部门应当按照数据分类分级保护制度，确定本地区、本部门以及相关行业、领域的重要数据具体目录，对列入目录的数据进行重点保护。第二十七条：开展数据处理活动应当依照法律、法规的规定，建立健全全流程数据安全管理制度，组织开展数据安全教育培训，采取相应的技术措施和其他必要措施，保障数据安全。利用互联网等信息网络开展数据处理活动，应当在网络安全等级保护制度的基础上，履行上述数据安全保护义务。重要数据的处理者应当明确数据安全负责人和管理机构，落实数据安全保护责任。《个人信息保护法》第十四条：基于个人同意处理个人信息的，该同意应当由个人在充分知情的前提下自愿、明确作出。法律、行政法规规定处理个人信息应当取得个人单独同意或者书面同意的，从其规定。个人信息的处理目的、处理方式和处理的个人信息种类发生变更的，应当重新取得个人同意。2020 年 6 月 19 日，人民网人民数据(国家大数据灾备中心)联合中国经济体制改革研究会互联网与新经济专业委员会发布了《大数据风控和权益保护研究报告》，基于技术进步和公共利益保持平衡的考虑，提出了大数据风控和权益保护十二原则：合法原则、最小范围原则、授权原则、必要原则、明示原则、比例原则、封存销毁原则、可追溯原则、被遗忘原则、保护开发者原则、出境合规原则、整体性安全原则。

② 《民法典》第一百二十七条：法律对数据、网络虚拟财产的保护有规定的，依照其规定。该条规定是一条具有时代性意义的规定，填补了我国法律在数据和网络虚拟财产保护上的空白，明确了对数据和网络虚拟财产加以保护的立场。从法理上看，这一条款所体现的是“特别法优于普通法”的法律适用原则：特别法针对数据、网络虚拟财产的保护另有规定的，则应依照其规定，而不适用民法典的规定。这给未来的立法和实践发展预留了充分余地，体现了民法典的开放性和问题导向，表明作为基本法律的民法典对于新型财产类型的关注与重视。

全犯罪来讲,则可能导致部分权利认定失范和刑法保护失衡的问题。

三、数据安全犯罪规制的域外概览

数据的开放性和共享性,让数据成为全球化的产物,也让数据安全变成全世界都面临的问题。因此,许多国家也对数据安全犯罪的规制积累了一定的经验,成为可供我国参考的他山之石。

(一)德国——相对积极的扩张

德国的数据保护立法发轫于20世纪70年代,最早的《德国联邦数据保护法》(Bundesdatenschutzgesetz)对数据的保护仅规定了非法传输、变更、读取和获取个人数据四种方式。随着科技和经济社会的发展,逐步增加新的规制行为。《通用数据保护条例》出台后,二者协同规制数据安全犯罪行为。德国的数据保护模式体现了处罚范围和前置的扩张,具有预防刑法的特色,并基本覆盖了对数据全生命周期的保护,同时对预备犯罪行为同等打击,行为对象和方式的射程均较为广泛。

德国对欧盟的数据安全犯罪规制产生了较大影响,总体模式为注重数据保护而弱化数据流动,这导致数据企业或平台生产数据产品、跨境流动存在法律上的不确定风险,也增加了企业的合规风险。

(二)美国——从严厉到缓和

《计算机欺诈和滥用法》(CFAA)是美国法典中规范数据犯罪最具影响力的刑事法律之一,出自《美国联邦法典》第18部分刑事法律第1030条。[①] 与德国(欧盟)相比,美国推崇数据的自由流动,同时为了保

---

① 第1030条(a)规定了个人故意"未经授权访问计算机"。参见18U. S. C. A. §1030(a)(1)-(7)(2006)。

护数据的自由竞争，如果是正当的、对社会有益的获取或使用数据的行为，可能不属于违法行为。这样的缓和政策，对于数据的自由流通、跨境流动，数据再利用等有促进作用，推动了美国数据产业的迅速发展。

(三)评析

综观德国(欧盟)和美国对数据安全的规制模式，一种是倾向于保护数据安全兼顾数据自由流通，另一种是倾向于数据流通兼顾数据安全。这两种模式本身没有对错可言，仅是侧重点和价值取向问题。这两种模式也各有优劣，比如，德国(欧盟)更加注重数据安全，对数据流通监管严格，能够较好地保护数据安全，但导致数据企业或平台的守法成本与合规风险增大。而美国更加注重数据的自由流通，促进数字经济发展，对数据安全的保护相对宽松和缓和。这对于我国尤其是刑法对数据安全犯罪的规制而言，既是路径选择的问题，也是自身法律文化的反映。

第二节　数字经济时代的刑法先行

前文已经讨论过数字经济时代下我国的刑法观，即刑法应当突破传统机能，如规范、保护等，在数字经济下还有调控功能，即调控民法和行政法的有效发挥。刑法此时不仅对社会秩序发生作用，还对其他法律规范进行调整。

一、数字经济时代的秩序优先

数字经济时代对数据安全的保护，其实就是刑法对数据安全的秩序维护，数据所辐射的范围很广，诸如数据安全、数据确权、数据登记、数据知识产权等。但这些内容也囊括了刑法、民法及行政法领域。对于数字经济下数据安全的保护,最为重要的是秩序的维护,其他权利可以稍微缓和。因为数字经济有别于传统经济,数据安全犯罪也区隔于传统犯罪,秩序的保障应当优先于数据权利的确认和对数据的行政管理。刑法保护数据安全,虽然需要一定的前置法,但并非没有前置法就无法保障相应秩序。[①] 比如,《民法典》确认了数据和网络虚拟财产,但尚未有其他法律法规对此进一步规定。而我国早在 1997 年《刑法》中就已经有了破坏计算机信息系统数据的犯罪,也并未影响刑法对相关秩序和法益的保护。同样,在我国保护较为全面的个人信息方面,也应考量刑法最终保护的是社会秩序。即使在之前没有《民法典》和《个人信息保护法》等法律的情况下,刑法仍然能够最大化地保护个人信息,而不在于民法对个人信息的权利确认,也不在于行政管理上对个人信息的有效管理和保护。只有形成了良好的社会秩序,民法和行政管理对数字经济下的数据及其安全才能有更加精细化的发展。

另外,从可能的后果来讲,数据如果在民法上失范如缺失对数据权利的确权等,在行政管理上缺失对数据登记的保护或数据知识产权的保护,可能会导致一定的问题甚至混乱,但终究不至于影响社会秩序。但如果刑法不在数字经济时代对数据安全的保护先行布局,恐将导致数字经济下数据安全底层逻辑的塌陷。刑法具有罪刑法定原则,即要定罪处罚必须有明确的刑法依据,所以刑法必须先行才能够精确打击数据安全犯罪。而在民商事领域,假设没有数据确权等相关法律法规,也可以通过一些方式妥善处理案件。同样在行政管理领域,虽然与私法领域法无禁止皆可为不同,但行政管理方面也存在很多柔性执法或服务型执法,能够实现行政管理目的。

---

① 在私法尚未规定个人信息概念之前,刑法率先增设个人信息犯罪存在逻辑问题,换言之,个人信息保护立法从刑法到民法再到专门立法,违背了立法的一般逻辑。参见夏伟:《网络时代刑法理念转型:从积极预防走向消极预防》,载《比较法研究》2022 年第 2 期。

二、数字经济领域的法律动态互补

此处所说的动态互补，指的是刑法基于数字经济时代数据安全保护的社会秩序而先行调整社会关系，不需要民法或行政法作为前置法。在民法、行政法对数字经济及数据安全等内容逐步跟进后，刑法根据总体社会秩序把控的要求适当退后。

在民法、行政法对数字经济时代的新型权利或行为进行讨论或确认后，刑法再跟进干预并保护相应的数据权益，这是一种理想化的法律观点。因为社会现实并不一定会按照前述正常逻辑来发展，尤其针对数据安全犯罪行为。罪犯不会因为民法上的数据权属不清，行政法上的监管难题等而放弃犯罪，当然需要刑法快速响应，依法惩治。在数据安全犯罪中，虽然有些数据的权利有待确认或定性，但刑法保护时也可以通过计算机信息系统犯罪的罪名来进行规制，避免打击数据安全犯罪时出现像民法、行政法一样的空白。

对于民法上对数据的确权和保护，我国目前还没有专门法律法规进行确权认定，但并不妨碍刑法对数据安全犯罪的打击①，因为早在 1997 年《刑法》中就已经规定了破坏计算机信息系统数据罪。在行政管理领域，网络安全法和数据安全法也是在刑法之后才对数据安全进行管理和保护的。加之现在行政管理领域推崇“包容审慎监管”，即针对新事物、新业态采取特定的监管规则，更是难以从立法层面制定行政监管法律。《四川省优化营商环境条例》第六十一条规定：县级以上地方人民政府及其有关部门应当按照鼓励创新的原则，对新技术、新产业、新业态、新模式等实行包容审慎监管，针对其性质、特点分类制定和实行相应的监

① 此处不讨论罪刑法定的问题，即数字经济下的数据安全犯罪是否能够通过传统的计算机犯罪罪名来规制，仅仅为了说明刑法先于其他部门法作出回应。

管规则和标准,不得简单化予以禁止或者不予监管。

三、数字经济保障的刑法调度与其他法律参与

刑法与民法、行政法等其他部门法的角色和定位不完全一样,如前所述,刑法作为先行法冲锋在前,但数字经济的法治秩序并非只依靠刑法单打独斗,而是需要民法、行政法等其他部门法联动协同。刑法先行的目的在于维护社会秩序,并保障民法、行政法等的发展和成长。因此刑法先行之后,其他法律应当跟进共同参与治理。

除了数字经济领域外,其他方面也存在我国刑法先行调整,随后促进其他配套法律规范的协同配合,这是我国较为普遍的一种立法模式。① 而在数字经济领域,尤其是个人信息和数据安全方面,更是刑法先行,并积极推动其他配套法律的跟进。②

---

① 2015年《刑法修正案(九)》新增第一百二十条之五:以暴力、胁迫等方式强制他人在公共场所穿着、佩戴宣扬恐怖主义、极端主义服饰、标志的,处3年以下有期徒刑、拘役或者管制,并处罚金。第一百二十条之六:明知是宣扬恐怖主义、极端主义的图书、音频视频资料或者其他物品而非法持有,情节严重的,处3年以下有期徒刑、拘役或者管制,并处或者单处罚金。《反恐怖主义法》第八十条:"参与下列活动之一,情节轻微,尚不构成犯罪的,由公安机关处十日以上十五日以下拘留,可以并处一万元以下罚款:(一)宣扬恐怖主义、极端主义或者煽动实施恐怖活动、极端主义活动的;(二)制作、传播、非法持有宣扬恐怖主义、极端主义的物品的;(三)强制他人在公共场所穿戴宣扬恐怖主义、极端主义的服饰、标志的;(四)为宣扬恐怖主义、极端主义或者实施恐怖主义、极端主义活动提供信息、资金、物资、劳务、技术、场所等支持、协助、便利的。"由此可以看出刑法先设置相关罪名,再推动配套的其他法律出台。

② 在个人信息保护方面,2009年《刑法修正案(七)》新增第二百五十三条之一:国家机关或者金融、电信、交通、教育、医疗等单位的工作人员,违反国家规定,将本单位在履行职责或者提供服务过程中获得的公民个人信息,出售或者非法提供给他人,情节严重的,处3年以下有期徒刑或者拘役,并处或者单处罚金。窃取或者以其他方法非法获取上述信息,情节严重的,依照前款的规定处罚。单位犯前两款罪的,对单位判处罚金,并对其直接负责的主管人员和其他直接责任人员,依照各该款的规定处罚。《民法典》第一千零三十二条:自然人享有隐私权。任何组织或者个人不得以刺探、侵扰、泄露、公开等方式侵害他人的隐私权。隐私是自然人的私人生活安宁和不愿为他人知晓的私密空间、私密活动、私密信息。第一千零三十四条:自然人的个人信息受法律保护。个人信息是以电子或者其他方式记录的能够单独或者与其他信息结合识别特定自然人的各种信息,包括自然人的姓名、出生日期、身份证件号码、生物识别信息、住址、电话号码、电子邮箱、健康信息、行踪信息等。个人信息中的私密信息,适用有关隐

但是,刑法的先行规制数据安全犯罪,也并未违反罪刑法定原则。在立法技术上,刑法法条都以"违反国家规定"作为前置条件,也是犯罪构成要件之一,由此也倒逼其他部门法尤其是行政管理方面的规范出台。[1]申言之,刑法的先行一方面是在数字经济时代对数据安全犯罪的充分打击,维护好社会秩序,为民法、行政法等其他法律部门的成熟发展提供良好的环境;另一方面,刑法通过修正案增设新罪或修法的方式,调度民法、行政法等其他法律的跟进,推动完善配套法律制度,形成联动协同的数字经济数据安全保护体系。

私权的规定;没有规定的,适用有关个人信息保护的规定。《个人信息保护法》第二条:自然人的个人信息受法律保护,任何组织、个人不得侵害自然人的个人信息权益。在数据安全保护方面,《刑法修正案(七)》新增第二百八十五条第二款:违反国家规定,侵入前款规定以外的计算机信息系统或者采用其他技术手段,获取该计算机信息系统中存储、处理或者传输的数据,或者对该计算机信息系统实施非法控制,情节严重的,处3年以下有期徒刑或者拘役,并处或者单处罚金;情节特别严重的,处3年以上7年以下有期徒刑,并处罚金。第三款:提供专门用于侵入、非法控制计算机信息系统的程序、工具,或者明知他人实施侵入、非法控制计算机信息系统的违法犯罪行为而为其提供程序、工具,情节严重的,依照前款的规定处罚。《网络安全法》第十条:建设、运营网络或者通过网络提供服务,应当依照法律、行政法规的规定和国家标准的强制性要求,采取技术措施和其他必要措施,保障网络安全、稳定运行,有效应对网络安全事件,防范网络违法犯罪活动,维护网络数据的完整性、保密性和可用性。《民法典》第一百二十七条:法律对数据、网络虚拟财产的保护有规定的,依照其规定。《数据安全法》第七条:国家保护个人、组织与数据有关的权益,鼓励数据依法合理有效利用,保障数据依法有序自由流动,促进以数据为关键要素的数字经济发展。

① 需要说明的是,在刑法规定这些罪名时,有时并不存在相关的"国家规定"。例如,2009年《刑法修正案(七)》规定"出售、非法提供公民个人信息罪"和"非法获取公民个人信息罪"的成立前提是"违反国家规定",但2009年我国并不存在符合《刑法》第九十六条的个人信息保护"国家规定"。因此,2015年《刑法修正案(九)》的"侵犯公民个人信息罪"规定了较为模糊的"违反国家有关规定",而2017年最高人民法院、最高人民检察院出台的《侵犯信息解释》第二条将其解释为"违反法律、行政法规、部门规章有关公民个人信息保护的规定的",即把"部门规章"也扩大解释为"国家规定"。虽然很多学者批评《侵犯信息解释》违反了罪刑法定原则,但可以肯定的是,正是上述两个《刑法修正案》设立了"国家规定"的前置法要求,倒逼民法与行政法完善了个人信息保护制度——《民法典》第四编第六章"隐私权和个人信息保护"和2021年的《个人信息保护法》。参见高艳东:《从惩罚法到调控法:数字经济领域刑法功能转型》,载《国家检察官学院学报》2024年第3期。

四、数字经济规制的刑法限缩

刑法作为刚性的法律，在奠定了基本秩序，保护了其他部门法的成长土壤之后，应当进行适当的限缩，提高构罪标准。不能一味地冲锋在前，而应交由民法、行政法等法律规范充分调整，避免形成刑法治理的工具化和依赖性。

但在司法实践中，往往由于司法机关依靠刑法和司法解释定罪量刑的惯性，以及统一裁判尺度，强化同案同判的基调。刑法在已经出现民法和行政法等法律规范调整公民个人信息、流量数据有法可依的情况下，仍然挺身在前，容易导致数字经济下数据安全保护的滥刑主义。① 因此，刑

---

① 一是对侵犯公民个人信息的行为刑法撤退。在《个人信息保护法》等法律尚未颁布之前，我国实行刑法先行的思路，率先规定了侵犯公民个人信息犯罪，并设定了严厉的惩罚措施。《侵犯信息解释》对该罪设置了较低的定罪门槛，如果机械按照"50 条或 5000 条即构罪"的条数标准，很多企业都涉嫌犯罪，如房地产公司经常将业主电话卖给装修公司，很多互联网公司也经常互相分享用户交易信息以便精准营销，类似违法行为常涉及海量数据。"50 条或 5000 条"的定罪门槛根本无法合理划定犯罪圈，行为人容易构成犯罪。根据《最高人民法院工作报告》，2021 年全国法院共审理侵犯公民个人信息罪案件 4098 起，同比上升 60.2%，大有追赶帮信罪的趋势。但是，由刑法承担保护公民个人信息的主要任务，显然与"刑法的核心任务是打击暴力犯罪"的原则相悖。在 2017 年《侵犯信息解释》制定之时，《个人信息保护法》尚未通过，保护公民个人信息的任务主要靠刑法。在公民个人信息泄露现象严重时，刑法先行打击侵犯公民个人信息的行为，有时代必要性。然而，2021 年生效的《个人信息保护法》设置了"五千万元以下或者上一年度营业额百分之五以下罚款"、吊销营业执照等严厉的行政处罚，还规定了人民检察院提起公益诉讼等制度。充分运用行政处罚、公益诉讼等措施已经可以有效保护公民个人信息，动用刑法的必要性就大大降低。换言之，在刑法有效调度了《个人信息保护法》之后，我国保护公民个人信息的模式应当由"以刑法为主"转向"以行政法为主"。对于企业侵犯公民个人信息的行为，原则上只进行行政处罚，只有在无法适用行政处罚时，如黑客在暗网倒卖个人信息，才宜按照犯罪处理。因此，《侵犯信息解释》应当及时修改，提高定罪门槛，增加"缴纳罚款并整改可免刑事责任"等出罪条件。二是对流量劫持、爬取数据等行为的刑法撤退。在 1997 年《刑法》规定"破坏计算机信息系统罪"、2009 年《刑法修正案（七）》设立"非法获取计算机信息系统数据罪"时，行政法等尚未规制流量劫持、爬取数据等行为，因此，将类似行为按照犯罪处理有时代合理性。但是，刑法这几个罪名推动了 2017 年《反不正当竞争法》增设了"互联网专条（第十二条）"，即对"插入链接、强制进行目标跳转"等"妨碍、破坏其他经营者合法提供的网络产品或者服务正常运行的行为"设置了最高 300 万元的罚款，在刑法调度《反不正当竞争法》介入数字经济领域后，对流量劫持、爬取数据就应当首先考虑行政处罚而非刑事定罪。参见高艳东：《从惩罚法到调控法：数字经济领域刑法功能转型》，载《国家检察官学院学报》2024 年第 3 期。

法在激活其他法律规范参与数字经济数据安全规制后，应当恰当限缩，适度后退，为民法和行政法等法律留下调整数字经济及数据的“安全距离”。

第三节　数字经济时代的刑法对其他法律的调节

在数字经济时代，刑法应当从传统的惩罚法转向调控法，即不需要刑法一味冲锋在前，打击数字经济尤其数据安全犯罪，需要刑法对民法、行政法等其他部门法进行适度调节。这里的调节即对民法、行政法等法律的缺陷进行弥补，对相关漏洞进行填充。

一、刑法弥补民法、行政法的缺陷

数字经济时代必然会产生许多新兴事物、新型权利，虽然在行政管理领域有“包容审慎监管”，即对新业态等制定或实行特殊规则或标准来监管，但往往存在一个观察期，甚至变相简单禁止。而民事领域，可能也存在司法机关对新兴或新型权利确认的难度，无法可依，难以裁判。①

---

① 以虚拟币为例，我国民法、行政法不承认比特币的权利属性。2017 年 9 月 4 日，中国人民银行等机构发布的《关于防范代币发行融资风险的公告》（以下简称《代币公告》）禁止虚拟货币交易，“‘虚拟货币’，本质上是一种未经批准非法公开融资的行为……不能也不应作为货币在市场上流通使用”。在行政法否定虚拟货币的合法性之后，民法也逐渐不承认虚拟货币的权利属性。在《代币公告》之后，我国一些法院不再受理比特币的民事纠纷。在江苏省常州市中级人民法（2021）苏 04 民终 4306 号“徐某与林某某民间借贷纠纷”案中，常州市中级人民法院认为：“相关部门已禁止金融机构、支付机构以及任何代币融资交易平台为比特币提供定价服务，即比特币作为一种虚拟财产缺乏合法经济评价标准。因此，案涉主张返还比特币的纠纷，不属于人民法院受理民事诉讼的范围。”但是，比特币在很多国家都有财产乃至货币属性。截至 2023 年，全球有超过 100 个国家（美国、德国、日本、澳大利亚等）承认比特币的财产属性。在数字经济领域，比特币已经形成了稳定的交易制度，用比特币还可以购买汽车等商品。显然，即使我国否认比特币的合法性，比特币的交易、纠纷与犯罪仍会大量存在。参见高艳东：《从惩罚法到调控法：数字经济领域刑法功能转型》，载《国家检察官学院学报》2024 年第 3 期。

由此,刑法应当弥补前述民法、行政法的缺陷,而不是直接回避。民法、行政法也许有退路,但刑法没有退路,否则就可能导致我国成为数字经济数据安全犯罪的洼地。刑法的调节在于不完全按照民法权利确认或行政法合法合规认定,而只是基于数字经济下数据安全保护的秩序维护,通过依据计算机信息系统犯罪或传统犯罪来评价打击相关行为。也就是说,刑法可以从秩序保护的需求出发,调节民法、行政法不保护的权益,弥补这些法律的缺陷。

二、刑法填充民法、行政法的漏洞

从填充漏洞的角度来看,即使没有前置法对数据权利的确认,刑法也可以出于秩序保护的需求来进行调整。比如,自然人和胎儿在民法和刑法中的保护就不一样。而在数字经济领域的数据安全方面,假设民法、刑法存在漏洞,而刑法则需要通过合理解释来弥补。因为在数字经济中,如果刑法未能弥补缺漏,而任由某些行为自行甚至恶意发展,就会产生不当的社会导向,最终有损数字经济数据安全的规制与保护。民法、行政法基于自身特性,往往只能调整自身范围内的事项,可能会产生一些缺陷或漏洞。而刑法应当从维护社会秩序出发,“于无声处响惊雷”,在不违反罪刑法定等原则的情况下妥善弥补民法、行政法的缺憾。

第四节　数字经济时代的刑法与行政机关的协同联动

刑法作为保障法,应当秉持既有的谦抑性,在有其他法律尤其是行政监管法律制度的治理时,则不应主动招揽。但目前我国数据安全犯罪方面主要依靠的是司法机关的打击与保护,其他相关行政部门的共同参与联动的频率不够、程度不深、联系不紧、联动不牢。虽然我国已经出台了《数据安全法》《网络安全法》等涉及行政监管的规范，但实践中行政机关所扮演的角色还有待强化。

一、强化行政监管是协同联动的前提

刑法的主要任务之一是打击暴力犯罪，而数字经济时代的数据安全犯罪则主要涉及侵财性犯罪。数据安全犯罪频发，刑法打击力度较大但效果一般，其中的原因之一可能是行政部门参与不够，未能与刑法形成“分工负责”的机制。较为典型的就是帮助信息网络犯罪活动罪，打击力度越大，犯罪越多，进入了两难悖论。因此不是刑法“不努力”，而是需要行政监管有更好的助力。目前，我国司法机关也与行政机关联合防范治理数据安全违法或犯罪行为，推动数据安全犯罪行为的溯源治理。

二、司法机关与行政机关共同治理的基础需要契合

打击犯罪不是刑法的单向冲锋，刑罚规制也不是司法机关一家的终极任务，即便在刑法中，也存在依托行政管理规制某些行为而不认为应当受到刑罚的情形。[①] 前文论述的计算机信息系统犯罪的构成要件之一便是“违反国家规定”，其实也就是通过刑法调试行政机关设置相应的“国家规定”。更为重要的是，刑法打击数据安全犯罪行为，能够窥探所涉及的本应由行政法监管的相关领域或行为，比如正是因为行政机关对银行卡、手机号、特殊软件等的监管不力，才为犯罪分子实施犯罪行为扫清了障碍或提供了便利。

---

① 《刑法》第三十七条：对于犯罪情节轻微不需要判处刑罚的，可以免予刑事处罚，但是可以根据案件的不同情况，予以训诫或者责令具结悔过、赔礼道歉、赔偿损失，或者由主管部门予以行政处罚或者行政处分。

第五章　数字经济图景下不同类型数据安全犯罪刑法规制及其区别

前文已经探讨了数据安全犯罪刑法规制的边界识别,刑法从惩罚法转型为调控法,先行引领,并激活其他部门法,加强协同治理。那么,基于数据安全犯罪的多重类型,刑法应当如何根据不同类型的特性和需求分类规制,这些将是本章节的核心问题。本章主要以数据安全犯罪的特质即犯罪对象、行为方式和犯罪领域等为依据进行类型化分类。第一种类型为对象型数据安全犯罪,也即常规的计算机信息系统犯罪,一是非法侵入计算机信息系统罪,[①]这里专门指的是特定领域,并且是行为犯,只要有非法侵入的行为而无须考虑危害后果即可构罪。二是非法获

---

① 《刑法》第二百八十五条第一款:“违反国家规定,侵入国家事务、国防建设、尖端科学技术领域的计算机信息系统的,处三年以下有期徒刑或者拘役。”

取计算机信息系统数据罪,[①]这里指的是在特定领域之外,匹配非法侵入的行为之后,尚不能直接构罪,需要非法获取计算机信息系统中存储、处理或传输的数据且情节严重的才能构成该罪。三是非法控制计算机信息系统罪,[②]即对特定领域之外的计算机信息系统在非法侵入后进行非法控制,且情节严重的,构成该罪。四是破坏计算机信息系统罪,[③]这是在我国1997年《刑法》中最早制定的关于计算机系统和数据犯罪的罪名,包括计算机信息系统功能,数据和应用程序,计算机系统等对象。五是拒不履行信息网络安全管理义务罪,[④]这是一种渎职性质的不作为犯罪,但对不作为义务这一消极事实的认定较为困难。因为之前对信息网络安全管理义务的规范是缺失的,这对于互联网企业尤其是头部企业而言,被赋予了更多的安全管理义务和责任,但与其技术水平和数据管理

---

① 《刑法》第二百八十五条第二款:"违反国家规定,侵入前款规定以外的计算机信息系统或者采用其他技术手段,获取该计算机信息系统中存储、处理或者传输的数据,或者对该计算机信息系统实施非法控制,情节严重的,处三年以下有期徒刑或者拘役,并处或者单处罚金;情节特别严重的,处三年以上七年以下有期徒刑,并处罚金。"

② 《刑法》第二百八十五条第二款:"违反国家规定,侵入前款规定以外的计算机信息系统或者采用其他技术手段,获取该计算机信息系统中存储、处理或者传输的数据,或者对该计算机信息系统实施非法控制,情节严重的,处三年以下有期徒刑或者拘役,并处或者单处罚金;情节特别严重的,处三年以上七年以下有期徒刑,并处罚金。"

③ 《刑法》第二百八十六条:"违反国家规定,对计算机信息系统功能进行删除、修改、增加、干扰,造成计算机信息系统不能正常运行,后果严重的,处五年以下有期徒刑或者拘役;后果特别严重的,处五年以上有期徒刑。违反国家规定,对计算机信息系统中存储、处理或者传输的数据和应用程序进行删除、修改、增加的操作,后果严重的,依照前款的规定处罚。故意制作、传播计算机病毒等破坏性程序,影响计算机系统正常运行,后果严重的,依照第一款的规定处罚。单位犯前三款罪的,对单位判处罚金,并对其直接负责的主管人员和其他直接责任人员,依照第一款的规定处罚。"

④ 《刑法》第二百八十六条之一:"网络服务提供者不履行法律、行政法规规定的信息网络安全管理义务,经监管部门责令采取改正措施而拒不改正,有下列情形之一的,处三年以下有期徒刑、拘役或者管制,并处或者单处罚金:(一)致使违法信息大量传播的;(二)致使用户信息泄露,造成严重后果的;(三)致使刑事案件证据灭失,情节严重的;(四)有其他严重情节的。单位犯前款罪的,对单位判处罚金,并对其直接负责的主管人员和其他直接责任人员,依照前款的规定处罚。有前两款行为,同时构成其他犯罪的,依照处罚较重的规定定罪处罚。"

水平也是相契合的。第二种类型是工具型数据安全犯罪,[①]这类工具型的数据犯罪,针对的犯罪客体或法益就是数据安全,只是借助数据的基础、方式等,实际是手段和目的的关系,包括提供侵入和非法控制计算机信息系统程序、工具罪,非法利用信息网络罪,帮助信息网络犯罪活动罪。第三种类型是扩张型数据安全犯罪,[②]即将计算机信息系统及数据

① 包括提供侵入和非法控制计算机信息系统程序、工具罪,非法利用信息网络罪,帮助信息网络犯罪活动罪。《刑法》第二百八十五条第三款:"提供专门用于侵入、非法控制计算机信息系统的程序、工具,或者明知他人实施侵入、非法控制计算机信息系统的违法犯罪行为而为其提供程序、工具,情节严重的,依照前款的规定处罚。"第二百八十七条:"利用计算机实施金融诈骗、盗窃、贪污、挪用公款、窃取国家秘密或者其他犯罪的,依照本法有关规定定罪处罚。"第二百八十七条之一:"利用信息网络实施下列行为之一,情节严重的,处三年以下有期徒刑或者拘役,并处或者单处罚金:(一)设立用于实施诈骗、传授犯罪方法、制作或者销售违禁物品、管制物品等违法犯罪活动的网站、通讯群组的;(二)发布有关制作或者销售毒品、枪支、淫秽物品等违禁物品、管制物品或者其他违法犯罪信息的;(三)为实施诈骗等违法犯罪活动发布信息的。单位犯前款罪的,对单位判处罚金,并对其直接负责的主管人员和其他直接责任人员,依照第一款的规定处罚。有前两款行为,同时构成其他犯罪的,依照处罚较重的规定定罪处罚。"第二百八十七条之二:"明知他人利用信息网络实施犯罪,为其犯罪提供互联网接入、服务器托管、网络存储、通讯传输等技术支持,或者提供广告推广、支付结算等帮助,情节严重的,处三年以下有期徒刑或者拘役,并处或者单处罚金。单位犯前款罪的,对单位判处罚金,并对其直接负责的主管人员和其他直接责任人员,依照第一款的规定处罚。有前两款行为,同时构成其他犯罪的,依照处罚较重的规定定罪处罚。"

② 包括公民个人信息犯罪、无线电通信秩序犯罪、网络虚假信息犯罪及恐怖主义犯罪活动罪、侵犯商业秘密罪等的规制来强化网络信息安全性,建立安全保护体系。另外,还有妨害药品管理罪和危险作业罪。《刑法》第二百五十三条之一:"违反国家有关规定,向他人出售或者提供公民个人信息,情节严重的,处三年以下有期徒刑或者拘役,并处或者单处罚金;情节特别严重的,处三年以上七年以下有期徒刑,并处罚金。违反国家有关规定,将在履行职责或者提供服务过程中获得的公民个人信息,出售或者提供给他人的,依照前款的规定从重处罚。窃取或者以其他方法非法获取公民个人信息的,依照第一款的规定处罚。单位犯前三款罪的,对单位判处罚金,并对其直接负责的主管人员和其他直接责任人员,依照各该款的规定处罚。"第二百八十八条:"违反国家规定,擅自设置、使用无线电台(站),或者擅自使用无线电频率,干扰无线电通讯秩序,情节严重的,处三年以下有期徒刑、拘役或者管制,并处或者单处罚金;情节特别严重的,处三年以上七年以下有期徒刑,并处罚金。单位犯前款罪的,对单位判处罚金,并对其直接负责的主管人员和其他直接责任人员,依照前款的规定处罚。"第二百九十一条之一第二款:"编造虚假的险情、疫情、灾情、警情,在信息网络或者其他媒体上传播,或者明知是上述虚假信息,故意在信息网络或者其他媒体上传播,严重扰乱社会秩序的,处三年以下有期徒刑、拘役或者管制;造成严重后果的,处三年以上七年以下有期徒刑。"第一百二十条之三:"以制作、散发宣扬恐怖主义、极端主义的图书、音频视频资料或者其他物品,或者通过讲授、发布信息等方式宣扬恐怖主义、极端主义,或者煽动实施恐怖活动的,处五年以下有期徒刑、拘役、

领域，结合相关行业的特性，扩张之，成为刑法规制计算机信息系统及数据在其他行业或领域的投射和反映，包括公民个人信息犯罪、无线电通信秩序犯罪、网络虚假信息犯罪及恐怖主义犯罪活动罪、侵犯商业秘密罪、妨害药品管理罪、危险作业罪等。第四种类型为新类型数据安全犯罪，主要是根据数字经济下的新技术、新业态、新平台的行为或范围，对其侵犯数据安全的犯罪进行规制。这些犯罪手段方式或行为区别于传统犯罪，但按照罪刑法定原则，往往只能以传统罪名对这些新类型犯罪进行定罪。另外，数据安全犯罪与其他犯罪也存在紧密联系和重要区别。比如，是否应当考虑将数据安全犯罪完全独立，与（利用）计算机犯罪是否存在边界，与财产犯罪尤其是虚拟财产的关系等，都将是本章节

管制或者剥夺政治权利，并处罚金；情节严重的，处五年以上有期徒刑，并处罚金或者没收财产。"2018年3月16日，最高人民法院、最高人民检察院、公安部、司法部《关于办理恐怖活动和极端主义犯罪案件适用法律若干问题的意见》一、（四）："实施下列行为之一，宣扬恐怖主义、极端主义或者煽动实施恐怖活动的，依照刑法第一百二十条之三的规定，以宣扬恐怖主义、极端主义、煽动实施恐怖活动罪定罪处罚……3.利用网站、网页、论坛、博客、微博客、网盘、即时通信、通讯群组、聊天室等网络平台、网络应用服务等登载、张贴、复制、发送、播放、演示载有恐怖主义、极端主义内容的图书、报刊、文稿、图片或者音频视频资料的；4.网站、网页、论坛、博客、微博客、网盘、即时通信、通讯群组，聊天室等网络平台、网络应用服务的建立、开办、经营、管理者，明知他人利用网络平台、网络应用服务散布、宣扬恐怖主义、极端主义内容，经相关行政主管部门处罚后仍允许或者放任他人发布的……"《刑法》第二百一十九条："有下列侵犯商业秘密行为之一，情节严重的，处三年以下有期徒刑，并处或者单处罚金；情节特别严重的，处三年以上十年以下有期徒刑，并处罚金：（一）以盗窃、贿赂、欺诈、胁迫、电子侵入或者其他不正当手段获取权利人的商业秘密的；（二）披露、使用或者允许他人使用以前项手段获取的权利人的商业秘密的；（三）违反保密义务或者违反权利人有关保守商业秘密的要求，披露、使用或者允许他人使用其所掌握的商业秘密的。明知前款所列行为，获取、披露、使用或者允许他人使用该商业秘密的，以侵犯商业秘密论。本条所称权利人，是指商业秘密的所有人和经商业秘密所有人许可的商业秘密使用人。"第二百一十九条之一："为境外的机构、组织、人员窃取、刺探、收买、非法提供商业秘密的，处五年以下有期徒刑，并处或者单处罚金；情节严重的，处五年以上有期徒刑，并处罚金。"第一百四十二条之一第一款："违反药品管理法规，有下列情形之一，足以严重危害人体健康的，处三年以下有期徒刑或者拘役，并处或者单处罚金；对人体健康造成严重危害或者有其他严重情节的，处三年以上七年以下有期徒刑，并处罚金……（三）药品申请注册中提供虚假的证明、数据、资料、样品或者采取其他欺骗手段的；……"第一百三十四条之一："在生产、作业中违反有关安全管理的规定，有下列情形之一，具有发生重大伤亡事故或者其他严重后果的现实危险的，处一年以下有期徒刑、拘役或者管制：（一）关闭、破坏直接关系生产安全的监控、报警、防护、救生设备、设施，或者篡改、隐瞒、销毁其相关数据、信息的……"

的讨论重点。

第一节 对象型数据安全犯罪(计算机信息系统犯罪)的刑法规制

所谓对象型数据安全犯罪,即我国《刑法》从第二百八十五条到第二百八十七条已经明确规定的计算机信息系统犯罪,也是我国在数字经济时代前后对数据安全犯罪进行规制的重要依据。这部分犯罪主要是直接以计算机或数据为犯罪对象,侵害计算机信息系统安全或数据安全。同时也融入了数字经济(如 1997 年《刑法》首次规定了破坏计算机信息系统罪,后续又逐步通过刑法修正案增设和修改了其他计算机犯罪)的特性和要求,以期更好地调整数据安全犯罪。

一、非法侵入计算机信息系统罪

随着数字技术和计算机网络的飞速发展,在给经济社会带来巨大便利的同时,也导致黑客技术的不断升级,造成对计算机信息系统的违法犯罪越发猖獗。尤其是针对特殊的、重要领域,如果被非法攻击或侵入,将可能在经济社会发展或国家安全方面带来严重的隐患和风险。因此,我国刑法专门针对此类犯罪活动,在维护国家事务、国防建设、尖端科学技术等领域增设了非法侵入计算机信息系统罪。

(一)非法侵入计算机信息系统罪的概念阐释及犯罪特点

1. 非法侵入计算机信息系统的概念

计算机信息系统是非法侵入计算机信息系统罪所保护的客体或对象,我国的行政法规早在该罪设定前的 1994 年明确其定义,国际社会也对其安全属性进行了规定。[①] 刑法在立法上将其认定为侵入特定领域的计算机信息系统。具体拆解该罪,“侵入”行为指的是无访问权限(包括非法获取访问权限、超越访问权限、访问权限到期等)访问相关计算机信息系统。同时,该罪设置的是法定的保护对象,即只有前述特定领域,除此之外不构成本罪。本罪还有一个行为前提,即“违反国家规定”,指的是违反国家关于保护计算机安全的规定。[②]

2. 非法侵入计算机信息系统的特征

本罪与数字计划和互联网计算的发展密切相关,是一种技术犯罪,因此也呈现技术方面的特征。

(1)犯罪手段智能化高

这也是技术的突飞猛进被犯罪分子不当利用的突出表现,让非法侵入的“成功率”越来越高。而且本罪与《刑法》第二百八十五条第二款的区别就在于涉及的是特定的重要领域,比其他领域的保护措施相对更加

---

① 1994 年 2 月 18 日,国务院颁布的《计算机信息系统安全保护条例》第二条对计算机信息系统的含义作出了规定,即“计算机信息系统,是指由计算机及其相关的和配套的设备、设施(含网络)构成的,按照一定的应用目标和规则对信息进行采集、加工、存储、传输、检索等处理的人机系统”。第四条:计算机信息系统的安全保护工作,重点维护国家事务、经济建设、国防建设、尖端科学技术等重要领域的计算机信息系统的安全。1996 年 2 月 1 日国务院发布了《计算机信息网络国际联网管理暂行规定》,这些法律法规的颁布实施标志着我国计算机信息系统安全保护正式走上法治化轨道。但我国立法一直没有将非法侵入计算机信息系统的行为规定为犯罪。随着计算机安全与犯罪问题日益严重,公安部在授权起草涉及计算机安全与犯罪问题的相关法条时,建议增设非法侵入计算机信息系统罪等计算机犯罪,将其纳入 1997 年《刑法》。而 1997 年《刑法》在该罪的范围设置时匹配了前述法律法规条例。对于计算机信息系统安全的含义,国际上将其定义为:“为数据处理系统建立和采取的技术管理的安全保护,保护计算机硬件、软件、数据不因偶然或恶意的原因而遭到破坏、更改、显露。”参见皮勇:《非法侵入计算机信息系统罪比较研究》,中国人民公安大学出版社 2005 年版,第 100 页。

② 非法侵入计算机信息系统中的“违反国家规定”,根据《刑法》第九十六条的规定,是指违反全国人民代表大会及其常务委员会制定的法律和决定,国务院制定的行政法规、规定的行政措施、发布的决定和命令。目前主要是指《计算机信息系统安全保护条例》(2011 年 1 月 8 日修订)、《互联网信息服务管理办法》(2024 年 12 月 6 日修订)、《商用密码管理条例》(2023 年 4 月 27 日修订)、《计算机信息网络国际联网安全保护管理办法》(2011 年 1 月 8 日修订)、《网络安全法》、《数据安全法》、《全国人民代表大会常务委员会关于维护互联网安全的决定》、《计算机信息网络国际联网管理暂行规定》等。

严密。本罪需要借助较高的计算机和互联网专业能力,这也导致对该犯罪技术手段打击难度较大。

(2)犯罪痕迹隐蔽性强

计算机信息系统结合互联网系统,呈现跨国界的特点,网络上的互通和无边界让其隐蔽性和可藏匿性大大增强。基于前述特点即要求本罪的行为人需要掌握较高的计算机或互联网技术,因此,行为人可以通过自身的技术擦除犯罪痕迹或利用技术手段开展隐蔽性强的犯罪。这样的隐蔽性也加大了本罪的侦破和认定难度。

(3)犯罪模式产业化全

本罪的犯罪成本较低,风险较小,仅需要一般的软硬件即能完成犯罪,时间通常较短,而侵入的方式通常不会让受害者及时发觉,这进一步助长了本罪的滋生。正是如此,本罪成为黑产网络犯罪的重要一环,并且极易分工合作,形成技术研发、犯罪实施、后勤支撑等唇齿相依的黑产犯罪团伙。同时基于高智能化的技术,犯罪手段高明,精心部署,让本罪体现精细专业的特质,并由此引发其他下游犯罪,最终形成全链条的"犯罪产业"。

(4)犯罪后果危害性大

在数字经济时代,绝大多数事件都和计算机信息系统及互联网相关联,尤其是关涉国家安全、国计民生等方面的重点领域,更是对计算机信息系统的全方位依托。如果计算机信息系统因此被非法侵入或遭受损害,将造成严重的不良社会影响和巨大损失。所以本罪第一款针对特定重要领域的规定属于行为犯,这正是基于此类行为后果严重、危害巨大的特点。

(二)非法侵入计算机信息系统罪的犯罪构成要件

1. 犯罪主体

(1)本罪系一般主体

本罪并不是特殊主体,即年满 16 周岁具备刑事责任能力的自然人就可构成。但与其他罪名不同的是,本罪具有智能化高的特点。要实施本罪需要具备一定的计算机信息系统和互联网技术,往往是年轻人才有这方面的基础和能力,因此本罪年轻化的趋势较为明显。

(2)单位是否构成本罪主体

本罪虽不是特殊主体,但单位能否构成本罪也是一个值得讨论的问题。是否构成单位犯罪必须罪刑法定。[①] 也就是说,能够认定为单位犯罪在于刑法的直接规定。本罪仅规定了自然人犯罪,并未规定单位可以构成本罪。但有学者认为,单位也可以构成本罪的主体。因为本罪的前提是"违反国家规定"[②],而刑法对此的认定仅限于全国人大及其常委会和国务院制定的相关规定。国务院制定的《计算机信息系统安全保护条例》明确规定了对计算机实施危害的任何主体都应受到处罚,[③]所以单位可以构成本罪的主体。但该条例系行政法规,全国的计算机信息系统安全保护主管部门系公安部,主要规定的是行政处罚,不属于刑事法律,在法律没有明确规定的情况下不能随意扩张解释,所以不能据此在刑事犯罪中定罪量刑。因此,单位可以构成非法侵入计算机信息系统的行政违法主体,目前不能成为本罪的犯罪主体。

客观来讲,实践中市场竞争激烈,单位可能派人侵入本罪规定的计算机信息系统,证明本公司比其他公司的安全保护软件更加安全,从而达到宣传和推销的目的。但目前针对该行为我国刑法仅能够处罚具体的自然人,而无法处罚单位。为此,有学者认为可以借鉴他山之石,规定

① 《刑法》第三十条:公司、企业、事业单位、机关、团体实施的危害社会的行为,法律规定为单位犯罪的,应当负刑事责任。第三十一条:单位犯罪的,对单位判处罚金,并对其直接负责的主管人员和其他直接责任人员判处刑罚。本法分则和其他法律另有规定的,依照规定。

② 《刑法》第九十六条:本法所称违反国家规定,是指违反全国人民代表大会及其常务委员会制定的法律和决定,国务院制定的行政法规、规定的行政措施、发布的决定和命令。

③ 《计算机信息系统安全保护条例》第七条:任何组织或者个人,不得利用计算机信息系统从事危害国家利益、集体利益和公民合法利益的活动,不得危害计算机信息系统的安全。

单位可以构成本罪，并进行处罚。①

(3)对构成本罪的外国人如何定罪处罚

计算机信息系统和互联网有一个特殊性，即不受时空地域的限制，可以在地球上任何一个地方对其他地方的计算机信息系统或互联网进行侵入或攻击。基于这个特性，许多计算机犯罪都是行为人在国外针对我国境内的计算机信息系统进行侵犯，那么这样的主体和行为是否由我国的刑法规制呢？本罪的犯罪对象是我国境内的国家事务、国防建设、尖端科学技术领域的计算机信息系统，按照属地管辖的原则应当适用我国刑法。② 也就是说，如果犯罪结果地在我国境内，那么可以适用我国刑法。而本罪的非法侵入行为所导致的损害结果几乎都发生在我国境内，则外国人即使在国外实施的犯罪行为，也应当构成本罪。同时，如果具有中国国籍的自然人在国外实施本罪的行为，也可以构成本罪，而国家工作人员和军人则应当构成本罪。

2. 犯罪主观方面

本罪的犯罪主观方面必须是直接故意，即明知自己是在非法侵入上

---

① 法国1994年生效的新刑法典专章“侵犯资料自动处理系统罪”对计算机犯罪作出了规定。根据其规定，计算机犯罪共有三种，其中侵入资料自动处理系统罪，即第323条规定：“对于非法进入或者不肯退出不具有访问权限的计算机信息系统的人，处1年监禁并处10万法郎罚金。如果造成严重后果的，属于本罪的加重情节，最高可达2年监禁和20万法郎的重大惩罚。”此外，对于法人实施非法侵入行为的，也有明确规定，“法人亦可构成本罪”，对法人的刑法可判处罚金。同时对自然人和法人犯该罪的，还可判处相应的资格刑。即附加刑的一种，常用于经济犯罪当中，对该罪而言，判处资格刑即禁止行为人从事与该罪相关的职业或者活动。参见高清峰：《论非法侵入计算机信息系统罪及其立法完善》，吉林大学2013年硕士学位论文，第5页。

② 《刑法》第六条：“凡在中华人民共和国领域内犯罪的，除法律有特别规定的以外，都适用本法。凡在中华人民共和国船舶或者航空器内犯罪的，也适用本法。犯罪的行为或者结果有一项发生在中华人民共和国领域内的，就认为是在中华人民共和国领域内犯罪。”第七条：“中华人民共和国公民在中华人民共和国领域外犯本法规定之罪的，适用本法，但是按本法规定的最高刑为三年以下有期徒刑的，可以不予追究。中华人民共和国国家工作人员和军人在中华人民共和国领域外犯本法规定之罪的，适用本法。”英国相关法律规定：“只要被侵入的计算机信息系统属于我国国内，就应当适用我国刑法。”避免实施侵入行为人因所在地问题带来的司法实践困境。

述三种领域的计算机信息系统。一般来讲,这三种领域的计算机信息系统关涉重大,通常会有较强的保护系统,一般人难以撼动这些"保护罩"或"防护膜",必须具备一定的计算机技术,所以通过疏忽大意、放任等方式一般是无法构成本罪的。

(1)犯罪目的

本罪的犯罪目的或动机在刑法条文上并未涉及,即不需要犯罪目的,与是否获得利益也无关系。比如,有些行为人只是出于猎奇心理,炫耀技术。同时本罪可能也具有工具性质,即行为人非法侵入只是第一步,后续还可能盗窃国家重要信息、破坏计算机信息系统,或者利用该系统实施诈骗或其他犯罪等。

(2)过失能否构成本罪

我国刑法认为本罪只能是故意的主观形态,不包含过失,[①]理由正是前述所说的本罪需要具备一定的计算机和互联网技术,一个不懂计算机的人想要过失触犯本罪几乎不可能。而且根据罪刑法定的原则,过失犯罪必须有法律规定,本罪条文并未有相应规定,因此过失无法构成本罪。

3. 犯罪客体

本罪所侵犯的客体是三种重要领域的计算机信息系统的安全。随着计算机信息技术和互联网技术的飞速发展,计算机给各行各业带来了巨大的便利,包括这三种领域内的相关数据和信息都可以储存到计算机,也可以由有权人员依法访问并开展工作。但这些方面的数据安全也成为重点建设的难题,尤其是这三个重要领域。

从犯罪对象上来讲,法条明确规定了国家事务、国防建设、尖端科学技术三个领域的计算机信息系统,但这三个领域的内涵和边界及标准则

---

① 《刑法》第十四条:"明知自己的行为会发生危害社会的结果,并且希望或者放任这种结果发生,因而构成犯罪的,是故意犯罪。故意犯罪,应当负刑事责任。"第十五条:"应当预见自己的行为可能发生危害社会的结果,因为疏忽大意而没有预见,或者已经预见而轻信能够避免,以致发生这种结果的,是过失犯罪。过失犯罪,法律有规定的才负刑事责任。"

需要进一步的明晰,①否则容易引起司法实践中的适用混乱。

4. 犯罪客观方面

客观方面即行为人具体的行为表达方式,从罪名来看,“非法”和“侵入”是两个重要的行为动作。根据前文分析,违反国家规定,是指违反全国人民代表大会及其常务委员会制定的法律和决定,国务院制定的行政法规、规定的行政措施、发布的决定和命令。如果行为人违反了这些国家规定,就是非法②,侵入这三个领域的计算机信息系统即构成本罪的客观方面的要件。

而“侵入”的方式则有不同的呈现,一种是假冒有权限的身份,一种

---

① 目前,我国刑法用列举式的方式将三类重要领域的计算机信息系统限定为刑事打击的范围。分别是涉及国家事务、国防建设、尖端科学技术领域,而对这三大类的计算机信息系统的外延和内涵没有作出进一步的解释,司法实践中一般是从字面意义上对其进行理解。“国家事务”理解为关乎整个国家利益的如用于处理好存储国家层面的重大事项信息的计算机信息系统;“国防建设”理解为军事部门用于存储和处理军事方面的秘密信息的计算机信息系统;“尖端科学技术领域”理解为国家最高级别的科研机构如国家科委等部门确定研究世界领先水平的某类项目所涉及的计算机信息系统。这三类计算机信息系统的安全问题有可能关系到整个国家的安危,所以对其要加以特定保护,以该罪论处。侵入这三类以外的其他的计算机系统的,构成刑事犯罪以其他犯罪论处。而综观各国刑事立法主要有两种模式:一种是和我国一样的将犯罪对象以列举的方式载明,如澳大利亚犯罪法就明确规定只有与“澳大利亚的安全、防务或者国际关系;与联邦、州或者区刑法执行过程中机密消息来源有关的存在和身份;联邦州或者区的执法、保护公共安全;他人隐私;贸易机密;金融机构的档案;泄露可能给他人带来利益或者损失的商业消息”的计算机信息系统才属于侵入的犯罪对象。另一种是区别式的将非法侵入不同计算机信息系统规定为不同的犯罪。如美国《联邦法典》第18篇第47章第1030条对于非法侵入计算机信息系统罪的犯罪对象没有明确地加以限定,但是从侧面规定了不同侵入对象而规定了不同侵入行为构成犯罪的程度。如规定了未经许可访问一台计算机,借此进行秘密或者类似信息的欺诈性交易,如果此项交易影响州际或者国际贸易,或者此类计算机为美国政府所使用,或者为其服务;任何因涉及州际或者国际通信而被保护的计算机中的信息等五项内容。参见赵秉志:《计算机犯罪比较研究》,法律出版社2004年版,第225页。转引自李娟:《论非法侵入计算机信息系统罪》,南昌大学2016年硕士学位论文,第6~7页。

② 1996年《刑法(修订草案)》第二百五十四条首次对该罪作出规定:违法规定,侵入国家事务、国防建设、尖端科学技术领域的计算机信息系统的,处3年以下有期徒刑或者拘役,可以并处或者单处罚金。同年12月20日该草案第二百五十九条将“违反规定”修改为“违反国家规定”,虽历经修改,但仅调整了法定刑,未曾修改该罪的犯罪客观方面。这也是该罪“非法”的来源,就是指违反国家颁布的各项保障计算机信息系统安全的法律法规。外国法律对“非法”一词规定了较为准确的含义,并且较为明确地规定了一些除外性规定,如英国的计算机犯罪法则明确规定了任何人以任何方法访问储存于计算机中的任何数据或者程序视为非法的,包括两种情况:一是本人没有控制正在受嫌疑的访问程序或者数据的方法及权利;二是本人没有取得有此权利而亲自采用正在受嫌疑的访问程序或者数据的方法。参见赵秉志:《计算机犯罪比较研究》,法律出版社2004年版,第213页。

是直接的技术性攻击，还有一种是从“后门”或“活门”①进入。但这些都是犯罪客观方面具体的表现方式。另外，从犯罪形态来讲，本罪也存在是否未遂的争议。是否既遂的标准应当理解为侵入的行为是否突破了安全保护机制，如果行为人通过前述各种方式实施“侵入”的过程，但尚未突破计算机信息系统的安全保护机制，该形态就属于未遂，否则只要越过安全保护的底线，就完成既遂。

（三）非法侵入计算机信息系统罪的司法实践样态

广东某考试院被非法侵入计算机信息系统案，②争议焦点在于嫌疑

① “后门”程序又称特洛伊木马，其用途在于潜伏在电脑中，从事搜集信息或便于黑客进入的动作。后门程序和电脑病毒最大的差别，在于后门程序不一定有自我复制的动作，也就是后门程序不一定会“感染”其他电脑。其一般是指软件开发者开发软件时为了以后系统的维护而设置的一个隐藏或伪装的系统入库。如一个操作系统的口令机构可能存在这样一个后门，它允许一定系列的控制字符可以访问经理的账号，当这个后门被发现，就可能被他人恶意利用。而“活门”也叫陷阱门，是指为了调试系统或者为了处理计算机内部意外事件而预先设计的自动转移条件。一般只有软件开发者才知道，通常情况下调试完系统以后，就会关闭这个活门，但是现实中存在忘记关闭的情况，就可能被他人发现而通过此进入系统。参见赵秉志：《计算机犯罪比较研究》，法律出版社2004年版，第220页。

② 2020年3月初，犯罪嫌疑人李某在北京市昌平区通过电脑登录广东某考试院官网报名联合招生考试时发现该网站存在漏洞，随后其通过URL、Python编写程序侵入广东某考试院联招系统网站，下载考生照片3900多张。2020年9月4日至6日，犯罪嫌疑人李某又通过该网站漏洞重置了1822名考生的账号密码，获取了考生的报名信息、考试成绩和录取信息等资料。2020年9月7日，广东某考生院接到大量考生反映情况，称在没有任何操作的情况下收到重置密码的邮件，该院立即检查网站系统发现被黑客入侵，遂向公安机关报案。2020年9月11日，广州市公安局天河区分局办案民警在北京市昌平区将犯罪嫌疑人李某抓获归案。经审讯，李某对入侵网站行为供认不讳。天河区人民检察院认为李某的行为属于非法侵入计算机信息系统，涉嫌非法侵入计算机信息系统罪，依照《刑事诉讼法》第一百六十二条之规定，将此案移送审查起诉。辩护人对公诉机关指控的犯罪事实无异议，对被告人李某被指控的罪名无异议，提出被告人李某有认罪认罚情节，依法可予以从轻处罚，建议人民法院依法予以从轻处罚。天河区人民法院认为被告人李某违反国家规定，侵入国家事务领域的计算机信息系统，其行为已构成非法侵入计算机信息系统罪。对于该案中被告人李某侵入的广东某考试院联合招生系统是否属于“国家事务”计算机信息系统的认定，由广州市公安局网警支队请示广东省公安厅网警总队，网警总队出具了《关于广东某考试院联合招生系统性质认定的批复》认定该系统属于国家事务类计算机信息系统。天河区人民法院依照《刑法》第二百八十五条第一款、第六十七条第三款、第六十四条的规定，判决被告人李某非法侵入计算机信息系统罪，判处有期徒刑8个月。参见苏坤、刘劲松：《非法侵入计算机信息系统罪的法律适用问题探究》，载《公安研究》2022年第5期。

人侵入的广东某考试院联合招生系统是否属于“国家事务”计算机信息系统，之所以有这样的争议，是因为本罪犯罪客体的界定和范围不够准确。另外，韦某非法侵入计算机信息系统案，[①]控辩双方同样对“广东某市场交易系统”是否属于国家事务方面的计算机信息系统产生了巨大的分歧。因为目前刑法和司法解释都没有对“国家事务”进行诠释，从而只能由司法解释确认委托省级以上负责计算机信息系统安全保护管理工作的部门检验。这种方式让本应由司法处理的事项变成了由专业机构检验并出具意见，在司法实践中对认定本罪的客体产生了较大的困惑。

（四）域外非法侵入计算机信息系统罪的相关制度

1. 美国

本罪是由于计算机技术的发展而专门设立的，美国的计算机和互联

---

① 2011年8月至2018年11月，韦某在分别就职于广东某发电、供电、新能源科技公司期间在广东某市场交易系统注册了两个账号使用。2017年11月至2019年1月，韦某在上述公司任职期间及离职后，使用上述账号登录广东某市场交易系统多次通过非法URL链接侵入该系统，下载全部市场主体的报价申报等非公开数据。2017年11月9日，广东某行业有限责任公司报案称其市场交易系统数据遭泄露。广州市公安局越秀区分局办案民警于2019年1月21日将犯罪嫌疑人韦某抓获，并在其住处当场缴获手机、电脑等作案工具。越秀区人民检察院认为韦某侵入国家事务的计算机信息系统，应当以非法侵入计算机信息系统罪追究其刑事责任。辩护人认为指控被告人韦某构成非法侵入计算机信息系统罪的事实不清、证据不足，“广东某市场交易系统”不应认定为国家事务类计算机信息系统。最高人民法院、最高人民检察院《关于办理危害计算机信息系统安全刑事案件应用法律若干问题的解释》第十条规定，对于是否属于《刑法》第二百八十五条、第二百八十六条规定的“国家事务、国防建设、尖端科学技术领域的计算机信息系统”难以确定的，应当委托省级以上负责计算机信息系统安全保护管理工作的部门检验。司法机关根据检验结论，并结合案件具体情况认定。该案中，越秀区人民检察院出示了一系列材料证实广东某市场交易系统的设立情况、性质等，并出具了信息系统安全等级保护备案证明，证实依据《信息安全等级保护管理办法》的有关规定，广东省公安厅于2016年10月20日对广东某行业有限公司的第3级市场交易系统予以备案。广东省公安厅网警总队于2019年1月23日批复证实：经鉴定，广东某市场交易系统属于国家事务类计算机信息系统。越秀区人民法院综合考虑被告人韦某的犯罪事实、情节和危害后果等，依照《刑法》第二百八十五条第一款、第六十四条和最高人民法院、最高人民检察院《关于办理危害计算机信息系统安全刑事案件应用法律若干问题的解释》第十条之规定，判决被告人韦某犯非法侵入计算机信息系统罪，判处有期徒刑2年。参见苏坤、刘劲松：《非法侵入计算机信息系统罪的法律适用问题探究》，载《公安研究》2022年第5期。

网技术起源较早、发展较快，导致计算机犯罪也越发猖獗，但美国联邦和州的立法都对此进行了规制。① 无论是联邦立法还是州立法都对计算机犯罪的刑法表述比较明确具体，如对"访问""计算机系统"等名词或行为进行了详细说明和指引。同时基于法律条文对相关概念进行了明确的解释，法律对犯罪客体的保护也较为宽泛，囊括了诸如"计算机""计算机系统"等存在差异的内容。另外，从犯罪主观方面来看，只要是故意侵入，即使是非恶意也应当受到制裁。

在量刑处罚上，因为本罪是行为犯，只要非法侵入即可构罪。即使行为人非法侵入只是第一步，目的是为后续犯罪做准备。但定本罪时往往行为人还没有来得及进行下一步犯罪，因此从危害程度来讲本罪的危害程度比起其他计算机类犯罪相对较小，所以本罪处罚较轻，这点和我国也是一致的。

2. 日本

日本涉及的计算机犯罪立法也比较完善。与美国类似，计算机信息技术和互联网技术的飞速发展，在给日本社会带来巨大的方便快捷的同时，也带来了计算机犯罪的冲击。日本的相关立法较早，也比较全面，对

---

① 针对计算机犯罪问题，美国联邦政府及国会先后颁布了《1985 年计算机使用法》《1988 年计算机系统保护法》《1995 年计算机信息安全法》《1996 年国家信息基础设施保护法》《2001 年爱国者法》《2002 年国土安全法》等多部法律。与联邦立法不同，现在拥有计算机犯罪成文法的每一个州都包括了这项犯罪，最早的计算机犯罪成文法于 1978 年出现在佛罗里达州。在这部法律中，明确规定"任何人明知、故意、未经授权访问，或引起访问计算机、计算机系统、计算机网络；任何人明知、故意、未经授权拒绝或引起拒绝计算机系统向计算机所有者和用户提供服务"的行为构成侵犯计算机用户罪，作为三级重罪处理。亚利桑那州是继佛罗里达州之后第二个制定计算机犯罪成文法的州，依照该州法律，故意并未经授权访问计算机、计算机系统、计算机网络或者计算机软件、程序、数据的行为与故意并未授权修改、损害、破坏行为一样，构成第二类的计算机欺诈罪，但在量刑上轻重不一。参见周光斌：《计算机犯罪与信息安全在国外》，载《中国信息化法制建设研讨会论文集》(1997 年)；高清峰：《论非法侵入计算机信息系统罪及其立法完善》，吉林大学 2013 年硕士学位论文，第 16 页。

实体和程序方面都进行了专门规定。[①] 相对体系化的立法有利于日本打击计算机和网络犯罪，这对于我国完善本罪的立法制度并形成长效机制有着重要的参考作用。

（五）非法侵入计算机信息系统罪的问题

本罪在我国1997年《刑法》中已经设立，近30年来也经过一定的修改。随着经济社会的发展尤其是计算机技术的突飞猛进，本罪也出现了立法、司法方面的一些问题。

1. 犯罪对象限缩过度

在犯罪对象上，我国目前的刑法只是认定了国家事务、国防建设和尖端科学技术三种领域，这也意味着只有这三个领域内的犯罪才会构成本罪，这也是罪刑法定原则的要求。但随着经济社会的快速发展，尤其是计算机和互联网技术的腾飞及迭代式进步，涌现了许多其他领域诸如

---

① 1986年5月日本国会就通过了有关计算机程序登记的特别法律。日本还专门成立了警视厅"计算机安全对策研究会"，提出来研究报告《关于情报设施安全对策指针》等相关法律文件，专门用于处理计算机犯罪中有关情报设施的犯罪。此外，日本也起草了《信息化社会基本法》，其中包括计算机自身系统事故应对，预防计算机犯罪的措施，以及计算机信息和数据的保护等内容。而且，为了应对不断出现的各种新型计算机犯罪案件，日本还颁布了《计算机安全处罚条例》。日本与计算机犯罪相关的法律法规主要有：《刑法》《未经授权进入计算机法》《无线电通信法》《电信事务法案》《犯罪程序法案》等。在实体法方面，日本刑法对于计算机犯罪进行了专章规定，对于有关计算机犯罪的类型、认定处罚等都作出了具体的规定。除《刑法》外，日本其他法律也对计算机犯罪有所涉及：其中对于未经授权进入计算机犯罪，单独制定了单行刑法《未经授权进入计算机法》。该法第一条规定：该法的目的是，通过防止未经授权的计算机入侵以及通过制定针对上述行为且被首都或地方公共安全委员会接受的、为防止上述行为再次发生的刑事条款和辅助措施，防止经电信线路进行的计算机犯罪，维护有入侵控制功能实现的电信相关程序，从而促进高级信息和电信社团的健全发展。第二条规定了"准入管理员"的定义和作用。第三条规定未经授权，任何人不得进入计算机，而且对未经授权进入计算机的行为作出具体解释，如通过通信线路、他人验证码进入特定用途计算机的行为，通过通信线路、任何信息（不包括验证码）或者其他命令进入特定用途的计算机的行为。第四条规定了禁止协助未经授权进入计算机的行为，任何人不得把与进入控制功能相关的用于特定用途的特定计算机的他人验证码提供给非准入管理员及非此验证码授权用户的第三方或在他人要求下提供验证码，除非此行为由准入控制管理员进行或者在准入管理员或授权用户的准许下进行。第九条规定了违反第四条规定的人应处以30万日元以下的罚金。此处的准入管理员是指被计算机系统赋予进入该系统某一和全部领域权限的人，准入管理员职责是根据系统赋予的权限，进入获取或者调阅该系统所保存和传输的信息，自主处理系统内部出现的问题。参见[日]板仓宏：《电脑与刑法》，载《法学论坛》1982年第7期。转引自高清峰：《论非法侵入计算机信息系统罪及其立法完善》，吉林大学2013年硕士学位论文，第19~20页。

金融、医疗、交通、通信、人工智能等重点领域，这些领域也关涉国家、社会和百姓的切身利益，同样也需要刑法的保护。社会生活是复杂的，也许在本罪最初设定时立法上已经考虑得比较全面，但法律是稳定而滞后的，现在已经不足以保护其他重要领域，若不扩展领域而仅仅靠解释、推论，对于司法适用来讲反而有负向作用。

2. 犯罪客体明晰不够

本罪的犯罪客体限于三个领域的计算机信息系统，相较于国防建设和尖端科学技术的标准和界定较为明确外，国家事务的内涵和外延则范围较广、标准不清，容易成为广义解释的兜底范围。根据相关司法解释，如果出现分歧和争议，只能委托省级以上负责计算机信息系统安全保护管理工作的部门进行认定，但这些部门往往是行政机关，其也许在计算机信息系统安全保护管理方面是专业和擅长的，但是否属于国家事务的问题并不必然与计算机信息系统有关，是两个层面的问题。由此导致司法适用上的困惑甚至混乱。

3. 法定量刑惩处不足

本罪的最高法定刑仅是 3 年以下有期徒刑或拘役，惩处力度不大，与本罪的社会危害性不相匹配。根据罪刑相适应的原则，似乎有“重罪轻刑”之嫌。所以，犯罪成本较低，不利于威慑此类犯罪行为。另外，本罪的动机往往涉及金钱利益，但是本罪没有规定财产性，不利于打击此类犯罪。

（六）非法侵入计算机信息系统罪的完善建议

1. 适当扩张犯罪对象

本罪的传统领域已经受到了计算机和互联网技术的扩张，为更全面立体地保护非法侵入计算机信息系统的对象，应当进一步扩大保护范围，将其他重要领域及新兴重要领域纳入其中。除列举式以外，还可以考虑通过“社会公共利益”来进行兜底。

2. 明确细化犯罪客体

本罪中有着较大争议的是“国家事务”的认定，国家事务外延太过广泛,甚至成为一个“口袋”,不利于分清是非,精准打击非法侵入计算机信息系统的行为。因此,有必要对“国家事务”的具体含义、范围、认定规则等内容进行细化规定,避免无法适用或者牵强适用。

3. 逐步提高法定量刑

本罪最高法定刑为3年以下有期徒刑或拘役,没有财产刑。相较于本罪存在的巨大危害,以及与其他计算机犯罪相比,本罪量刑较低,甚至因为3年以下不排除适用缓刑的情形。这对非法侵入行为的威慑和打击有所减弱,建议增加一个法定刑档次,比如3年以上7年以下有期徒刑等。同时课以财产刑,与非法所得相连接,处以非法所得相应倍数的罚金。另外,还可以增加资格刑,因为行为人一般是精通计算机和互联网技术的人,对其处以相关行业的禁入资格,有助于从源头上防控。

二、非法获取计算机信息系统数据罪

本罪系非法侵入计算机信息系统罪的第二款,主要从非法获取计算机信息系统数据的角度来规制。[①] 在具体认定时,主要是从身份认证信息的数量、违法所得、经济损失等方面来明确。但这样的认定标准是否

① 本罪在2009年《刑法修正案(七)》中首次设立,即第二百八十五条第二款:“违反国家规定,侵入前款规定以外的计算机信息系统或者采用其他技术手段,获取该计算机信息系统中存储、处理或者传输的数据……情节严重的,处三年以下有期徒刑或者拘役,并处或者单处罚金;情节特别严重的,处三年以上七年以下有期徒刑,并处罚金。”在2015年的《刑法修正案(九)》中规定了单位犯罪,即第四款:单位犯前三款罪的,对单位判处罚金,并对其直接负责的主管人员和其他直接责任人员,依照各该款的规定处罚。同时,2011年最高人民法院、最高人民检察院出台了《关于办理危害计算机信息系统安全刑事案件应用法律若干问题的解释》,第一条第一、二款:“非法获取计算机信息系统数据或者……,具有下列情形之一的,应当认定为刑法第二百八十五条第二款规定的‘情节严重’:(一)获取支付结算、证券交易、期货交易等网络金融服务的身份认证信息十组以上的;(二)获取第(一)项以外的身份认证信息五百组以上的……(四)违法所得五千元以上或者造成经济损失一万元以上的;(五)其他情节严重的情形。实施前款规定行为,具有下列情形之一的,应当认定为刑法第二百八十五条第二款规定的‘情节特别严重’:(一)数量或者数额达到前款第(一)项至第(四)项规定标准五倍以上的;(二)其他情节特别严重的情形。”第十一条第二款:“本解释所称‘身份认证信息’,是指用于确认用户在计算机信息系统上操作权限的数据,包括账号、口令、密码、数字证书等。”

符合现在数字经济时代数据安全保护的要求,能否全面深入地保护计算机信息系统数据,则需要进一步对本罪进行剖析,力求完善。

(一)概念与特征

本罪与《刑法》第二百八十五条第一款的非法侵入计算机信息系统罪有相同的基础,即“违反国家规定”,但涉及的领域是除第一款以外的其他领域。行为方式是非法侵入或以其他技术手段获取计算机信息系统中存储、处理或传输的数据,且情节严重的情形。

本罪主要有以下几个特征:一是危害范围广、后果严重。计算机犯罪有一个共性即地域性不像传统犯罪那样相对容易把握,由此也带来刑事管辖权的争议,甚至可能是全球性的管辖权争议。相关数据被非法获取后很可能被泄露、出售、非法利用等,而这些数据又涉及某些重要信息,后果非常严重。二是违法所得较高,损失难以估量。虽然根据《关于办理危害计算机信息系统安全刑事案件应用法律若干问题的解释》按违法所得的入罪标准仅需要 5000 元以上或经济损失 10,000 元以上,但实际上这些行为人几乎是计算机或互联网水平较为高超的人员,从其被雇佣的报酬或所获的违法所得来看,通常高于 5000 元。但所造成的经济损失则不易计算,因为这些犯罪对象作为数据和信息,难以用传统方式估值,而从虚拟财产的角度来看,也会造成整个社会的损失。三是行为方式多样,即只要通过非法侵入或其他技术手段方式就可符合,而其他技术手段则只是笼统的规定,现实中根据技术的发展变化,可能会产生多重难以提前估量的行为手段,这也对本罪的预防和打击提出了更高的要求。

(二)犯罪构成要件

1. 犯罪客体

根据刑法的条文解释,本罪侵犯的犯罪对象是计算机信息系统和计算机信息系统内存储、处理或者传输的数据。

（1）计算机信息系统

我国刑法并未对“计算机信息系统”进行专门规定，因此有必要结合其他法律法规、司法解释等来明确。[①] 同时也存在“计算机信息系统”与“计算机系统”两个概念的融合。根据前述规定，计算机信息系统的功能是自动处理数据，而不仅仅是存储等功能。同时计算机信息系统能够与人交互，人可以通过一定的软硬件向计算机传递指令而使计算机反馈数据和信息。另外，计算机信息系统应当具备网络连接功能，此处需要注意不能联网与没有联网的区别。一旦具备了联网功能，就可能会引发系统中的数据和信息安全问题，而单机则不具备这些功能，不需要以本罪来规制。

（2）计算机信息系统内存储、处理或者传输的数据

我国相关法律规范也对数据进行了规定，主要是从载体、形式、内容、目的等方面进行明确，[②]虽然目前没有一个各界都具有共识性的准确定义，但在本章的范畴内，基于数字经济及刑法规制的框架，本章对数据的含义界定如下。数据指的是，以电子或其他方式为载体，目的是反映客观事物的属性、相互关系等，并能够为人类所存储、传输和处理的信

---

① 1994年国务院《计算机信息系统安全保护条例》第二条：“本条例所称的计算机信息系统，是指由计算机及其相关的和配套的设备、设施（含网络）构成的，按照一定的应用目标和规则对信息进行采集、加工、存储、传输、检索等处理的人机系统。”《关于办理危害计算机信息系统安全刑事案件应用法律若干问题的解释》第十一条第一款：“本解释所称‘计算机信息系统’和‘计算机系统’，是指具备自动处理数据功能的系统，包括计算机、网络设备、通信设备、自动化控制设备等。”《计算机信息系统安全保护条例》第五条第二款：未联网的微型计算机的安全保护办法，另行制定。《网络安全法》第七十六条第一项：网络、是指由计算机或者其他信息终端及相关设备组成的按照一定的规则和程序对信息进行收集、存储、传输、交换、处理的系统。

② 在我国的法律规范文件中，也对该文件所调整范围内的数据给出了不同的定义。例如，《数据安全法》第三条规定，数据是指任何以电子或者其他方式对信息的记录。该法是从数据的载体依附性（以电子或者其他方式）和与信息的关系（对信息的记录）来界定数据概念的。《网络安全法》第七十六条第四项规定，网络数据是指通过网络收集、存储、传输、处理和产生的各种电子数据。行业部门的法律规范文件，对其行业数据的定义方法也不相同。我国《科学数据管理办法》第二条规定，科学数据主要包括在自然科学、工程技术科学等领域，通过基础研究、应用研究、试验开发等产生的数据，以及通过观测监测、考察调查、检验检测等方式取得并用于科学研究活动的原始数据及其衍生数据。《中国人民银行业务领域数据安全管理办法》第二条第三款规定：本法所称中国人民银行业务领域数据，指中国人民银行业务领域内产生和收集的不涉及国家秘密的网络数据。参见王铼等：《数据权的刑法保护》，经济管理出版社2024年版，第5页。

息。基于本章的数据定义,回溯到本罪中的犯罪对象,表现出本罪的数据应当具有一定的经济价值,否则也没有保护的必要。同时该数据也应当具有保密性,但对应的公开数据,则不是本罪的对象。

2. 犯罪的客观方面

本罪的客观方面存在两种情形,一种是非法侵入,另一种是其他技术手段,由于非法侵入计算机信息系统罪也存在非法侵入的犯罪构成客观方面,此处不再赘述,主要分析以其他技术手段获取数据的行为。

(1)"其他技术手段"的理解

此处的"其他技术手段"与"侵入"相对,即除此之外的兜底手段。

第一,"钓鱼"网站。"钓鱼"网站假冒正规网站,让受害人难以分辨,只要在这些"钓鱼"网站输入个人的数据或信息,如账号、密码等,这些数据就会被网页制作者获取,即不须"侵入"即可以获得身份认证信息。如徐某某利用"钓鱼"网站链接非法盗取他人游戏装备、游戏币一案,[①]就是被告人通过虚构事实、隐瞒真相的方式非法获取他人的计算机信息系统上的数据,实质就是一种诈骗行为。这种技术手段虽然没有直接侵入受害人的计算机信息系统,但客观上获取了相应数据,情节严重的话,应当受到刑事处罚。

第二,撞库。所谓"撞库",是网络上的一个专门技术用语,指的是通过网络上已经被掌握的账号和密码,通过对其他网站的穷尽式比对分析,而非法获取受害人的相关数据。这样的方式具有不法性,应当属于本罪的"采用其他技术手段"。"撞库"软件技术门槛不高,容易研发或购买、租用,同时已泄露的身份认证信息也容易获得或购买,二者一结

① 2017年8月至2018年5月,被告人徐某某利用"钓鱼"网站链接,非法盗窃他人大量的QQ账户、密码,并利用这些账号盗取其所对应的某网络游戏中的游戏装备、游戏币等,或通过微信购买他人盗取的QQ账号、密码,滨某将QQ账户、密码以及盗窃所得的游戏装备、游戏币销售给张某某、梁某某等人进行牟利,先后收取人民币20万元以上。参见浙江省温州市中级人民法院刑事判决书,(2019)浙03刑终250号。转引自邱乐遥:《非法获取计算机信息系统数据罪教义学分析》,华东师范大学2024年硕士学位论文,第57页。

合,容易提高“撞库”的成功概率。①

第三,流量劫持。该行为指的是通过某种技术手段让网络用户不得不或不自知地点击访问其不愿访问的网站,造成用户网络流量损失、隐私信息泄露或个人数据被篡改等后果。在被告人陈某某域名劫持一案中,②行为人通过技术手段的加持,将本属于百度的流量数据及相应费用非法获取,构成非法获取计算机信息系统数据罪。

(2)“获取”的理解

关于“获取”的含义,学界有不同的理解。③ 但最终都落脚到数据,

① 例如,被告人叶某等人,通过“撞库”扫号的方式,将正确的账号及密码数据筛选、破译出来,非法获取QQ账号及密码数十万条。又如,被告人汪某某在其家中,使用专门用于侵入计算机系统的程序以及包含大量用户账号密码的样本数据,对北京某互联网公司的计算机系统实施“撞库”攻击,非法获取了该公司储存的用户身份认证信息177万余组。参见徐州市贾汪区人民法院刑事判决书,(2019)苏0305刑初322号;北京市海淀区人民法院刑事判决书,(2019)京0108刑初1843号。转引自冯依娴:《非法获取计算机信息系统数据罪的刑法适用研究》,广东财经大学2023年硕士学位论文,第19页。

② 2014年下半年,被告人陈某某获悉可以通过流量劫持的方式从事推广业务获利,遂与湖南移动公司的被告人王某共谋,决定在该移动公司的机房内架设服务器,并复制公司服务器中的端口数据。为了取得复制数据所必需的授权许可,王某找到在该移动公司工作的被告人谢某,谢某在明知其具有违法目的,仍表示同意授权,三人约定事成之后所获利益均分。取得授权后,王某便在移动公司的机房内违规架设了多台服务器,并将服务器的管理权限转移给陈某某,陈某某于是通过技术手段修改相关数据,使网络用户在访问网站时会通过带有陈某某推广信息的网址,一旦用户点击了该网站上的付费广告链接,陈某某等人便可获利。参见重庆市第一中级人民法院刑事裁定书,(2016)渝01刑终575号。这种行为属于域名劫持的方式,即行为人通过技术手段强行修改域名的解析服务器,改变用户的访问并,从而获取本属于其他网络运营商的网络流量。参见操乐胜、宣刚:《流量劫持在计算机犯罪中的定性反思》,载《广西警察学院学报》2023年第3期。转引自邱乐遥:《非法获取计算机信息系统数据罪教义学分析》,华东师范大学2024年硕士学位论文,第58页。

③ 有学者认为,获取就是取得的意思,非法获取是指行为人未经授权而取得他人数据的行为。也有学者认为,获取行为就是行为人基于主观上的占有欲望而去占有行为对象的过程,“获取”的本质是行为人对特定对象的实际控制。也有学者认为,此处的“获取”不限于取得,理由是本罪中的“获取”强调对数据的控制而不仅限于占有,且构成本罪需要达到“情节严重”的程度。还有学者认为,“获取”需要行为人有创建和复制数据的行为,行为人只是知悉了信息的内容但并没有复制该数据,不意味着获取,只有信息所对应的数据被直接下载或存储到自己可以控制的载体上,才代表着已经获取了该数据。参见皮勇:《我国网络犯罪刑法立法研究——兼论我国刑法修正案(七)中的网络犯罪立法》,载《河北法学》2009年第6期;赵秉志:《刑法修正案(七)专题研究》,北京师范大学出版社2011年版,第224~225页;李遐桢、侯春平:《论非法获取计算机信息系统数据罪的认定——以法解释学为视角》,载《河北法学》2014年第5期;游涛、计莉卉:《使用网络爬虫获取数据行为的刑事责任认定——以“晟品公司”非法获取计算机信息系统数据罪为视角》,载《法律适用》2019年第10期。

本罪不是非法获取公民个人信息罪,本罪所规制的获取对象是数据而非信息。同时获取的方式既包括通过非法侵入或其他技术手段等物理方式取得,也包括通过查阅、记忆等心理方式取得,即只要行为人非法知晓了相关数据就属于本罪的“获取”。另外,本罪的获取需要与计算机信息系统有接触,如果不是有针对性地将计算机信息系统作为对象,而是通过网上购买数据,甚至逼迫他人告知数据,则不属于本罪的“获取”。

关于本罪的主体和主观方面的构成要件,因与非法侵入计算机信息系统罪类似,故不再赘述。

(三)非法获取计算机信息系统数据罪的立法、司法问题

本罪的设立有利于进一步打击黑客和其他非法获取计算机数据的行为,但在立法和司法适用中仍然存在一定的问题。

1. 资格刑的欠缺

能够非法获取计算机信息系统数据的,几乎是具有一定的计算机或互联网技术专长的人,其看重的就是计算机专业能力。为从根本上遏制,有必要对其课以资格刑,剥夺其在一定期限内从事特定职业的资格。

2. 犯罪对象的扩张

前文已经述及《关于办理危害计算机信息系统安全刑事案件应用法律若干问题的解释》对本罪的范围进行了明确,根据该司法解释的规定,本罪的数据所对应的范围非常宽泛,已经有“口袋罪”的趋势。[①] 刑法保

---

① 在适用该罪名时,犯罪对象为支付宝账户和密码,此案中行为人非法侵入他人计算机后以文档形式保存支付宝账户、密码,并利用此手段获取的支付宝账户和密码异地登录他人支付宝账户,进而实施后续犯罪,严重破坏数据安全。此外,被认定为犯罪对象的“数据”还包括手机中的短信信息,本案中行为人利用“yysocket”代码文件,拦截、获取含有特定关键词的短信并上传至该公司的服务器,获取其中的短信内容进行二次销售,这并非上述所提及的个人识别信息,但最终司法认定上仍然以非法获取计算机信息系统数据罪论处。再者,犯罪对象还包括虚拟币等网络虚拟财产,该案中行为人采取为程序配置切换IP、自动识别处理验证码等技术手段,绕过YY系统对真实用户登录账号的数量限制、封号限制等安全措施,使用电脑批量操作YY账号参与平台活动,并领取活动奖励的虚拟币再进行二次销售。在对虚拟货币的认定问

护数据安全,但其对应的数据客体不甚明确,把可能折射的多重权利也纳入本罪的规制,可能就是因为对数据安全法益和传统法益的界限不够清晰。

3. 本罪与传统犯罪的边界越发模糊

本罪属于计算机犯罪的一种,体现了刑法所要保护的数据安全法益。按照本书的逻辑,虽然数据安全法益不是新兴或新型法益,但仍然属于独立法益,也应当与传统法益相区分,否则就无法体现数据安全法益保护的独立性。但是在司法实务中,本罪与知识产权、虚拟财产、个人信息等不同的权利客体均存在数据这一共性,容易出现本罪的扩张适用或者与传统犯罪定性混淆的问题。

(四)对策建议

1. 设置资格刑

资格刑的设置,主要在于预防对有技术但有前科的特殊人员再实施计算机类犯罪,可以是单独适用也可以作为附加刑,设置一定的合理期间,禁止行为人从事相关职业或行业。①

题上,不同学者有着不同的观点,在学界争论的前提下,还是将其认定为本罪。参见广东省广州市海珠区人民法院刑事判决书,(2021)粤0105刑初4号。此外,还存在以线上英语学习教材、学习内容为犯罪对象,当事人利用"爬虫"程序获取山东某教育科技有限公司英语学习系统中的内容,爬取英语教材用于建立自己的智能英语学习系统,并利用该系统对外招收加盟费。参见山东省济南市历下区人民法院刑事判决书,(2020)鲁0102刑初351号。诸如淘宝交易订单、购物评价、供应商等与身份认证信息无关的电子数据也不在少数。当事人利用远程操控软件,通过离职之前留在公司的电脑侵入公司内网,新建管理员账号获取公司内部数据。参见广东省深圳市宝安区人民法院刑事判决书,(2020)粤0306刑初156号。转引自王怡:《非法获取计算机信息系统数据罪司法适用问题研究》,山东政法学院2024年硕士学位论文,第10页。

① 1979年《刑法》在立法过程中,曾将"禁止从事一定业务"列为刑罚的种类之一。1995年8月8日全国人大常委会法制工作委员会的《刑法(总则修正稿)》就在第四章"刑罚"中专门用一节规定"剥夺从事特定职业资格",即第五十五条:"对于利用所从事的职业进行犯罪,情节严重,并有继续利用其职业进行犯罪可能的,可以独立适用或附加适用剥夺从事该项职业的资格。"第五十六条:"剥夺从事特定职业资格的期限为1年以上5年以下,剥夺从事特定职业资格的刑期,从判决发生效力之日起计算。"参见吴平:《资格刑研究》,中国政法大学出版社2000年版,第319页。

2. 具化犯罪对象

比如，在虚拟财产问题上，民法典已经认可了虚拟财产的地位，其虽然以数据方式表现出来，但其凸显的是财产属性，并且能够通过一定的方式变现。尤其在账号密码等数据方面，并不具有排他性，即权利人有权登录使用，而非法获取的人也可登录使用，此时应当以计算机犯罪来规制。但如果行为人通过这些数据的转让或其他方式获得财产，则应当以盗窃罪等传统犯罪来规制。另外，数据与知识产权相比，有一定的共性，但在犯罪对象所对应的权利上应当相区别。如果针对的是数据化的知识产权，则应当按知识产权的犯罪来规制；如果针对的是数据而通过知识产权等方式来犯罪，则应认为是非法获取计算机信息系统数据罪。

3. 明确与传统犯罪的边界

数据犯罪或计算机犯罪侵犯的是数据安全法益，当然属于本罪或相关的计算机犯罪；如果侵犯的是其他法益，数据或计算机只是媒介或工具，则宜认定为传统犯罪。也就是说，非法获取虚拟财产的行为应当纳入传统的财产犯罪的规制范围，非法获取知识产权数据的行为纳入侵犯知识产权罪来进行规制，非法获取公民个人信息的行为纳入侵犯公民个人信息罪来进行规制。①

三、非法控制计算机信息系统罪

本罪和非法获取计算机信息系统罪是在一个条文中的选择性罪名，二者区别主要在于犯罪构成要件的客观方面不同，即非法控制与非法获取的差别。而在其他犯罪构成要件如主体、客体和主观方面等领域，本罪与非法获取计算机信息系统罪基本一致，此处不再赘述。到底什么是

① 参见王怡：《非法获取计算机信息系统数据罪司法适用问题研究》，山东政法学院2024年硕士学位论文，第35页。

非法控制计算机信息系统,刑法和司法解释尚未明确,仅仅是从量刑的角度规定了情节严重和情节特别严重的数量标准。①

(一)非法控制之解析

这里的"非法"就是违反国家规定,而"控制"指的是通过技术手段对计算机信息系统进行支配、操控和影响,改变其本身的运行状态,应当与干扰等行为区别开来。② 控制计算机信息系统包括共享性的控制和排他性的控制。共享性的控制并不妨碍合法用户正常使用其计算机信息系统,但该计算机信息系统已经完全暴露在非法控制人面前,其可以通过技术进行非法控制。排他性的控制,则是非法控制人控制了合法用户的计算机信息系统,造成其无法登录,或计算机不能按照其指令运行,但非法控制人能够任意操控该计算机。有观点认为非法侵入也是一种非法控制,因为侵入之后可以实质性地控制计算机。但非法侵入是一种行为犯,不看结果,只要有此行为就能够构罪,而非法控制需要情节严重的后果。

非法控制在强度上并非绝对,只要能够部分控制即可。在程度上也不需要排他性地控制,合法用户的正常操控不影响非法控制人行为的成立。同时,在控制的表现上,多数情况是在合法用户不知情的情况下通过植入木马程序等技术手段完成的。另外,非法控制不需要对合法用户

---

① 最高人民法院、最高人民检察院《关于办理危害计算机信息系统安全刑事案件应用法律若干问题的解释》第一条:"非法获取计算机信息系统数据或者非法控制计算机信息系统,具有下列情形之一的,应当认定为刑法第二百八十五条第二款规定的'情节严重':……(三)非法控制计算机信息系统二十台以上的……实施前款规定行为,具有下列情形之一的,应当认定为刑法第二百八十五条第二款规定的'情节特别严重':(一)数量或者数额达到前款第(一)项至第(四)项规定标准五倍以上的;……明知是他人非法控制的计算机信息系统,而对该计算机信息系统的控制权加以利用的,依照前两款的规定定罪处罚。"

② 有学者认为,非法控制是指通过侵入或者其他技术手段,使计算机信息系统处于其掌控之中,能够接受其发出的指令,完成相应的操作活动。参见周光权:《刑法各论》(第4版),中国人民大学出版社2021年版,第404页。外挂程序通过破坏网络技术的技术保护措施,进入游戏服务器系统,其虽未达到控制计算机信息系统的程度,但干扰了游戏系统的正常运行。参见喻海松:《网络犯罪二十讲》,法律出版社2018年版,第197页。

强制，通过柔性的欺骗、诱导等方式同样可以完成行为。

本罪是一个选择性的罪名，如果只实施了一种犯罪则按某一种定罪；如果实施了两种行为，也只定一罪，即非法获取计算机信息系统数据、非法控制计算机信息系统罪，而不是数罪并罚。

(二)罪数形态之检视

罪数形态是一罪或数罪的类型化归纳，在本罪中，非法控制容易成为一种工具，控制不是目的，还可能实施其他犯罪，从而构成牵连犯。①在刑法理论中，一般认为牵连犯是实质的数罪，除了刑法直接规定的以外，从一重罪处罚。

想象竞合犯是行为人虽然只实施了一个行为，却触犯了多个罪名。比如，行为人的表现是非法控制计算机信息系统，却是通过破坏的方式控制的，或者以控制的方式破坏了计算机信息系统，则还涉嫌破坏计算机信息系统罪。这样的情形应当从一重处罚。

四、破坏计算机信息系统罪

破坏计算机信息系统罪②与非法侵入计算机信息系统罪一样于

---

① 例如，楼某非法获取计算机信息系统数据案，如果楼某利用非法获取的他人的账号密码以及仿制的银行卡进行盗窃，就可能构成牵连犯。又如，行为人通过植入木马的方式进入他人连接互联网的笔记本电脑中，通过控制摄像头偷窥他人的隐私，待他人不在家伺机入户盗窃，这也存在非法控制计算机信息系统和盗窃的牵连问题。参见张勇：《非法获取计算机信息系统数据、非法控制计算机信息系统罪探讨》，湖南师范大学2011年硕士学位论文，第20页。

② 《刑法》第二百八十六条："违反国家规定，对计算机信息系统功能进行删除、修改、增加、干扰，造成计算机信息系统不能正常运行，后果严重的，处五年以下有期徒刑或者拘役；后果特别严重的，处五年以上有期徒刑。违反国家规定，对计算机信息系统中存储、处理或者传输的数据和应用程序进行删除、修改、增加的操作，后果严重的，依照前款的规定处罚。故意制作、传播计算机病毒等破坏性程序，影响计算机系统正常运行，后果严重的，依照第一款的规定处罚。单位犯前三款罪的，对单位判处罚金，并对其直接负责的主管人员和其他直接责任人员，依照第一款的规定处罚。"

1997 年《刑法》出台之时即设立。随着经济社会尤其是计算机和互联网技术的飞速发展,2009 年又与时俱进地通过刑法修正案增加了非法获取计算机信息系统数据罪和非法控制计算机信息系统罪等罪名。进入数字经济时代之后,数字技术不断升级迭代,破坏计算机信息系统的犯罪对象和客观方面也越发多样,在司法实践中遇到了许多需要刑法回应的新问题、新业态和新模式等。

(一)破坏计算机信息系统罪概述

在建设数字经济的背景下,尤其是在构建数据安全及其治理体系的过程中,刑法应当充分引导和保障,衡平数据开发、共享与数据安全的关系。在破坏计算机信息系统罪中,侵害的是计算机信息系统功能、计算机信息系统数据、应用程序和计算机系统的安全正常运行。但随着数字经济时代移动终端的发展,智能手机、平板等具有计算机系统功能的载体也可以成为本罪侵害的对象。由此,本罪有如下特点。

1. 犯罪行为的无形性

本罪的犯罪行为是通过非法的技术手段实施的,较为隐蔽,一般人难以发觉,并且该行为讲究瞬时性,顷刻间化为无形,也造成事后对痕迹取证的困难。

2. 犯罪地点的不确定性

本罪的犯罪行为实施地点和犯罪结果发生地点可能不同,甚至相隔甚远。犯罪行为通过技术手段可以在一个地点同时对许多地点的计算机信息系统进行破坏,这也增加了打击本罪的障碍。

3. 犯罪后果的严重性

现代社会几乎各行各业都深度依赖计算机信息系统,破坏行为将对经济社会造成重大影响和巨大损害,尤其是计算机信息系统所涉的各种数据,将可能成为重灾区。

4. 犯罪主体的专业性

实施本罪的破坏行为是基于一定的技术手段完成的，本罪的主体也具有计算机技术的专业性，否则无法实施破坏的技术手段。同时因为市场竞争、商业秘密的保护等需求，单位也可作为本罪的主体，只是具体承担刑事责任的自然人一般是单位直接负责的主管人员和其他直接责任人员。

（二）破坏计算机信息系统罪的案例样态及问题

由于计算机和互联网技术的飞速发展，数字经济数字技术的充分运用，危害计算机的犯罪行为越发增多，本罪在司法实践中大量存在，相关案例却呈现特殊的司法样态。一是类似行为的同案不同判争议较大，二是罪数形态不一致争议较大，三是对“计算机信息系统正常运行”的理解差异较大。

1. 类似行为的同案不同判

张某破坏计算机信息系统一案，①行为人通过系统自带功能锁定被害人设备并要挟索取财物，存在非法控制与破坏（干扰）计算机信息系统功能的混同。对于类似的行为，有的法院按非法控制认定，有的法院按破坏认定，导致司法实践的不统一。

易某某破坏计算机信息一案，②被告人自行研发了能够干扰计算机

---

① 被告人张某在非法购买大量某邮箱账号和密码后，持邮箱账号到苹果（中国）官方网站测试有无注册过“苹果”账号，利用“忘记密码”功能对“苹果”账户的密码进行修改，并将账户绑定的邮箱替换成新的电子邮箱，后通过“苹果云端”某项自带功能，远程锁定被害人的苹果设备，并以“解锁费”的名义向被告人索取财物。在该案审理过程中，辩护人辩称被告人实际上利用“苹果”设备自带的功能非法控制了“苹果”设备，非法控制解除后“苹果”设备即恢复正常使用，其行为并未使“苹果”设备的功能受到影响，故该案应定性为非法控制计算机信息系统罪。但法院认为行为人的行为符合对计算机信息系统功能进行干扰的特征，最终以破坏计算机信息系统罪定罪处罚。参见浙江省温州市中级人民法院刑事裁定书，(2016)浙03刑终1252号。

② 为了逃避电话卡需要用真实身份办理的规定，易某某私自研发了某种可以绕开中国联通公司、中国移动公司实名认证信息系统的软件，使他人无须使用真实身份就可以办理电话卡。此后，易某某将该软件出卖给他人，违法所得6万余元。案发后，法院认为外挂软件影响了计算机信息系统功能的正常运行，最终认定被告人构成破坏计算机信息系统罪。参见江苏省金坛区人民法院刑事判决书，(2017)苏0482刑初261号。

信息系统的正常运行的外挂软件,这在现实生活中也大量存在。对于自行研发制作并出售的行为应当如何规制,涉及多个罪名的竞合,比如侵犯著作权罪,非法经营罪,提供侵入、非法控制计算机信息系统程序、工具罪等,类似的行为如何定性,应当具体案件具体分析,避免定性不当的问题。

被告人朱某某虚假充值一案,①行为人为牟取非法利益,通过软件抓取和修改数据包虚假充值,让系统误以为真实充值,造成被害人损失。本案是被告人通过技术手段调整数据从而非法获利的典型,但"破坏"行为只是其手段,最终是为了获得非法利益。

2. 罪数形态的不一致

杨某某破坏计算机信息系统案,沙某某敲诈勒索案,曾某某、王某某破坏计算机信息系统案,欧阳某某破坏计算机信息系统案,叶某、邓某破坏计算机信息系统罪、敲诈勒索案②,这几个案例都是行为人通过技术手

---

① 被告人朱某某利用某软件程序抓取捕鱼大师游戏充值数据包,在未发生真实充值的情况下,通过虚假充值,使系统误认为充值成功。被告人朱某某采用上述手段抓取和修改充值数据包448次,致使被害单位经济损失共1,316,910元。在该案中,法院以被告人行为符合《刑法》第二百八十六条第二款"对计算机信息系统中存储的数据进行删除、修改、增加"的表述,从而判处被告人构成破坏计算机信息系统罪。然后,面对相似情况,有的法院认为被告人的行为构成盗窃罪或者非法获取计算机信息系统数据罪。参见浙江省杭州市余杭区人民法院刑事判决书,(2019)浙0110刑初751号;福建省福州市中级人民法院刑事裁定书,(2019)闽01刑终1259号。

② 被告人杨某某冒充女性身份,诱使对方登录其提供的苹果账号,待被害人登录成功后即修改苹果账号密码并远程挂失,致使被害人苹果手机锁机无法使用,此后又向被害人勒索财物。法院认为该行为对计算机信息系统功能进行干扰,使计算机信息系统不能正常运行,后果严重,最终认定罪名为破坏计算机信息系统罪。参见江苏省江阴市人民法院刑事判决书,(2020)苏0281刑初2711号。被告人沙某某以DDOS方式对某公司网络游戏服务器进行了持续数分钟的网络攻击,致使服务器陷入半瘫痪状态,随后又声称若该公司不给钱,将继续网络攻击,法院认为行为人有非法占有目的,并实施了敲诈勒索行为,最终认定为敲诈勒索罪。参见吉林省白城市洮北区人民法院刑事判决书,(2017)吉0802刑初430号。被告人曾某某、王某某通过修改密码,远程锁定被害人的苹果手机,并以解锁为条件索要钱财。法院认为修改被告人手机的登录密码,远程锁定手机设备,使其无法开机,属于对计算机信息系统功能进行修改、干扰;以解锁为条件,索要财务,构成敲诈勒索罪。最终认定为破坏计算机信息系统罪(牵连犯,"破坏计算机信息系统罪+敲诈勒索罪",从一重罪处断,以重罪破坏计算机信息系统罪

段对被害人计算机系统进行攻击,从而索要财物,但有的法院认为仅构成一罪,有的法院认为构成两罪,在处理上也存在数罪并罚和从一重罪处断的分歧。司法实务中,这样的类案不同判的现象影响了司法裁判的统一性和公信力。

3. 对"计算机信息系统正常运行"的理解不统一

姚某、李某某破坏计算机信息系统案和张某某、原某某、丁某某、董某、周某某、李某等破坏计算机信息系统案,①充分体现了我国目前刑法和司法解释对"计算机信息系统正常运行"的制度安排较为模糊。加之司法实务中的认识不统一,让对"正常运行"的理解出现了不确定性。

论处)。参见最高人民检察院发布的第九批指导案例,检例第35号。被告人欧阳某某为了谋取利益,制作特定的计算机指令,并将上述计算机病毒在个人网站传播,致使他人计算机存储的数据变更、删除、毁损,从而勒索钱财。法院认为故意制作并传播计算机病毒,致使计算机失灵或者崩溃,构成破坏计算机信息系统罪,并且传播行为的动机是牟取非法利益。故同时触犯计算机信息系统罪和敲诈勒索罪,构成想象竞合犯。最终认定为破坏计算机信息系统罪(想象竞合犯,"破坏计算机信息系统罪+敲诈勒索罪",以重罪破坏计算机信息系统罪论处)。参见广州市越秀区人民法院刑事判决书,(2007)越法刑初字第402号;广州市中级人民法院刑事判决书,(2007)穗中法刑一终字第310号。被告人叶某、邓某利用黑客技术侵入多家公司的计算机信息系统,在未备份的情况下删除系统中存储的数据,后又以帮助恢复数据为名,对被害单位进行敲诈。法院认为被告人伙同他人对计算机信息系统中存储的数据进行删除,其行为已构成破坏计算机信息系统罪。以非法占有为目的,伙同他人采用要挟的方法多次索取他人财物,数额较大,其行为已构成敲诈勒索罪。最终认定为数罪并罚(破坏计算机信息系统罪和敲诈勒索罪)。参见浙江省宁波市江北区人民法院刑事判决书,(2015)甬北刑初字第444号。

① 被告人姚某、李某某利用计算机通过互联网使用SQL语句注入该系统漏洞并修改数据库数据,为托福考试考生抢位报名,并在淘宝网注册网店公开向社会出售托福考试报名服务。SQL注入的方法不会直接导致被攻击的服务器停止运行,其他用户仍然能使用该服务器。法院认为行为人违反国家规定,使用SQL注入漏洞破坏教育领域提供服务的托福考试网上报名系统数据库数据、应用程序,违法所得49万余元,后果特别严重。最终认定为破坏计算机信息系统罪。参见天津市西青区人民法院刑事判决书,(2016)津0111刑初760号。被告人张某某、原某某等人通过向国内的黑客非法购买"肉鸡"服务器的控制权,从而获取大量的服务器资源,再利用木马软件操控控制端服务器,集合控制端服务器下的多台"肉鸡"持续攻击特定的目标IP,阻塞网络(简称DDOS攻击),致使该目标IP的服务器网络瘫痪。DDOS攻击不会直接侵入目标服务器,也不会直接修改、删除或者增加服务器中的数据和信息,而是在一个特定时间段内对目标服务器发起大量的访问攻击,从而造成目标服务器的超负荷运作,致使服务器不能正常提供服务。法院认为被告人的行为违反国家规定,使用DDOS攻击对计算机信息系统功能进行干扰,造成计算机信息系统不能正常运行,后果严重。最终认定为破坏计算机信息系统罪。参见广东省深圳市南山区人民法院刑事判决书,(2018)粤0305刑初418号。

根据上述案例,影响正常运行的行为有以下两种:一是技术手段虽然没有中断或者完全破坏计算机信息系统的运行,但偏离了原运行轨道;二是直接粗暴地通过技术手段让计算机信息系统瘫痪,从而无法运行。不同的行为,不同的后果,但以同样的定性来认定,仍然值得进一步商榷。

(三)破坏计算机信息系统罪的司法适用优化进路

1. 明确定义法益保护的范围

之所以出现了类案不同判的情形,原因之一就是对法益的保护范围没有很好地明确,本书认同本罪的法益是计算机信息系统的正常运行。基于此,如果能够统一对法益的理解和认识,将有利于在类案上的同判,促进司法实践的适用统一。

2. 准确判断罪数竞合的情形

本罪以计算机为犯罪对象,而不是通过破坏计算机的方式追加其他传统犯罪,否则往往会适用传统犯罪。但面对复杂的经济社会现状,需要准确判断罪数的竞合。一是通过计算机实施传统犯罪,且没有影响计算机系统正常运行或造成计算机信息系统不能正常运行的,计算机仅仅是工具和手段,应当认定为传统犯罪。二是以计算机为手段,但是影响了计算机信息系统的正常运行,第一种情形是以破坏计算机信息系统为手段,实施传统犯罪,则应认定为牵连犯,从一重罪处断;第二种情形是破坏计算机信息系统的行为侵犯了多个法益,可能构成多个罪名,则按想象竞合犯处理;第三种情形是如果已经完成计算机犯罪,又以此为要挟索要被害人财物,则应数罪并罚。①

3. 精确理解"正常运行"的标准

计算机信息系统的正常运行是本罪的客体,也是刑法所保护的重要

---

① 参见陈肖如、王明辉:《破坏计算机信息系统罪司法实务问题研究》,载《铁道警察学院学报》2023 年第 6 期。

法益。计算机信息系统的正常运行,包括应用目标和客观规则两个维度,[①]因此对其正常运行的理解也可以从这两个方面来解释。客观上计算机信息系统按照设计人制定的规则进行采集、加工、存储、检索等处理活动;主观上他人能够利用既定的应用目标依托计算机信息系统实施相应行为,即使用人的"获得感"。如此主客观相统一,有利于明晰正常运行的标准,避免处罚范围的不当限缩与扩张。

五、拒不履行信息网络安全管理义务罪

在数字经济时代,数字技术的发展日新月异,传统方式对计算机或网络犯罪的规范也越发难以契合。因此刑法修正案增设了本罪,[②]对信息网络安全管理的义务人课以刑罚。但本罪的适用相对较低,同时部分犯罪构成要件较为模糊,导致在司法适用上不易被认定,需要进一步明晰相关要件,促进本罪的依法适用。

(一)信息网络安全管理义务的认定

本罪是不作为犯罪,规制的是对法定义务的消极性,因此,本罪的信息网络安全管理义务即不作为犯罪的前提和基础。首先需要界定的是

---

① 计算机信息系统功能是指按照既定的应用目标和规则进行采集、加工、存储、传输、检索信息等处理活动。参见郎胜主编:《中华人民共和国刑法释义》,法律出版社2015年版,第494页。计算机信息系统功能是由应用目标与客观规则两部分组成,前者体现了系统设计者的主观意图,后者则客观确立了计算机信息系统运行的逻辑。参见阎二鹏:《干扰型破坏计算机信息系统罪的司法认定》,载《中国刑事法杂志》2022年第3期。

② 2015年《刑法修正案(九)》增设第二百八十六条之一:"网络服务提供者不履行法律、行政法规规定的信息网络安全管理义务,经监管部门责令采取改正措施而拒不改正,有下列情形之一的,处三年以下有期徒刑、拘役或者管制,并处或者单处罚金:(一)致使违法信息大量传播的;(二)致使用户信息泄露,造成严重后果的;(三)致使刑事案件证据灭失,情节严重的;(四)有其他严重情节的。单位犯前款罪的,对单位判处罚金,并对其直接负责的主管人员和其他直接责任人员,依照前款的规定处罚。有前两款行为,同时构成其他犯罪的,依照处罚较重的规定定罪处罚。"

规定信息网络安全管理义务的法律渊源，即法律法规。[①] 同时以法律法规所规定的义务为来源，对具体义务进行类型化分类，大致包括以下几类。

一是网络信息监管义务。这是本罪涉及的重要义务，包括对信息内容的事前审查、事中监控和事后处理。但需要考量的是，事前审查和事中监控的必要性，以及由此带来的巨大成本和相关主体权利义务的平衡，科学合理地设定义务内容。二是报告与执法协作义务。比如，保存固定相关证据并提供技术支持，同时充分利用所掌握的资源及时报告违法犯罪行为。三是用户服务保障义务，包括对用户数据和信息安全的充分保护，以及常态化管理服务。四是网络安全保护义务，包括对网络日常安全的维护和发生风险时的及时救助。[②]

（二）经监管部门责令改正拒不改正的认定

本部分的内容属于行政前置要求，也是一种递增效应，即义务人在经过行政监管部门的责令改正这一行政行为之后，仍然不主动履行义务的，适用刑法课以刑罚。从不作为犯罪的角度来讲，刑法已经尽量对义务人提高了入罪门槛，规定了行政前置程序，避免轻易入刑。

一是监管部门的明确。涉及网络安全保护的监管部门的范围和层级多样，因此需要明确不同范围和层级的监管部门的职能职责，避免空白或交叉重叠。二是责令改正的定位。本书认同责令改正虽然属于行政行为，但不属于行政处罚或行政强制措施。如果义务人不接受责令改正的要求，则可能直接接入刑法，当然行政监管部门也可以针对义务人拒不改正的行为采取行政处罚等行政行为。三是拒不改正的内涵。比

---

① 参见吴文辉：《拒不履行信息网络安全管理义务罪司法适用研究》，上海师范大学2023年硕士学位论文，第12页。

② 参见吴文辉：《拒不履行信息网络安全管理义务罪司法适用研究》，上海师范大学2023年硕士学位论文，第14页。

如,义务人虽然形式上改正了,但其所采取的信息网络安全管理行为在内容上敷衍塞责,则应当被视为拒不改正。同时需要匹配义务人的技术水准,避免义务人的故意“糊弄”。但需要注意的是,“拒不”是态度问题,不是能力问题。如果义务人确实没有能力去改正,不应当视为拒不改正。

(三)危害后果的认定

本罪是不作为犯罪的结果犯,本罪所列举的危害后果,应当属于犯罪构成要件之一,而不是结果加重情节。一是“致使违法信息大量传播”。根据前述讨论,违法信息的认定需要来源于法律法规,且应当局限于承载国家利益、社会公共利益和严重扰乱公共秩序的个人利益的信息。[①] 而大量传播的数量虽然相关司法解释已经明确,但在具体操作中还需要结合具体情况综合考虑,明确是否实质侵害了信息网络安全管理秩序的法益。二是“致使用户信息泄露,造成严重后果”。此处的用户信息需要与公民个人信息相区别,用户信息的外延要大于公民个人信息,并且是尚未公开的信息,否则就不存在泄露的基础。另外,还需要考虑用户信息的保护价值,即应当是真实信息,因为如果是虚假信息即使泄露也不会造成严重后果。相关司法解释对严重后果确定了不同方面的标准,但也应当不局限于数量,需要综合其他情节(比如对被害人造成严重的精神损害等)依法认定。三是“致使刑事证据灭失、情节严重”。刑事证据的灭失需要结合是否能够恢复来考量,计算机或网络犯罪中,数据证据有其特殊性,即存在恢复的可能性,如果能够恢复,则不宜按本罪的危害后果来认定。在情节严重的范围上,限于重大犯罪案件如危害国家安全、公共安全等较为适宜。因为这类案件关涉国家安全利

---

① 参见徐蕴杰:《拒不履行信息网络安全管理义务罪适用问题研究》,东南大学2023年硕士学位论文,第45页。

益和社会公共安全利益,所造成的危害性将远远大于一般案件。当然也可以从可能的刑罚上来界定。另外,在具体认定情节严重时,还可以根据义务人的主观状态(如其是否明知或应知该数据或信息系刑事案件的证据)来全面考虑,才更加符合客观情况,达到罪责刑相适应。四是"其他严重情节"。该项是一个兜底条款,但兜底不能演变成扩张。从适用上来讲,兜底情形应当与之前三项的行为性质、危害后果大致相当,避免不当扩张至"口袋罪"。

第二节　工具型数据安全犯罪的刑法规制

本节的工具型数据安全犯罪,是针对第一节对象型数据安全犯罪而言,即本节是将计算机信息系统作为手段和工具,侵犯数据安全法益或侵害其他传统犯罪所保护的法益。两类都是将计算机信息系统作为媒介,以数据安全犯罪作为直接的行为,只是最终再侵害扩张至其他客体。

一、提供侵入和非法控制计算机信息系统程序、工具罪

本罪是2009年《刑法修正案(七)》增设的罪名,[①]同时也有相应的司法解释进一步细化。在本罪客观方面的表述中,有"专门"一词,结合其中心语程序、工具,表明专门的用途即侵入、非法控制计算机信息系统的非法行为。有些程序或工具也可以进入、控制计算机信息系统,但没有违反国家规定,或者有相应授权等,则不属于本罪的方式。所以,此处的专门即相应程序、工具只能用于非法活动,而不存在其他

① 《刑法》第二百八十五条第三款:"提供专门用于侵入、非法控制计算机信息系统的程序、工具,或者明知他人实施侵入、非法控制计算机信息系统的违法犯罪行为而为其提供程序、工具,情节严重的,依照前款的规定处罚。"

用途。

另一种构成本罪的情况，即在明知他人实施侵入、非法控制计算机信息系统的违法犯罪行为时而为其提供程序、工具。此处则不需要上述的“专门”程序、工具，有其他正当或非正当用途均不影响。

这两种情况对应的主观恶性不一样，专门的程序、工具显然是为了侵入、非法控制计算机信息系统，目的就是犯罪，主观恶性较强，刑法应当重点严厉打击。即使接受程序、工具的主体没有使用也不影响本罪成立。对于具有合法用途的程序、工具，则需要配合接受主体实际用于违法犯罪的行为，并且提供者是在明知或应知的情况下才能够认定，其认定的困难也让其行为的危害程度降低。

“提供”是行为人向他人准备和交付，是否有偿在所不论，这里的“他人”是否是特定公众也不影响“提供”的性质。

关于本罪主观方面的讨论，本书倾向于直接故意，间接故意或过失无法成为本罪主观方面的犯罪构成要件。从专门性上来说，行为人明显知晓该程序、工具是用以侵入、非法控制计算机信息系统的。从将程序、工具交付给他人的提供行为来看，行为人肯定是主动的、直接的，故应当认定为明知或应知。

二、非法利用信息网络罪

本罪发端于2015年《刑法修正案（九）》，①分为三款来规制。第一

---

① 《刑法》第二百八十七条之一：“利用信息网络实施下列行为之一，情节严重的，处三年以下有期徒刑或者拘役，并处或者单处罚金：（一）设立用于实施诈骗、传授犯罪方法、制作或者销售违禁物品、管制物品等违法犯罪活动的网站、通讯群组的；（二）发布有关制作或者销售毒品、枪支、淫秽物品等违禁物品、管制物品或者其他违法犯罪信息的；（三）为实施诈骗等违法犯罪活动发布信息的。单位犯前款罪的，对单位判处罚金，并对其直接负责的主管人员和其他直接责任人员，依照第一款的规定处罚。有前两款行为，同时构成其他犯罪的，依照处罚较重的规定定罪处罚。”

款是对行为的描述，第二款是单位犯罪的内容，第三款是竞合的处理。同时相关司法解释①也进一步对本罪的“违法犯罪”“情节严重”和行为方式等内容进行了补充完善，但在司法实践中仍然存在一些争议，尤其是在本罪犯罪构成的客观方面。

（一）了解“违法犯罪”的范围

本罪的三种情形均涵盖了“违法犯罪”且附加了“等”的兜底性规制。虽然存在行政违法的情形，如治安处罚，但本罪的“违法”是否应当从刑法分则对应的一般违法行为扩张至其他行政违法行为值得商榷。从排除本罪“口袋罪”嫌疑的角度来看，不应当将一般行政违法行为纳入本罪考量，同时还有后续“情节严重”的配套规制，综合考虑该违法行为的法益是否达到刑法处罚的条件，等等。

（二）理解“情节严重”的适用

“情节严重”是犯罪行为对法益侵害程度的体现，由司法解释进行了专门的规定，但是在适用时容易引起混乱。例如，行为人可能存在多种利用信息网络的行为，如设立群组同时又发布消息。虽然多个行为尚未分别符合司法解释规定的情节严重的条件，实际上其社会危害性相较于只有一种行为显然更大，但可能无法达到入罪条件。在计算行为人发送的具体信息数量时，还需要考虑发送失败、重新发送等特殊情况导致数量计算超算的情况。

（三）化解“行为方式”的困境

本罪的载体是信息网络，刑法所规制的就是非法利用信息网络的

---

① 2019 年最高人民法院、最高人民检察院联合发布了《关于办理非法利用信息网络、帮助信息网络犯罪活动等刑事案件适用法律若干问题的解释》。

行为。刑法所规定的第一种行为即设立通讯群组、网站等行为。网络的发展和各种平台工具的丰富,让这些设立的对象将发布信息和沟通交流融为一体,从而具备多重功能。同时在本罪的第一、二项行为表述中,存在"违禁物品""管制物品"等概念,我国部分法律法规对这些概念有所涉及,但缺乏准确具体的确定,也未完全统一。[①] 由此可能导致刑法适用时无法准确界定相关概念,造成刑事裁判自由裁量权过大。

三、帮助信息网络犯罪活动罪

本罪设立于2015年的《刑法修正案(九)》,[②]在司法实践中本罪适用量大,案例非常之多,并且许多行为人是年轻人。这些人员也许主观恶性并不大,但可能由于"不懂法"或存有侥幸心理,出现大量的帮信罪犯罪行为。因此,本罪犯罪构成要件中的主观方面"明知"就成为是否构罪的重要衡量标准,甚至是罪与非罪的关键一环。

明知,是行为人对其所实施的行为能够帮助他人利用信息网络实施

---

① 《刑法》第六十四条:犯罪分子违法所得的一切财物,应当予以追缴或者责令退赔;对被害人的合法财产,应当及时返还;违禁品和供犯罪所用的本人财物,应当予以没收。没收的财物和罚金,一律上缴国库,不得挪用和自行处理。《网络安全法》第四十六条:任何个人和组织应当对其使用网络的行为负责,不得设立用于实施诈骗,传授犯罪方法,制作或者销售违禁物品、管制物品等违法犯罪活动的网站、通讯群组,不得利用网络发布涉及实施诈骗,制作或者销售违禁物品、管制物品以及其他违法犯罪活动的信息。《反恐怖主义法》第三十四条:大型活动承办单位以及重点目标的管理单位应当依照规定,对进入大型活动场所、机场、火车站、码头、城市轨道交通站、公路长途客运站、口岸等重点目标的人员、物品和交通工具进行安全检查。发现违禁品和管制物品,应当予以扣留并立即向公安机关报告;发现涉嫌违法犯罪人员,应当立即向公安机关报告。此外,《铁路安全管理条例》《出境入境边防检查条例》等也有所提及。

② 《刑法》第二百八十七条之二:"明知他人利用信息网络实施犯罪,为其犯罪提供互联网接入、服务器托管、网络存储、通讯传输等技术支持,或者提供广告推广、支付结算等帮助,情节严重的,处三年以下有期徒刑或者拘役,并处或者单处罚金。单位犯前款罪的,对单位判处罚金,并对其直接负责的主管人员和其他直接责任人员,依照第一款的规定处罚。有前两款行为,同时构成其他犯罪的,依照处罚较重的规定定罪处罚。"

犯罪具有明确清晰的认知。比如,通过行为人的供述可能直接表明其明知的心理状态,同时还可以考量行为人与被帮助对象之间是否具有共谋。虽然本罪已经正犯化,帮助犯与正犯之间不需要有通谋也可以单独成立犯罪,但是如果双方之间有存在共同犯意的意思联络,则足以说明本罪的行为人具有明知的故意。

除了“明知”之外,还有“应当知道”,指的是根据经验法则和客观状况推定行为人对他人利用信息网络实施犯罪是知晓、清楚的。本罪“应知”的推定标准一般为理性人在相关领域的一般认知能力,虽不能苛求,但行为人对他人违反法律法规利用信息网络犯罪是作为一个一般理性人应当清楚的。比如,类比提供拒不履行信息网络安全管理义务罪,义务人在监管部门责令改正仍拒不改正时,可以推定其应当明知自己的义务。因此,如果尚未犯罪仅仅是行政违法行为,被监管部门告知后,继续实施之前的行为,则视为“应当知道”。同时,还可以通过对正常的市场交易的违背来推定,比如,交易价格、交易方式、交易行为等是否有违正常的市场交易秩序,亦可推定行为人的“应当知道”。另外,针对行为人自主的趋利避害行为,也可以推定是不是“应当知道”其行为是在帮助他人利用信息网络实施犯罪。

第三节　扩张型数据安全犯罪的刑法规制

本节使用“扩张型”数据安全犯罪的称谓,其意图在于将这一类犯罪与传统的对象型和工具型犯罪相区别,即从计算机信息系统及数据领域,扩张到相关行业,成为刑法规制计算机信息系统及数据在其他行业和领域的投射和反映。

一、侵犯公民个人信息罪

侵犯公民个人信息罪整合了相关罪名后形成目前的表述,①在数字经济时代,公民个人信息数据越来越容易成为犯罪对象,但目前我国对于信息和数据的立法仍秉持着二元模式。公民个人信息彰显了人格权属性,而数据(数据产品)呈现财产属性。应当识别二者边界,开发共享数据资源的同时充分保护个人信息,尤其是要科学合理区分数据与个人信息。一方面,需要严格保护个人隐私,避免个人信息保护的失控、失范;另一方面,要充分挖掘数据资源和价值,避免在数据创新发展过程中"戴着镣铐跳舞"。因此,对侵犯公民个人信息罪的规制,实质在于保护与利用的平衡,让二者能够共享和双赢。

二、扰乱无线电管理秩序罪

扰乱无线电管理秩序罪在2015年《刑法修正案(九)》中进行了重大修改②,从结果犯变成了情节犯。本罪的重大修改是为了迎合经济社会的巨大变化,尤其是数字技术的迅猛发展。因为机遇与挑战并存,数字化给我们带来巨大便利的同时,也潜藏了传统社会难以防范的风险。

---

① 《刑法》第二百五十三条之一:"违反国家有关规定,向他人出售或者提供公民个人信息,情节严重的,处三年以下有期徒刑或者拘役,并处或者单处罚金;情节特别严重的,处三年以上七年以下有期徒刑,并处罚金。违反国家有关规定,将在履行职责或者提供服务过程中获得的公民个人信息,出售或者提供给他人的,依照前款的规定从重处罚。窃取或者以其他方法非法获取公民个人信息的,依照第一款的规定处罚。单位犯前三款罪的,对单位判处罚金,并对其直接负责的主管人员和其他直接责任人员,依照各该款的规定处罚。"

② 《刑法》第二百八十八条:"违反国家规定,擅自设置、使用无线电台(站),或者擅自使用无线电频率,干扰无线电通讯秩序,情节严重的,处三年以下有期徒刑、拘役或者管制,并处或者单处罚金;情节特别严重的,处三年以上七年以下有期徒刑,并处罚金。单位犯前款罪的,对单位判处罚金,并对其直接负责的主管人员和其他直接责任人员,依照前款的规定处罚。"

因此,刑法有必要转型应对传统罪名的新发展、新模式和新法益。本罪涉及的无线电技术与计算机信息系统、互联网、数据等紧密相关,甚至相互促进、共同发展。在数字技术的“加持”之下,无线电犯罪越发隐秘和难以防范,但同时无线电又是国家和社会的重要资源,并已经广泛运用到许多领域。所以,有必要基于数据安全的考量,从数据保护的维度强化扰乱无线电管理秩序罪的科学适用。这不仅是对无线电管理秩序的治理和维护,更是在数字经济时代对数据安全扩张至多重资源的协同保护。

三、编造、故意传播虚假信息罪

2015 年《刑法修正案(九)》规定了编造、故意传播虚假信息罪,[①]将本罪的犯罪场域限定在了信息网络或其他媒体。我国有司法解释对信息网络进行了解释,[②]并将网络空间纳入了公共场所的领域。刑法修正后专门增设虚假信息网络犯罪,表明现代社会中信息网络的重要程度和社会民众对其的依赖。这些信息或数据严重扰乱了社会秩序,这种秩序不仅仅是网络空间秩序,也是现实中的空间秩序,或者说维护了网络空间的秩序,也就维护了现实生活中的秩序。此处通过信息网络这一虚拟空间,编造、传播虚假信息,也产生了网络上的数据资源价值和任意被操控等数据安全保护的问题隐患。

---

① 《刑法》第二百九十一条之一第二款:“编造虚假的险情、疫情、灾情、警情,在信息网络或者其他媒体上传播,或者明知是上述虚假信息,故意在信息网络或者其他媒体上传播,严重扰乱社会秩序的,处三年以下有期徒刑、拘役或者管制;造成严重后果的,处三年以上七年以下有期徒刑。”

② 最高人民法院、最高人民检察院《关于办理利用信息网络实施诽谤等刑事案件适用法律若干问题的解释》第十条:“本解释所称信息网络,包括以计算机、电视机、固定电话机、移动电话机等电子设备为终端的计算机互联网、广播电视网、固定通信网、移动通信网等信息网络,以及向公众开放的局域网络。”

四、宣扬恐怖主义、极端主义、煽动实施恐怖活动罪

本罪是一个复合型的罪名集合。① 结合计算机和互联网的更新迭代,网络空间或平台成为经济社会的重要展示窗口,各类数据的整合、融汇、分离、脱敏等也相伴其中。涉及恐怖主义、极端主义的犯罪也通过这个"窗口"更加隐秘、便捷、迅速地呈现,甚至随着技术的发展而进一步分裂变形。因此,数据的挖掘、传播、清洗和成型等不同形态,都可能被宣扬恐怖主义、极端主义的犯罪行为所侵染或腐蚀,并且通过数据或数据安全的合法形式让犯罪行为欺骗性更强、扩展性更广、危险性更大。所以,刑法对数据的规制和安全的保护,有助于肃清宣扬恐怖主义、极端主义的土壤,回归清朗、安全的网络空间,恢复透明、合法的数据场域。

五、侵犯商业秘密罪

1997 年《刑法》设立了侵犯商业秘密罪,2020 年《刑法修正案(十

---

① 《刑法》第一百二十条之三:"以制作、散发宣扬恐怖主义、极端主义的图书、音频视频资料或者其他物品,或者通过讲授、发布信息等方式宣扬恐怖主义、极端主义的,或者煽动实施恐怖活动的,处五年以下有期徒刑、拘役、管制或者剥夺政治权利,并处罚金;情节严重的,处五年以上有期徒刑,并处罚金或者没收财产。"2018 年 3 月 16 日,最高人民法院、最高人民检察院、公安部、司法部《关于办理恐怖活动和极端主义犯罪案件适用法律若干问题的意见》一、(四):"实施下列行为之一,宣扬恐怖主义、极端主义或者煽动实施恐怖活动的,依照刑法第一百二十条之三的规定,以宣扬恐怖主义、极端主义、煽动实施恐怖活动罪定罪处罚:……3. 利用网站、网页、论坛、博客、微博客、网盘、即时通信、通讯群组、聊天室等网络平台、网络应用服务等登载、张贴、复制、发送、播放、演示载有恐怖主义、极端主义内容的图书、报刊、文稿、图片或者音频视频资料的;4. 网站、网页、论坛、博客、微博客、网盘、即时通信、通讯群组,聊天室等网络平台、网络应用服务的建立、开办、经营、管理者,明知他人利用网络平台、网络应用服务散布、宣扬恐怖主义、极端主义内容,经相关行政主管部门处罚后仍允许或者放任他人发布的;……"

一)》调整了本罪,①尤其是通过列举的方式新增了"电子入侵"这一客观行为。这种类型化的行为是刑法在数字经济时代对数据犯罪的回应,对数据安全的保护,将通过电子侵入获取商业秘密和非法获取计算机信息系统数据罪的行为从法理和规范上进行科学界别。随着计算机和互联网以及大数据的普及,计算机和网络成为重要的商业秘密存储平台,电子侵入的行为则应运而生,但在《刑法修正案(十一)》之前往往通过非法获取计算机信息系统数据罪等计算机犯罪来调适。这实际是对商业秘密的数据化表现形式的认定,电子侵入的行为在客观表现上同时触发了两罪,但从行为人实质目的来看,针对的是商业秘密。本罪保护的不仅仅是数据的安全,更是数据化的商业秘密的安全。

六、妨害药品管理罪

本罪也是《刑法修正案(十一)》新增的罪名,②将破坏药品管理秩序的特定行为纳入刑法中规制。本罪涉及数据安全的内容在第一款第三项,即欺骗型的妨害行为。该项"欺骗"产生于源头药品申请注册,通过对证明、数据、资料、样品等的虚假编造完成本罪的客观行为。当然此处

① 《刑法》第二百一十九条:"有下列侵犯商业秘密行为之一,情节严重的,处三年以下有期徒刑,并处或者单处罚金;情节特别严重的,处三年以上十年以下有期徒刑,并处罚金:(一)以盗窃、贿赂、欺诈、胁迫、电子侵入或者其他不正当手段获取权利人的商业秘密的;(二)披露、使用或者允许他人使用以前项手段获取的权利人的商业秘密的;(三)违反保密义务或者违反权利人有关保守商业秘密的要求,披露、使用或者允许他人使用其所掌握的商业秘密的。明知前款所列行为,获取、披露、使用或者允许他人使用该商业秘密的,以侵犯商业秘密论。本条所称权利人,是指商业秘密的所有人和经商业秘密所有人许可的商业秘密使用人。"第二百一十九条之一:"为境外的机构、组织、人员窃取、刺探、收买、非法提供商业秘密的,处五年以下有期徒刑,并处或者单处罚金;情节严重的,处五年以上有期徒刑,并处罚金。"

② 《刑法》第一百四十二条之一第一款:"违反药品管理法规,有下列情形之一,足以严重危害人体健康的,处三年以下有期徒刑或者拘役,并处或者单处罚金;对人体健康造成严重危害或者有其他严重情节的,处三年以上七年以下有期徒刑,并处罚金:……(三)药品申请注册中提供虚假的证明、数据、资料、样品或者采取其他欺骗手段的;……"

的数据不一定完全是系统中的数据，对其的保护也不是狭义的对侵犯数据安全行为的规制，而是通过对其数据化的药品申请资料真实性的把控来加强药品管理秩序。换言之，虚假数据的对面即真实数据，虚假数据当然不具有刑法保护的法益，对虚假数据的规制其实就是对真实数据的保护。此时的数据安全在于应当被披露的数据（本罪指的是将真实数据进行药品申请注册）不受不法"替换"为虚假数据行为的侵害。这应当属于一种更加泛化和宏大的数据安全观，也更加有利于数字经济时代数据的全方位多维度保护。

七、危险作业罪

本罪来源于《刑法修正案（十一）》，目的是加强源头把控，将安全生产的现实风险提到前端来预防，①其中通过对数据、信息篡改、隐瞒、销毁等掩盖或破坏行为的规制，将其作为本罪的客观表现之一。本罪的数据、信息，指的是生产过程中设备或系统客观记录生产运行而自然生产的内容。对这些数据、信息的了解和分析将有助于真实把握生产运行状态，引导科学精准操纵，避免失误操作，提前预防安全生产事故。易言之，本罪的数据、信息是直接关系安全生产的，如果对这些数据、信息进行非法处理将可能造成安全生产的现实风险。需要注意的是，此处所涉的数据不仅仅包括设备或系统自身的数据，还包括生产作业所反映出来的、直接关系生产安全的数据。从本罪的行为方式来看，对数据、信息的破坏和破坏计算机信息系统罪的行为有所竞合，但即使两罪的行为类似，其所侵犯的法益也是不同的，这两个罪名被放在不同的章节，其侵害

① 《刑法》第一百三十四条之一："在生产、作业中违反有关安全管理的规定，有下列情形之一，具有发生重大伤亡事故或者其他严重后果的现实危险的，处一年以下有期徒刑、拘役或者管制：（一）关闭、破坏直接关系生产安全的监控、报警、防护、救生设备、设施，或者篡改、隐瞒、销毁其相关数据、信息的；……"

的客体也完全不同。

第四节 新类型数据安全犯罪的刑法规制

本节所述的新类型,主要指的是在数字经济时代中数据安全犯罪的新模式、新对象、新技术等,刑法应当对新类型数据安全犯罪予以回应和调适。不同的分类标准有不同的新类型,本节主要从“爬虫技术”的定性、虚拟财产的性质、个人生物信息识别及深度伪造等方面来阐述新类型数据安全犯罪的刑法规制。

一、“爬虫”技术的定性

新类型的犯罪往往依赖新技术的发展和新模式的设定,其中比较典型的技术和模式即“爬虫”技术。网络爬虫(web crawler),作为一种新技术和模式,在数据平台爬取数据,至于是否具有权利人的授权或是否非法爬取则在所不问。爬取行为的合法或不合法,也对应了爬取数据的公开或不公开。因此,这些不同因素的结合是对爬虫技术进行评判定性的关键。但我国刑法存在不区分网络爬虫的性质、后果等内容而一律通过刑法严格规制的情形。[①] 有些爬取行为可能被视为非法获取计算机信息系统数据罪,应当根据不同的爬取类型进行评价,不宜直接由刑法调整。

当然爬虫技术也有其向好的一面,有利于从海量的数据中抓取有用的信息,并进行相应的数据分析。但也正是因为该特质,可能被非法利

---

① 参见何荣功、刘天宏:《数字经济时代的新型犯罪问题及刑法回应》,载《世界社会科学》2024 年第 4 期。

用不当抓取数据。司法实践中也往往被评价为非法获取信息、侵犯公民信息、盗窃等犯罪行为。前述在非法侵入计算机信息系统数据罪中已对非法侵入进行了阐释,“侵入”的方式则有不同的呈现,一是假冒有权限的身份,二是直接的技术性攻击,三是从“后门”或“活门”进入。因此,有观点认为爬虫抓取数据的行为,绕开或规避了已做防护措施的保护系统而非法进入,构成非法获取计算机信息系统罪。[①] 也有观点认为,爬取行为不具有违法性,不能用刑法来规制。[②] 爬虫技术对于数据的传播、交换、共享、流通和使用起到了较好的促进作用,但增大了权利人的防范成本,二者应当达到一个良好的平衡。

对爬虫技术的定性,或爬取行为是否应当被认定为犯罪,需要一定的标准来衡量。第一,对爬取对象的价值进行评估,如果爬取行为针对的对象具有一定的商业价值或财产属性,爬取针对的数据或信息就具有侵犯财产权的性质。第二,对爬取行为的性质进行评价,如果是未经授权或绕开、破解数据的防护措施,则爬取行为可能具有盗窃性质,并且可以认为行为人是明知的。第三,对爬取受损主体的态度进行评判,如果受损主体同意或授权则爬取行为是合法的;反之则违法。

二、虚拟财产的性质

《民法典》已经认可了虚拟财产,并进行保护。有了法律的肯定,虚拟财产就具有了价值和保护的必要;有了财产的属性,虚拟财产就具有了刑法规制的前提。对于虚拟财产性质的认定,一种是认为构成刑法所保护的财物,另一种是将虚拟财产当作计算机信息系统数据来保护。虽然前述《民法典》已经确认了虚拟财产的保护必要,但并未有进一步的

---

① 参见游涛、计莉卉:《北京海淀法院审结全国首例“爬虫”技术侵入计算机系统犯罪案》,载《人民法院报》2019 年 1 月 1 日,第 3 版。

② 参见山东省青岛市中级人民法院刑事判决书,(2020)鲁 02 刑终 108 号。

实体规定,而是寄希望于其他法律的规定。刑法上也没有将虚拟财产视为刑法上的物的明示,在罪刑法定的原则下,如果刑法没有对虚拟财产是否具有财产属性作出规定,可能就无法成为盗窃行为的对象。虚拟财产作为以计算机系统为载体的电磁记录,也属于电子数据,被视为数据也是合理且有依据的。因此,如果虚拟财产没有被认定具有财产属性,则无法以盗窃罪来追诉。另外,从罪责刑相适应来看,窃取没有多大价值的数据或者虚拟财产,如果被判处盗窃罪的最高法定刑,可能也难以服众,达不到法律效果与社会效果的统一。

虚拟财产的裁判标准应当统一,避免司法实务中的罪名多重化(通常是盗窃罪或非法获取计算机信息系统数据罪等)。虚拟财产具有数据信息属性,需要通过特定的载体呈现,以区别于实体财物。但它和实体财物本质属性即财产属性是一致的,行为人侵犯虚拟财产的目的大多是非法占有该财产。所以,侵犯虚拟财产数据的犯罪以盗窃罪等侵财性犯罪认定为宜。但在此情形下,需要满足一定的条件。一是财产属性的流转放大,只有在现实和虚拟空间中存在合法正常交易的基础,其财产属性才能发挥作用。二是虚拟财产的财产属性能够被变现,虚拟财产虽然不同于实物,但在一定场域中仍可以通过货币彰显价值。三是虚拟财产可以通过相应评估体系明晰价格,如同数据一样,有交易和登记平台,并且进行流转和买卖。因为此时窃取虚拟财产的行为不仅侵害了虚拟财产的数据信息属性,也侵害了其财产属性,盗窃罪能够准确地评价该行为。

三、个人生物识别信息及深度伪造

人工智能算法的进步,促进了新技术“深度伪造”(deepfake)。该技术能够还原曾经的特定场景,让已去世或不存在的人开口说话,让静态的照片或文字看似真实地动起来,满足人们需求,弥补亲友的遗憾。但深度伪造,损害的是公民个人信息中最为重要的信息——个人生物识别信息。刑法对深度伪造这一新技术的规制尚存一些缺漏,有必要进行调整改进,弥补刑法对个人生物识别信息评价的空白。

深度伪造,包括对人脸、表情、声音、步态,乃至全身的调整,该技术借助人工智能,实现自主学习,不需要人的干预和引导,自行完成并生成结果。这些算法如何适用,适用在哪些场景,将可能涉及是否有必要通过刑法规制的问题。深度伪造行为实质侵害的是个人生物识别信息的法益,个人的生物特征数据①对生物识别信息明确了需要技术处理的前提,同时处理后的个人信息能够识别该自然人。个人生物识别信息具有专属性、识别性和唯一性,与该自然人紧密不可分,其实质对该自然人身份的盗取,让某人被其他人或人工智能所"冒名顶替"。

虽然从行政法的角度,我国已经建立了一定的规制体系,但仍然需要刑法参与和引导。一种进路是对深度伪造行为进行事后处罚,即根据深度伪造所侵犯的具体法益来保护。比如,伪造个人色情视频并传播

---

① GDPR 的第 4 条第 14 款对生物特征数据做了如下定义:"生物特征数据"指的是通过对自然人的身体、身体、生理或行为特征进行特定的技术处理得到的个人数据,构成了识别该自然人的独特标识,如人脸图像或指纹识别数据。参见京东法律研究院:《欧盟数据宪章——〈一般数据保护条例〉GDPR 评述及实务指引》,法律出版社 2018 年版,第 228 页。《民法典》第一千零三十四条规定:自然人的个人信息受法律保护。个人信息是以电子或者其他方式记录的能够单独或者与其他信息结合识别特定自然人的各种信息,包括自然人的姓名、出生日期、身份证件号码、生物识别信息、住址、电话号码、电子邮箱、健康信息、行踪信息等。个人信息中的私密信息,适用有关隐私权的规定;没有规定的,适用有关个人信息保护的规定。我国《个人信息保护法》没有直接规定生物识别信息,但是第二十八条第一款规定:敏感个人信息是一旦泄露或者非法使用,容易导致自然人的人格尊严受到侵害或者人身、财产安全受到危害的个人信息,包括生物识别、宗教信仰、特定身份、医疗健康、金融账户、行踪轨迹等信息,以及不满十四周岁未成年人的个人信息。国家市场监督管理总局、中国国家标准管理委员会发布《信息安全技术—个人信息安全规范》(GB/T 35273—2020)对个人生物识别信息做了列举:个人基因、指纹、声纹、掌纹、耳郭、虹膜、面部识别特征等。其他可以参考的官方定义,比如原国家质量监督检验检疫总局、中国国家标准管理委员会发布《信息技术—生物特征识别术语》(GB/T 26238—2010)把"生物特征数据"定义为"处于任何处理阶段的生物特征样本或生物特征样本的聚集、生物特征参考、生物特征项或生物特征特性"。参见李怀胜:《建构数字安全数据时代的刑法立场》,中国法制出版社 2023 年版,第 122 页。

等,可以通过侮辱罪、诽谤罪或寻衅滋事罪等来打击。制作虚假的公众人物讲话、代言等,可以通过网络虚假信息犯罪来打击。另外,如果借助深度伪造为工具,目的是诈骗等,则以诈骗罪来打击。通过对深度伪造事后端的打击,对该行为也有积极的规制效果。

另一种进路是移到深度伪造的前端规制。深度伪造是一个算法技术,但再厉害的技术都需要“原材料”,个人信息尤其是个人生物识别信息是深度伪造的重要基础。因此,有必要对个人信息的范围进行扩张。我国刑法虽然没有直接对个人生物识别信息进行定性,但相关司法解释明确了相应概念,①这有利于规制的指向性和对象性,通过打击侵犯公民个人信息的方式来从源头治理深度伪造。

第五节 数据安全犯罪内部及与其他犯罪的区别

前文阐述了对象型数据安全犯罪、工具型数据安全犯罪、扩张型数据安全犯罪,以及新类型数据安全犯罪,这些数据安全犯罪内部存在共性,但也具有根本区别,同时数据安全类犯罪与其他相关犯罪也值得比对研究。

一、非法侵入计算机信息系统罪与破坏计算机信息系统罪

在犯罪对象方面,前罪是特定的范围,后罪在范围方面没有限制。在犯罪形态上,前罪是行为犯,只要存在非法侵入的行为,不需要造成危

---

① 2017年,最高人民法院、最高人民检察院《侵犯信息解释》第五条:“非法获取、出售或者提供公民个人信息,具有下列情形之一的,应当认定为刑法第二百五十三条之一规定的‘情节严重’……(四)非法获取、出售或者提供住宿信息、通信记录、健康生理信息、交易信息等其他可能影响人身、财产安全的公民个人信息五百条以上的……”

害后果即可构罪,后罪是结果犯,需要达到严重后果才可入罪。但二者又具有一定的共性,即后罪的实施往往以前罪侵入计算机信息系统为前提,否则无法进行下一步的破坏行为。

二、非法侵入计算机信息系统罪与非法获取计算机信息系统数据罪、非法控制计算机信息系统罪

非法侵入计算机信息系统罪与非法获取计算机信息系统数据罪主要保护的法益不同,前罪保护的是国家层面的法益,后罪保护的则是排除前罪之外的其他层面的法益。从客观方面来看,前罪行为较为单一,后罪表现方式多样,侵入只是第一步,后续还需要获取或控制行为。正是因为二者存在侵入的共同第一步,如果前罪侵入后又获取了数据,应当认定为一罪还是数罪?如果只是侵入前罪之外的范围是否无法定罪?第一个问题按照罪刑法定的原则,非法侵入仅规定了特定领域,所以只能按照非法侵入定罪,对获取行为没有评价依据,因为获取行为针对的是特定领域之外的范围,所以造成获取重要领域的数据比非重要领域的危害更大但法定刑更低的矛盾境地。第二个问题按目前的刑法及司法解释则无法定罪。

非法获取计算机信息系统数据罪与非法控制计算机信息系统罪是选择性的罪名,区别在于获取和控制两种行为,同时还有保护法益的不同,前罪保护的是数据安全,后罪保护的是计算机信息系统安全。"获取"最终都落脚到数据,前罪不是非法获取公民个人信息罪,前罪所规制的获取对象是数据而非信息。同时获取的方式既包括通过非法侵入或其他技术手段等物理方式取得,也包括通过查阅、记忆等心理方式取得,即只要行为人非法知晓了相关数据就属于前罪的获取。另外,前罪的获取需要与计算机信息系统有接触,如果不是有针对性地将计算机信息系统作为对象,而是通过网上购买数据,甚至逼迫他人告知数据,均不属于前

罪的获取之意。而“控制”指的是通过技术手段对计算机信息系统进行支配、操控和影响,改变其本身的运行状态,与干扰等行为应当区别开来。

三、非法侵入计算机信息系统罪与提供侵入、非法控制计算机信息系统程序、工具罪

在侵害的法益或客体方面,前罪侵害的是国家重要领域的计算机信息系统安全,后罪侵害的则是计算机管理的一种秩序。从客观表现来看,前罪是对国家重要领域实施非法侵入行为,后罪是为对计算机的犯罪行为提供帮助。最后从危害结果看,前罪只需要非法侵入的行为即可,后罪还需要情节严重的加持。

四、非法获取计算机信息系统数据罪、非法控制计算机信息系统罪与盗窃罪

非法获取计算机信息系统数据罪、非法控制计算机信息系统罪与盗窃罪存在一定的共性,即通过不被他人知晓的秘密方式取得。二者的区别是:前罪可能会公开地侵入计算机信息系统并获取数据或非法控制,后罪一定是以秘密方式进行或以自认为的秘密方式进行。在犯罪对象方面,前罪是数据或计算机信息系统,后罪是公私财物(也包括虚拟财产,上节内容已经阐述,此处不再赘述)。虽然有时候前后罪是手段与目的的关系,通过手段获取了数据或控制了计算机,下一步可能就是盗窃公私财物,但只要财物没有脱离权利人控制,前罪就无法演变为后罪。

五、非法获取计算机信息系统数据罪与侵犯公民个人信息罪

司法解释对前罪的入罪门槛进行了规定,其中主要要件便是“身份

认证信息”，与公民个人信息存在交叉和重复，二者存在共同的犯罪行为即非法获取。二者的最高法定刑一致，虽不存在定性错误量刑无误的情况，但精准定罪毕竟是刑法打击犯罪、保护嫌疑人合法权利的重要前提。此时需要具体问题具体分析，如果具有识别性的信息，应当以后罪定性；如果有其他信息，则可能构成前罪。

六、破坏计算机信息系统罪与帮助信息网络犯罪活动罪

破坏计算机信息系统罪与帮助信息网络犯罪活动罪的技术支持可能存在同质化行为，但二者的危害结果不同，破坏需要造成计算机信息系统不能正常运行，帮助信息网络犯罪活动则没有此项要求。从客观行为上看，帮助信息网络犯罪活动罪的行为与破坏计算机信息系统罪的行为似乎有混同，如非法入侵网站、强制植入广告、占用网络流量等，二者行为一致。但还需要结合主观要件，如果行为人具有破坏的故意，则宜按前罪认定，如果行为人并非为了破坏，而是为了帮助信息网络犯罪活动，则宜考虑帮助信息网络犯罪活动罪。

七、非法获取计算机信息系统数据罪与侵犯知识产权罪

数据与知识产权存在较大区别，但也有一定的共性，容易出现司法认定上的混淆。比如，行为人通过网络形成数据的行为，可能会存在数据与知识产权犯罪的竞合。知识产权刊载的实质是信息，而数据也能为信息提供支撑。在具体分析时，应当厘清数据和信息的外延与边界，尤其是二者交叉部分，如个人信息、商业秘密、知识产权等方面，应当对通过数据方式表现出来的信息进行仔细区分，以实现罚当其罪，精准保护。

结　语

数字经济时代,数据被越发广泛地运用到各行各业,人们已经越来越离不开数据,同时对数据安全更加担心,对数据安全保护也就更加期待。具有谦抑性的刑法,在其他法律规范暂时无力单独面对侵害数据安全的行为时,刑法应当先行,以引领其他法律跟进保护数据安全,促进数字经济的发展。但刑法的规制与其他法律规范的衔接又应当具有鲜明的边界,以期各自配合、协同治理。

首先,本书从数字经济时代法律治理的框架出发,分析了包括刑法在内的法律规范所面临的新挑战,尤其是数据安全保护的风险。其次,本书对数据权利的客体内涵及独立价值进行分析,表明数据权利的证成,并体现其相关属性,形成数据权利(力)的图谱体系,同时重点讨论了数据权利的确权及保护体系的构建。再次,本书从数据安全法益的角度出发,分析其独立性和新型/新兴法益的要件,并重释其对象要件、行为要件和结果要件。结合数据安全法益类型化的区分,建立法益的类型化保护层次。刑法对数据安全犯罪进行规制时,需要厘清其与其他行为和法律规范的边界,通过刑法先行引领的方式激活其他法律,引导民法和行政法的跟进互补。最后,针对相应标准,本书将数据安全犯罪划分为对象型、工具型、扩张型和新类型数据安全犯罪行为,并进行分析梳理。同时将这些数据安全犯罪进行内部对比,并与外部其他相关罪名对比,明确罪名之间的差异与共性,为数据安全犯罪的刑法规制提供更加细致精准的思路和方式。

数据安全的烦恼,是数字经济时代必然带来的困惑。随着相关技术水平的提升,算法的进步,人工智能的加速,数据给人们带来的方便快捷将会呈现一个更加美好的景象,但相伴相生的数据安全问题也同样会愈演愈烈。比如,利用个人生物识别信息的深度伪造,让人通过肉眼几乎难以辨别,这样的身份盗窃、冒名顶替也让人们受到了数据安全风险的巨大冲击。在这样的情形下,刑法如何进行规制与引导将变得尤为重要,刑法的边界识别也将是规制效果的重要体现。希望通过本书抛砖引玉,能够有更多的理论、制度和实践相互协同治理,共同开发好、利用好、保护好数字经济时代的数据安全。

参考文献

一、中文类参考文献

（一）著作类

1. 刘宪权:《刑法学名师讲演录》,上海人民出版社 2016 年版。

2. 刘广三:《计算机犯罪论》,中国人民大学出版社 1999 年版。

3. 高富平主编:《个人数据保护和利用国际归则:源流与趋势》,法律出版社 2016 年版。

4. 张明楷:《刑法格言的展开》,北京大学出版社 2013 年版。

5. 黄志雄:《网络主权论:法理、政策于实践》,社会科学文献出版社 2017 年版。

6. 于波:《网络中介服务商知识产权法律义务研究》,法律出版社 2017 年版。

7. 王玉龙、方英兰、王虹芸编著:《计算机导论——基于计算思维视角》(第 4 版),中国工信出版集团、电子工业出版社 2017 年版。

8. 皮勇、王肃之:《智慧社会环境下个人信息的刑法保护》,人民出版社 2018 年版。

9. 刘红:《大数据时代数据保护法律研究》,中国政法大学出版社 2018 年版。

10. 何渊:《大数据战争:人工智能时代不能不说的事》,北京大学出版社 2019 年版。

11. 何渊:《数据法学》,北京大学出版社 2020 年版。

12. 刘艳红:《网络犯罪的法教义学研究》,中国人民大学出版社 2021 年版。

13. [意]彼德罗·彭梵得:《罗马法教科书》,黄风译,中国政法大学出版社 1992 年版。

14. [英]戴维·M. 沃克:《牛津法律大辞典》,李双元等译,法律出版社 2003 年版。

15. [比]亨利·皮朗:《中世纪欧洲经济社会史》,乐文译,上海人民出版社 1964 年版。

16. [美]劳拉·昆兰蒂罗:《赛博犯罪——如何防范计算机犯罪》,王涌译,江西教育出版社 1999 年版。

17. [德]卡尔·拉伦茨:《法学方法论》,陈爱娥译,商务印书馆 2003 年版。

18. [美]乔治·弗莱彻:《反思刑法》,邓子滨译,华夏出版社 2008 年版。

19. [美]罗斯科·庞德:《法律系解释》,邓正来译,商务印书馆出版社 2013 年版。

20. [德]埃里克·希尔根多夫:《德国刑法学——从传统到现代》,江溯、黄笑岩等译,北京大学出版社 2015 年版。

（二）论文类

21. 陈兴良：《风险刑法理论的法教义学批判》，载《中外法学》2014 年第 1 期。

22. 姜涛：《风险刑法的理论逻辑——兼及转型中国的路径选择》，载《当代法学》2014 年第 1 期。

23. 于志刚、李源粒：《大数据时代数据犯罪的制裁思路》，载《中国社会科学》2014 年第 10 期。

24. 李蕤：《大数据背景下侵财犯罪的发展演变与侦查策略探析——以北京市为样本》，载《中国人民公安大学学报（社会科学版）》2014 年第 4 期。

25. 刘宪权：《论互联网金融刑法规制的"两面性"》，载《法学家》2014 年第 5 期。

26. 单勇：《犯罪之技术治理的价值权衡：以数据正义为视角》，载《法制与社会发展》2020 年第 5 期。

27. 苏桑妮：《从数据载体到数据信息：数据安全法益本位之回归》，载《西南政法大学学报》2020 年第 6 期。

28. 于冲：《数据安全犯罪的迭代异化与刑法规制路径——以刑事合规计划的引入为视角》，载《西北大学学报（哲学社会科学版）》2020 年第 5 期。

29. 王新生：《"国民国家论"评介》，载《日本学刊》2021 年 S1 期。

30. 魏远山：《博弈论视角下跨境数据流动的问题与对策研究》，载《西安交通大学学报（社会科学版）》2021 年第 5 期。

31. 高铭暄、傅跃建：《新时代刑事治理现代化研究》，载《上海政法学院学报（法治论丛）》2020 年第 4 期。

32. 单勇：《数据主义对犯罪治理体系的重塑及其反思》，载《南京社会科学》2021 年第 1 期。

33. 陈潭:《国家治理的大数据赋能:向度与限度》,载《中南大学学报(社会科学版)》2021 年第 5 期。

34. 李水金:《中国语境下国家治理能力的概念再审视:基于国家竞争力的视角》,载《中国治理评论》2021 年第 2 期。

35. 张勇:《数据安全分类分级的刑法保护》,载《法治研究》2021 年第 3 期。

36. 卢英佳:《欧盟数字主权观在大国博弈背景下的实践及发展趋势》,载《中国信息安全》2021 年第 8 期。

37. 唐铭良:《主权视角下的数据跨境流动规制》,载《学习月刊》2021 年第 8 期。

38. 宫云牧:《欧盟的数字主权建构:内涵、动因与前景》,载《国际研究参考》2021 年第 10 期。

39. 韩昱:《数据隐私与数字主权:欧盟关于公共场所人脸识别禁令的深层考量》,载《信息安全与通信保密》2021 年第 11 期。

40. 刘晓春、胡笳:《〈个人信息保护法〉为我国跨境数据流动提供制度基础》,载《中国对外贸易》2021 年第 12 期。

41. 庞云霞、张有林:《大数据时代网络犯罪的刑法应对——兼论人工智能犯罪的规制》,载《重庆大学学报(社会科学版)》2022 年第 4 期。

42. 李志斐:《总体国家安全观与全球安全治理的中国方向》,载《中共中央党校(国家行政学院)学报》2022 年第 1 期。

43. 解永照、莫治斌:《刑法视域下数据权利的确立与保护》,载《四川警察学院学报》2024 年第 6 期。

44. 李森:《数字经济时代企业数据财产权确权研究》,载《江西财经大学学报》2024 年第 5 期。

45. 赵艳娜、陈娜:《数据确权的槌定之路:论证数据确权必要性》,载《科技创业月刊》2024 年第 5 期。

46. 项定宜:《数据分类确权的司法探索与规则重构》,载《河北法学》2024 年第 12 期。

47. 高艳东:《从惩罚法到调控法:数字经济领域刑法功能转型》,载《国家检察官学院学报》2024 年第 3 期。

48. 何荣功、刘天宏:《数字经济时代的新型犯罪问题及刑法回应》,载《世界社会科学》2024 年第 4 期。

(三)其他类

49. 江苏省南京市中级人民法院民事判决书,(2014)宁民终字第 5028 号。

50. 上海市徐汇区人民法院刑事判决书,(2020)沪 0104 刑初 687 号。

51. 阳泉市中级人民法院刑事判决书,(2019)晋 03 刑终 95 号。

52. 华容县人民法院刑事判决书,(2021)湘 0623 刑初 119 号。

53. 上海市第一中级人民法院刑事判决书,(2020)沪 01 刑终 519 号。

54. 杭州市余杭区人民法院民事判决书,(2021)浙 0110 民初 2914 号。

55. 北京市高级人民法院民事判决书,(2021)京民终 281 号。

56. 杭州市中级人民法院民事裁定书,(2020)浙 01 民终 5889 号。

57. 浙江省湖州市中级人民法院刑事判决书,(2021)浙 05 刑终 87 号。

58. 杭州市中级人民法院民事判决书,(2018)浙 01 民终 7312 号。

59. 江苏省南京市中级人民法院民事判决书,(2014)宁民终字第 5028 号。

60. 广州知识产权法院民事判决书,(2021)粤 0192 民初 1692 号/(2023)粤 73 民终 995 号。

61. 浙江省杭州市中级人民法院民事判决书,(2021)浙 01 民终

10373 号。

62. 广东省深圳市中级人民法院民事判决书,(2020)粤 03 民终 943 号。

63. 陕西省西安市中级人民法院民事裁定书,(2020)陕 01 民终 10173 号。

64. 北京互联网法院民事判决书,(2022)京 0491 民初 22720 号。

65. 北京市第四中级人民法院民事判决书,(2023)京 04 民终 39 号。

66. 广州市中级人民法院民事判决书,(2022)粤 01 民终 3937 号。

67. 北京互联网法院民事判决书,(2021)京 0491 民初 5094 号。

68. 杭州铁路运输法院民事判决书,(2019)浙 8601 民初 1987 号。

69. 广州互联网法院民事判决书,(2022)粤 0192 民初 6486 号。

70. 浙江省杭州市中级人民法院民事判决书,(2020)浙 01 民终 10940 号。

71. 陕西省西安市中级人民法院民事裁定书,(2020)陕 01 民终 10173 号。

72. 广东省深圳市中级人民法院民事判决书,(2021)粤 03 民终 9583 号。

73. 江苏省高级人民法院民事判决书,(2019)苏民终 778 号。

74. 浙江省杭州市中级人民法院民事裁定书,(2020)浙 01 民终 5889 号。

75. 北京知识产权法院民事判决书,(2022)京 73 民终 1154 号。

76. 北京市海淀区人民法院刑事判决书,(2017)京 0108 刑初 2384 号。

77. 广东省广州市海珠区人民法院刑事判决书,(2016)粤 0105 刑初 1040－1 号。

78. 北京市丰台区人民法院刑事判决书,(2015)丰刑初字第 1964 号。

79. 山西省高平市人民法院刑事判决书,(2016)晋 0581 刑初字 290 号。

80. 山东省临沂市沂水县人民法院刑事判决书,(2015)沂刑一初字第 124 号。

81. 江苏省徐州市睢宁县人民法院刑事判决书,(2017)苏 0324 刑初 408 号。

82. 广西壮族自治区南宁市青秀区人民法院刑事判决书,(2013)青刑初字第 758 号。

83. 陕西省西安市中级人民法院刑事判决书,(2016)陕 01 刑初第 233 号。

84. 浙江省杭州市余杭区人民法院刑事判决书,(2014)杭余刑初字第 1231 号。

85. 江苏省宿迁市泗阳县人民法院刑事判决书,(2018)苏 1323 刑初 612 号。

86. 北京知识产权法院民事判决书,(2016)京 73 民终 588 号。

87. 上海市第一中级人民法院刑事裁定书,(2020)沪 01 刑终 74 号。

88. 山西省太原市中级人民法院刑事判决书,(2021)晋 01 刑终 302 号。

89. 陕西省西安市中级人民法院刑事判决书,(2016)陕 01 刑初 233 号。

90. 卿烨科技(北京)有限责任公司等破坏计算机信息系统案,北京市海淀区人民法院(2018)京 0108 刑初 714 号刑事判决书。

91. 付宣豪破坏计算机信息系统案,上海市浦东新区人民法院(2015)浦初刑字第 1460 号刑事判决书。

92. 施硕等非法控制计算机信息系统案,重庆市渝北区人民法院(2015)渝北法刑初字第 00666 号刑事判决书。

93. 陈志勇等七人非法获取计算机信息系统数据案,重庆市沙坪坝区人民法院(2016)渝0106刑初1393号刑事判决书、重庆市第一中级人民法院(2016)渝01刑终575号刑事判决书。

94. 浙江省温州市中级人民法院刑事判决书,(2019)浙03刑终250号。

95. 徐州市贾汪区人民法院刑事判决书,(2019)苏0305刑初322号。

96. 北京市海淀区人民法院刑事判决书,(2019)京0108刑初1843号。

97. 重庆市第一中级人民法院刑事裁定书,(2016)渝01刑终575号。

98. 广东省广州市海珠区人民法院刑事判决书,(2021)粤0105刑初4号。

99. 山东省济南市历下区人民法院刑事判决书,(2020)鲁0102刑初351号。

100. 广东省深圳市宝安区人民法院刑事判决书,(2020)粤0306刑初156号。

101. 浙江省温州市中级人民法院刑事裁定书,(2016)浙03刑终1252号。

102. 江苏省常州市金坛区人民法院刑事判决书,(2017)苏0482刑初261号。

103. 浙江省杭州市余杭区人民法院刑事判决书,(2019)浙0110刑初751号。

104. 福建省福州市中级人民法院刑事裁定书,(2019)闽01刑终1259号。

105. 江苏省江阴市人民法院刑事判决书,(2020)苏0281刑初2711号。

106. 吉林省白城市洮北区人民法院刑事判决书,(2017)吉0802刑初 430 号。

107. 广州市越秀区人民法院刑事判决书,(2007)越法刑初字第 402 号。

108. 广州市中级人民法院刑事判决书,(2007)穗中法刑一终字第 310 号。

109. 浙江省宁波市江北区人民法院刑事判决书,(2015)甬北刑初字第 444 号。

110. 天津市西青区人民法院刑事判决书,(2016)津 0111 刑初 760 号。

111. 广东省深圳市南山区人民法院刑事判决书,(2018)粤 0305 刑初 418 号。

112. 山东省青岛市中级人民法院刑事判决书,(2020)鲁 02 刑终 108 号。

二、外文类参考文献

(一)著作类

113. 新堂幸司「訴訟物と争点効(上)」(有斐阁,1988 年版)。

114. 高桥宏志等「民事訴訟法判例百選(第五版)」(有斐阁,2015 年版)。

115. 伊藤真 = 加藤新太郎 = 山本和彦「民事訴訟の論争」(有斐阁,2007 年版)。

(二)论文类

116. Rajkumar Buyya, Rodrigo N. Calheiros & Amir Vahid Dastjerdi, *Big Data: Principles and Paradigms*, Morgan Kaufmann, Vol. 1, p. 24(2016).

117. Balganesh S. Quasi-property, *Like*, *but Not Quite Property*, University of Pennsylvania Law Review, Vol. 160: 7, p. 1889 - 1926 (2012).